CARL JUNG Y LOS SUEÑOS

LÍBIDO, E INCONSCIENTE COLECTIVO: LA PSICOLOGÍA ANALÍTICA DE CARL JUNG

Explorando los Símbolos, Arquetipos y el Proceso de Individuación en el Desarrollo Psicológico y Espiritual del Individuo

Arquetipo y Sombra

Contenido

Prefacio

¿Quiénes somos realmente? ¿Cuál es el propósito de nuestra existencia? ¿Qué fuerzas ocultas dan forma a nuestros pensamientos, emociones y comportamientos? Estas preguntas, a menudo relegadas a los rincones oscuros de nuestra mente, emergen en momentos de introspección, crisis o transformación, exigiendo ser confrontadas y comprendidas.

Carl Gustav Jung, pionero de la psicología analítica, dedicó su vida a explorar estos misterios, sumergiéndose en las profundidades de la psique humana para descubrir los patrones universales que subyacen a nuestra experiencia individual. A través de su trabajo revolucionario, Jung nos invita a emprender un viaje de autodescubrimiento, a confrontar nuestras sombras y a abrazar el potencial transformador que reside dentro de cada uno de nosotros.

En este libro, nos embarcamos en una exploración profunda de las ideas centrales de Jung, desentrañando los hilos entrelazados de la psique humana y el inconsciente colectivo. ¿Qué secretos se esconden en los símbolos y arquetipos que pueblan nuestros sueños y mitos? ¿Cómo pueden estos elementos universales guiarnos en nuestro camino hacia la individuación y la realización del yo? Al sumergirnos en estos conceptos, comenzamos a vislumbrar las respuestas a las preguntas que han intrigado a la humanidad durante siglos.

Pero este viaje de autodescubrimiento no está exento de desafíos. ¿Cómo navegar los oscuros recovecos de nuestro inconsciente personal, enfrentando los aspectos de nosotros mismos que hemos negado o reprimido? ¿Cómo reconciliamos las tensiones entre nuestro yo consciente y las fuerzas inconscientes que dan forma a nuestras vidas? Jung nos ofrece un mapa para esta travesía interior, pero depende de cada uno de nosotros dar los pasos necesarios para reclamar nuestra totalidad psíquica.

Al adentrarse en las riquezas de conocimiento presentadas en este libro, se plantea un interrogante fundamental: ¿está el individuo preparado para confrontar sus aspectos ocultos, para integrar sus símbolos personales y avanzar en el camino hacia la individuación? La tarea consiste en unificar los elementos divergentes de la psique en una estructura cohesiva y significativa.

Se invita, por tanto, a profundizar en el estudio de la psique humana y el inconsciente colectivo. Que las reflexiones junguianas encuentren eco en el interior del lector, orientándolo en su búsqueda personal hacia la plenitud. Es enfrentando nuestros enigmas internos que podemos desentrañar los misterios de nuestra propia vida y afirmar nuestro espacio dentro del amplio espectro de la experiencia humana.

Arquetipo y Sombra

2024

Habla Carl Jung: Adentrándose en las Profundidades de la Mente

El dilema espiritual del ser humano contemporáneo es una cuestión tan arraigada en el presente que resulta difícil juzgarla con plenitud. El hombre moderno, en cierto sentido, es una creación reciente, y los problemas que enfrenta son interrogantes recién surgidas cuyas respuestas aún están en ciernes. Al abordar este tema, en el mejor de los casos, se puede plantear una pregunta, que quizás sería pertinente reformular si se tuviera algún indicio de la respuesta. ¿Cuál es la naturaleza del dilema espiritual que enfrenta el ser humano contemporáneo y cómo puede resolverlo? Aunque la pregunta en sí pueda parecer vaga, está relacionada con algo tan universal que trasciende la capacidad de comprensión individual. Por lo tanto, es prudente aproximarse a este asunto con cautela, especialmente porque estos problemas incitan a utilizar un lenguaje grandilocuente y a expresar ideas que podrían sonar exageradas.

Para ilustrar este aparente atrevimiento, es necesario mencionar que el individuo al que se llama "moderno", aquel que está consciente del presente inmediato, no es en absoluto el prototipo de hombre promedio. Más bien, representa a alguien situado en una cima, en el borde mismo del mundo, con el abismo del futuro frente a él y toda la humanidad, con su historia que se desvanece en los albores del tiempo, debajo de él. El hombre verdaderamente moderno es una figura rara, ya que pocos poseen una conciencia excepcionalmente aguda. Ser plenamente del presente implica ser completamente consciente de la propia existencia como ser humano, lo cual demanda una intensa y amplia conciencia, con un mínimo de inconsciencia. Es importante entender que el simple hecho de vivir en el presente no convierte a alguien en moderno; solo aquel que es plenamente consciente del presente merece verdaderamente ese título.

El individuo que puede ser denominado con justicia como "moderno" es esencialmente solitario. Esto es una consecuencia inevitable, ya que cada paso hacia una mayor conciencia del presente lo aleja aún más de la "mística de participación" original con la masa de la humanidad, de sumergirse en una inconsciencia colectiva. Cada avance implica un acto de desapego de esa inconsciencia primordial que envuelve a la mayoría de las personas. Incluso en las sociedades civilizadas, aquellos que constituyen, desde una perspectiva psicológica, el estrato más bajo, viven casi tan inconscientemente como las razas primitivas. Los estratos superiores poseen una conciencia que refleja el ritmo de la vida de los últimos siglos. Solo el hombre verdaderamente moderno vive en el presente; solo él encuentra que las formas de vida correspondientes a épocas anteriores ya no le satisfacen, sino que le resultan interesantes únicamente desde un punto de vista histórico. De este modo, se vuelve "no histórico" en el sentido más profundo, distanciándose de la masa de personas que viven completamente dentro de los límites de la tradición.

Puede considerarse que estas palabras son simples sonidos vacíos, y que su significado se reduce a una mera trivialidad. Es fácil fingir tener una conciencia del presente, y una gran cantidad de personas superficiales pretenden ser modernas, pasando por alto las diversas etapas del desarrollo y las responsabilidades de la vida que estas representan. Estos individuos desarraigados, fantasmas parasitarios, cuya falta de profundidad se confunde con la solitaria existencia del hombre moderno, arrojan una sombra de duda sobre él. El verdadero hombre moderno y aquellos como él, por pocos que sean, permanecen ocultos a los ojos poco perspicaces de las masas, eclipsados por esas nubes de fantasmas, los pseudomodernos. Esto es inevitable; el hombre "moderno" es objeto de cuestionamiento y sospecha, y siempre lo ha sido, incluso en el pasado.

Una ocupación honesta en la modernidad implica aceptar voluntariamente la bancarrota, asumir los votos de pobreza y castidad en un nuevo contexto, y, lo que es aún más doloroso, renunciar al prestigio que la historia confiere como señal de su aprobación. Ser "no histórico" se equipara al pecado prometeico, y en este sentido, el ser humano moderno vive en pecado. Alcanzar un nivel superior de conciencia es como cargar con un peso de culpa. Sin embargo, solo aquel que ha superado las etapas de conciencia propias del pasado y ha cumplido con los deberes que su época le ha asignado puede llegar a tener una plena conciencia del presente. Para lograrlo, debe ser sólido y competente en el mejor sentido de la palabra, es decir, un individuo que ha alcanzado tanto como los demás, e incluso un poco más. Estas cualidades son las que le permiten ascender al siguiente nivel más alto de conciencia.

La noción de competencia es especialmente desagradable para los pseudomodernos, ya que les recuerda dolorosamente sus falsedades. Sin embargo, esto no puede impedir tomarla como criterio del ser humano moderno. De hecho, es una obligación hacerlo, porque sin competencia, aquel que pretende ser moderno no es más que un tramposo desalmado. Debe ser competente en el más alto grado, ya que si no puede compensar su ruptura con la tradición con capacidad creativa, simplemente está traicionando al pasado. Es un error considerar que negar el pasado es lo mismo que tener conciencia del presente. El "hoy" se encuentra entre el "ayer" y el "mañana", sirviendo como un puente entre el pasado y el futuro; no tiene otro significado. El presente es un proceso de transición, y puede considerarse moderno al individuo que es consciente de ello en este sentido.

Muchas personas se autodenominan modernas, especialmente los pseudomodernos. Por lo tanto, el verdadero hombre moderno frecuentemente se encuentra entre aquellos que se consideran anticuados. Adopta esta postura por razones válidas: por un lado, enfatiza el pasado para contrarrestar su ruptura con la tradición y el sentimiento de culpa asociado; por otro lado, busca evitar que lo confundan con un pseudomoderno.

Toda cualidad positiva tiene su lado negativo, y nada bueno puede surgir en el mundo sin generar un mal correspondiente. Es un hecho doloroso, pero existe el riesgo de que la conciencia del presente conduzca a una euforia basada en la ilusión de ser la culminación de la historia de la humanidad, el logro y el producto final de incontables siglos. Si se acepta esto, se debe comprender que es simplemente el orgulloso reconocimiento de la propia insuficiencia: también se es la decepción de las esperanzas y expectativas de los siglos. Basta pensar en casi dos mil años de ideales cristianos que llevaron, en lugar del retorno del Mesías y el advenimiento del milenio celestial, a una guerra mundial entre naciones cristianas con alambres de púas y gases venenosos. ¡Qué desastre en el cielo y en la tierra!

Frente a esta situación, es natural volver a la humildad. Es cierto que el hombre moderno representa una culminación, pero mañana será superado; es el resultado final de un largo proceso de desarrollo, pero al mismo tiempo es la mayor decepción concebible para las esperanzas de la humanidad. El hombre moderno es consciente de esta dualidad. Ha experimentado los beneficios de la ciencia, la tecnología y la organización, pero también ha presenciado sus efectos catastróficos. Ha observado cómo gobiernos bienintencionados, al seguir el principio de "en tiempo de paz, prepárate para la guerra", han llevado a Europa al borde del desastre y la ruina. En cuanto a los ideales, la Iglesia cristiana, la fraternidad humana, la socialdemocracia internacional y la "solidaridad" de los intereses económicos no han resistido la prueba de la realidad. Quince años después de la guerra, se observa de nuevo el mismo optimismo, la misma organización, las mismas aspiraciones políticas, las mismas frases y eslóganes. ¿Cómo no temer que esto conduzca inevitablemente a nuevas catástrofes? Los acuerdos para evitar la guerra dejan escépticos, aunque se desee su éxito. En el fondo, detrás de cada una de estas medidas paliativas, subyace una duda. En conjunto, no es exagerado afirmar que el hombre moderno ha sufrido una conmoción casi fatal, psicológicamente hablando, y que por ello ha caído en una profunda incertidumbre.

Estas afirmaciones dejan claro que la condición de médico ha influido en estas opiniones. Un médico siempre detecta enfermedades, y es fundamental para el arte médico no diagnosticar enfermedades donde no las hay. Por lo tanto, no se afirmará que las razas blancas en general, y las naciones occidentales en particular, estén enfermas, o que el mundo occidental esté al borde del colapso. No se posee la competencia para hacer tal juicio.

Por supuesto, el conocimiento del problema espiritual del hombre moderno se deriva únicamente de la experiencia personal con otras personas y con uno mismo. Se ha tenido acceso a la vida psíquica íntima de muchas personas cultas, tanto enfermas como sanas, provenientes de diversas partes del mundo civilizado y occidental; y es en esta experiencia donde se basan estas afirmaciones. Se reconoce que la visión es unilateral, ya que las observaciones que se han hecho son eventos de la vida psíquica, que yacen en el interior. Sin embargo, es importante señalar que esto no siempre es aplicable a la vida psíquica en su totalidad; en algunas ocasiones, la psique se manifiesta externamente. Esto ocurre en razas enteras o en períodos de la historia que no consideran la vida psíquica como tal. Como ejemplos, se pueden mencionar las culturas antiguas, especialmente la egipcia, con su monumental objetividad y su confesión ingenua de pecados no cometidos. No se pueden interpretar las pirámides y las tumbas de Apis en Saqqara como expresiones de problemas o emociones personales, al igual que no se puede hacerlo con la música de Bach.

Cuando se establece una forma externa, ya sea ritual o espiritual, que expresa adecuadamente todos los anhelos y esperanzas del alma, como ocurre en alguna religión viva, entonces se puede decir que la psique se encuentra fuera, y no existe, estrictamente hablando, ningún problema espiritual. En concordancia con esta idea, el desarrollo de la psicología se ha producido principalmente en las últimas décadas, aunque mucho antes el hombre era lo suficientemente introspectivo e inteligente como para reconocer los hechos que constituyen el objeto de estudio de la psicología. Lo mismo ocurrió con el conocimiento técnico. Los romanos estaban familiarizados con los principios mecánicos y los hechos físicos que podrían haber permitido la invención de la máquina de vapor, pero no vieron la necesidad urgente de desarrollarla. Fue la división del trabajo y la especialización en el siglo XIX lo que generó la necesidad de aplicar todos los conocimientos disponibles. Del mismo modo, una necesidad espiritual ha impulsado en nuestro tiempo el "descubrimiento" de la psicología. Por supuesto, siempre ha habido manifestaciones de la psique, pero antes no eran objeto de atención, la gente las pasaba por alto. Sin embargo, hoy en día no se puede avanzar sin prestar la máxima atención a los caminos de la psique.

Los médicos fueron los primeros en percatarse de este cambio, ya que al sacerdote solo le preocupaba mantener un equilibrio sin perturbaciones de la psique dentro de un sistema de creencias reconocido. Mientras este sistema refleje verdaderamente la vida, la psicología solo puede ser un instrumento técnico para una vida sana, y la psique no puede ser considerada un problema en sí misma. Mientras el hombre siga viviendo como parte de un rebaño, no tiene "cosas del espíritu" propias; ni las necesita, excepto la creencia habitual en la inmortalidad del alma. Pero tan pronto como haya superado la forma local de religión en la que nació, es decir, tan pronto como esta religión ya no pueda abarcar su vida en su totalidad, entonces la psique se convierte en algo por derecho propio que no puede ser tratado solo con las medidas de la Iglesia. Es por eso que hoy en día se tiene una psicología basada en la experiencia y no en artículos de fe o en los postulados de cualquier sistema filosófico. El hecho mismo de que exista tal psicología es un síntoma de una profunda convulsión en la vida espiritual. La perturbación en la vida espiritual de una época sigue el mismo patrón que el cambio radical en un individuo. Mientras todo marcha bien y la energía psíquica encuentra su aplicación en formas adecuadas y bien reguladas, nada perturba internamente. No hay incertidumbre ni duda que asalte, y no se encuentra uno dividido en su interior. Pero tan pronto como uno o dos de los canales de la actividad psíquica se bloquean, se da cuenta de una corriente que está siendo represada. La corriente fluye de regreso hacia su fuente; el hombre interior anhela algo que el hombre exterior no desea, y se entra en conflicto con uno mismo. Solo entonces, en esta angustia, se descubre la psique; o, más exactamente, uno se encuentra con algo que se opone a la voluntad, que es extraño e incluso hostil, o que es incompatible con el punto de vista consciente. Los trabajos psicoanalíticos de Freud ilustran este proceso de manera clara. Lo primero que descubrió fue la existencia de fantasías sexuales perversas y criminales que, a primera vista, son completamente incompatibles con el punto de vista consciente de un hombre civilizado. Una persona impulsada por estas fantasías sería considerada nada menos que un rebelde, un criminal o un demente.

No se puede suponer que este aspecto del inconsciente o del interior de la mente del hombre sea algo totalmente nuevo.

Probablemente siempre ha estado presente en todas las culturas. Cada cultura dio origen a su opuesto destructivo, pero ninguna cultura o civilización anterior se vio obligada a tomar en serio estas corrientes psíquicas. La vida psíquica siempre encontró expresión en algún sistema metafísico. Pero el hombre moderno consciente, a pesar de sus esfuerzos por negarlo, ya no puede ignorar el poder de las fuerzas psíquicas. Esto distingue nuestra época de todas las demás. Ya no se pueden negar que los oscuros impulsos del inconsciente son fuerzas efectivas, que existen fuerzas psíquicas que no pueden, al menos por el momento, encajar en nuestro orden racional del mundo. Incluso se ha ampliado el estudio de estas fuerzas para convertirlas en una ciencia, lo que demuestra la seria atención que se les presta. Los siglos anteriores podían desecharlas sin darse cuenta; para nosotros son una camisa de Nessus de la que no nos podemos liberar.

La revolución en la conciencia, provocada por los catastróficos resultados de la guerra mundial, se manifiesta en la vida interior mediante la ruptura de la fe en uno mismo y en el propio valor. Antes, se consideraba a los extranjeros, al otro bando, como reprobados políticos y morales; pero el hombre moderno se ve obligado a reconocer que es política y moralmente igual a cualquier otro. Mientras que antes se creía que era deber llamar al orden a otras personas, ahora se admite que uno mismo necesita ser llamado al orden. Se admite con mayor facilidad porque se pierde la fe en la posibilidad de una organización racional del mundo, de que el viejo sueño del milenio, en el que deberían reinar la paz y la armonía, ha palidecido. El escepticismo del hombre moderno respecto a todas estas cuestiones ha enfriado su entusiasmo por la política y la reforma del mundo; más aún, no favorece ninguna aplicación fluida de las energías psíquicas al mundo exterior. A través de su escepticismo, el hombre moderno se encuentra arrojado de nuevo sobre sí mismo; sus energías fluyen hacia su fuente y sacan a la superficie aquellos contenidos psíquicos que siempre están presentes pero que permanecen ocultos mientras la corriente fluye suavemente en su curso.

El mundo le parecía muy diferente al hombre medieval. Para él, la Tierra estaba eternamente fija y en reposo en el centro del universo, rodeada por el movimiento del sol, que amablemente proporcionaba su calor. Todos los hombres eran hijos de Dios bajo el amoroso cuidado del Altísimo, que los preparaba para la eterna bienaventuranza; y todos sabían exactamente qué hacer y cómo comportarse para elevarse de un mundo corruptible a una existencia incorruptible y dichosa. Una vida así ya no parece real, ni siquiera en sueños. La ciencia natural hace mucho que ha destrozado este hermoso velo. Esa época está tan lejos como la infancia, cuando el propio padre era indiscutiblemente el hombre más guapo y fuerte de la tierra.

El hombre moderno ha dejado atrás todas las certezas metafísicas de su hermano medieval y ha adoptado en su lugar los ideales de seguridad material, bienestar general y humanidad. Sin embargo, se requiere más que un simple optimismo para mantener la creencia en la firmeza de estos ideales. La seguridad material, en particular, se ha vuelto precaria, ya que cada avance en el progreso material parece aumentar la amenaza de una catástrofe aún mayor. La sola idea es aterradora: ¿Qué se puede esperar cuando las ciudades realizan simulacros generales de defensa contra ataques con gas venenoso? Es difícil no suponer que tales ataques están siendo planificados y anticipados, siguiendo el principio de "en tiempos de paz, prepárense para la guerra". Esta mentalidad de acumular materiales de destrucción lleva implícita la posibilidad de que, tarde o temprano, sean utilizados. Como bien se sabe, las armas de fuego pueden dispararse solas cuando se acumulan en cantidad suficiente. La idea de la ley de la contingencia ciega, también conocida como la regla de la enantiodromía (la conversión en su opuesto), se filtra en la mente del hombre moderno, provocando miedo y socavando su confianza en la efectividad a largo plazo de las medidas sociales y políticas frente a estas fuerzas monstruosas.

Al enfrentarse a la perspectiva aterradora de un mundo en el que construir y destruir se equilibran de manera inestable, el hombre moderno se ve obligado a mirar hacia adentro, hacia los rincones de su propia mente. Allí descubre un caos y una oscuridad que preferiría ignorar. La ciencia ha eliminado incluso el refugio de la vida interior, convirtiendo lo que solía ser un lugar seguro en uno de terror.

Sin embargo, en cierto sentido, es un alivio descubrir tanta maldad en las propias mentes. Se puede creer que se ha identificado la raíz del mal en la humanidad. Aunque al principio esto pueda ser impactante y desalentador, se siente que, porque estas manifestaciones provienen de la propia psique, se tiene cierto control sobre ellas y, por lo tanto, se pueden corregir o al menos reprimir eficazmente. Se imagina que, al hacerlo, se estará erradicando una parte del mal en el mundo. Se fantasea con que, con un conocimiento más amplio del inconsciente y sus procesos, nadie podría ser engañado por un líder político que no esté consciente de sus propias motivaciones malignas; los propios medios de comunicación podrían aconsejarle: "Por favor, considere un análisis psicológico; parece que tiene un complejo paterno reprimido".

Se ha escogido deliberadamente este ejemplo extremo para ilustrar los absurdos a los que lleva la ilusión de que, por ser un fenómeno psicológico, está bajo control humano. Sin embargo, es cierto que gran parte del mal en el mundo proviene de la inconsciencia inherente al ser humano, y también es cierto que, con una mayor comprensión, se puede combatir este mal en su fuente dentro de cada individuo. Así como la ciencia permite tratar las heridas físicas, también ayuda a tratar las heridas internas.

El notable y global crecimiento del interés en la psicología durante las últimas dos décadas indica claramente que el ser humano contemporáneo ha desviado su atención, al menos parcialmente, de las preocupaciones puramente materiales hacia sus propios procesos subjetivos. ¿Podría considerarse esto una mera curiosidad? En cualquier caso, el arte tiene la capacidad de anticipar cambios futuros en la perspectiva fundamental del individuo, y el arte expresionista abordó este giro subjetivo mucho antes de que se generalizara.

Este interés "psicológico" contemporáneo revela que las personas anhelan algo de su vida psíquica que no encuentran en el mundo exterior, algo que tradicionalmente esperarían de la religión pero que ya no hallan, al menos no satisfactoriamente, en las formas religiosas convencionales. Ya no perciben las diversas manifestaciones religiosas como emanaciones de su interior, como expresiones de su propia vida psíquica; por el contrario, las consideran parte del mundo externo. Las personas ya no esperan una revelación de un espíritu trascendental; en cambio, experimentan con una serie de religiones y convicciones como si fueran prendas de vestir, solo para desecharlas nuevamente como ropa gastada.

A pesar de esto, el ser humano se siente atraído por las manifestaciones casi patológicas de la mente inconsciente. Es necesario reconocer este hecho, aunque resulte difícil comprender cómo algo que generaciones anteriores habían descartado ha capturado repentinamente nuestra atención. El interés general en estos temas es innegable, incluso si ofende el buen gusto. No se trata solo del interés en la psicología como ciencia o del interés más específico en el psicoanálisis freudiano, sino del interés generalizado en todo tipo de fenómenos psíquicos, como lo demuestra el auge del espiritismo, la astrología y la teosofía, entre otros. Desde finales del siglo XVII, el mundo no ha presenciado nada semejante, excepto quizás el florecimiento del pensamiento gnóstico en los siglos I y II después de Cristo. Las corrientes espirituales contemporáneas comparten una profunda afinidad con el gnosticismo.

El ferviente interés en estos movimientos surge principalmente de la energía psíquica que ya no encuentra salida en las formas tradicionales de religión. Por esta razón, dichos movimientos tienen una naturaleza inherentemente religiosa, incluso cuando intentan presentarse como científicos. Esto se evidencia cuando se habla de "ciencia espiritual" o de una "Ciencia Cristiana". Estos intentos de ocultamiento simplemente indican que la religión se ha vuelto sospechosa, casi tanto como la política y los esfuerzos de reforma social.

Es razonable afirmar que el individuo moderno, en contraste con su contraparte del siglo XIX, dirige su atención hacia la psique con grandes expectativas, prescindiendo de credos tradicionales y más bien buscando una experiencia religiosa en un sentido gnóstico. No es exagerado decir que busca conocimiento más que fe, lo que demuestra un cambio significativo en la actitud hacia las religiones occidentales. El ser humano contemporáneo rechaza los dogmas que deben ser aceptados sin cuestionamiento y las religiones basadas en ellos, considerándolos válidos solo en la medida en que concuerden con su propia experiencia de la vida psíquica. Anhela conocer y experimentar por sí mismo.

La era de los descubrimientos geográficos ha llegado a su fin en la actualidad, con cada rincón del planeta explorado. Del mismo modo, nuestra época busca explorar los rincones de la psique más allá de la conciencia. Se plantean preguntas sobre lo que sucede cuando se pierde la conciencia, qué experiencias aguardan en niveles superiores de conciencia, cuáles son las fuerzas que determinan el destino más allá de la intención consciente y cuáles son las pulsiones inconscientes que influyen en la neurosis.

Esta búsqueda contemporánea de experiencias genuinas en la vida psíquica no excluye la especulación hipotética, como se evidencia en las religiones establecidas y las ciencias auténticas. Sin embargo, las reflexiones profundas sobre estos temas pueden resultar inquietantes para algunos. La idea de que los horóscopos de hoy se parezcan a los de hace siglos o la persistencia de supersticiones a lo largo del tiempo pueden incomodar a quienes valoran el progreso intelectual.

Es innegable que desde principios del siglo XIX, particularmente desde la Revolución Francesa, la atención del ser humano hacia la psique ha ido en aumento, reflejando su creciente fascinación por ella. La simbólica entronización de la Diosa de la Razón en Nôtre Dame durante la Revolución Francesa fue un momento de gran importancia en el mundo occidental, equiparable a la conversión del roble de Wotan por los misioneros cristianos. Estos eventos marcan la creciente relevancia de la psique en la conciencia colectiva, una tendencia que continúa en la actualidad.

Sin duda, resulta más que una mera coincidencia que justo en aquel tiempo, a principios del siglo XVIII, se trajera desde la India una traducción del Oupnek'hat, una colección de cincuenta Upanishads. Esta traducción proporcionó al mundo occidental su primera visión profunda de la enigmática mente oriental. Desde la experiencia médica, no se puede considerar esto un mero accidente. Más bien, parece satisfacer una ley psicológica cuya validez en la vida personal es innegable. Según esta ley, por cada aspecto de la vida consciente que pierde importancia y valor, surge una compensación en el inconsciente. Este principio guarda similitud con la conservación de la energía en el mundo físico, ya que los procesos psíquicos también tienen un aspecto cuantitativo. Ningún valor psíquico puede desaparecer sin ser sustituido por otro de intensidad equivalente. Esta regla encuentra confirmación práctica en la labor cotidiana del psicoterapeuta, verificándose repetidamente y sin excepciones.

Desde esta perspectiva médica, se niega rotundamente a considerar la vida de un pueblo como algo que no se ajusta a esta ley psicológica. Para el médico, la vida de un pueblo presenta simplemente una imagen más compleja de la vida psíquica que la del individuo. Además, considerando este fenómeno desde otro ángulo, ¿no ha hablado un poeta de las "naciones" de su alma? Y con toda razón, pues en cierto aspecto, la psique no es individual, sino que se deriva de la nación, la colectividad e incluso la humanidad en su conjunto. De alguna manera, cada individuo forma parte de una vida psíquica que abarca todo, de un único "ser humano" más grande, como diría Swedenborg.

Así, se puede establecer un paralelismo: al igual que en el individuo la oscuridad despierta una luz útil, lo mismo ocurre en la vida psíquica de un pueblo. Las fuerzas oscuras y sin nombre que actuaban en las multitudes que se congregaban en Nôtre Dame, decididas a la destrucción, también influyeron en la traducción del Oupnek'hat, provocando una respuesta que ha quedado grabada en la historia. Esta traducción introdujo la mentalidad oriental en Occidente, y su influencia aún no ha sido completamente medida. Es importante ser cautos y no subestimarla. Aunque en la superficie intelectual de Europa aún hay poco que se evidencie, estas manifestaciones podrían parecer pequeñas islas dispersas en el vasto océano de la humanidad, pero en realidad son como los picos de cordilleras submarinas de considerables dimensiones.

Hasta hace poco, se podría haber creído que la astrología era cosa del pasado, algo sobre lo que se podía reír con seguridad. Sin embargo, hoy, emergiendo de las profundidades sociales, la astrología está llamando a las puertas de las universidades de las que fue desterrada hace trescientos años. Lo mismo ocurre con el pensamiento oriental: arraiga en los estratos sociales más bajos y se abre paso lentamente hacia la superficie. Lamentablemente, no existen estadísticas que indiquen el número exacto de teósofos declarados en la actualidad, y mucho menos de los no declarados. Pero se puede estar seguro de que son varios millones. A este número se deben añadir algunos millones más de espiritistas de tendencia cristiana o teosófica.

Las grandes innovaciones nunca provienen de arriba; invariablemente surgen desde abajo. Del mismo modo que los árboles no crecen desde el cielo hacia abajo, sino hacia arriba desde la tierra, aunque es cierto que sus semillas caen desde arriba. La agitación del mundo y la agitación de la conciencia son una misma cosa. Todo se vuelve relativo y, por lo tanto, dudoso. Mientras el ser humano, vacilante e interrogante, contempla un mundo distraído con tratados de paz y pactos de amistad, democracia y dictadura, capitalismo y bolchevismo, su espíritu anhela una respuesta que calme la agitación de la duda y la incertidumbre. Y precisamente las personas de los niveles sociales más bajos siguen las fuerzas inconscientes de la psique; son las personas de la tierra, olvidadas y silenciosas, las menos infectadas por prejuicios académicos. Desde una perspectiva superior, estas personas pueden parecer cómicas o ridículas, pero son tan impresionantemente simples como aquellos galileos que una vez fueron llamados bienaventurados. Es conmovedor ver los desechos de la psique humana reunidos en volúmenes de apenas unos pocos centímetros de grosor. En libros como Anthropophyteia, se registran con meticulosidad los más humildes balbuceos, las acciones más absurdas y las fantasías más salvajes, mientras que figuras destacadas han abordado temas similares en tratados académicos respetados. El público lector de estos libros está disperso por todo el mundo civilizado y occidental. ¿Cómo explicar este celo, este culto casi fanático de las cosas repelentes? Es simple: estas cosas repelentes son parte de la psique, forman su sustancia y, por lo tanto, son tan valiosas como fragmentos de manuscritos recuperados de antiguas ruinas. Incluso las manifestaciones más secretas y ruidosas de la vida interior son valiosas para el ser humano moderno porque sirven a su propósito. Pero, ¿cuál es ese propósito?

Se ha precedido una obra fundamental con la cita: "Flectere si nequeo superos Acheronta movebo" - "Si no puedo doblegar a los dioses en lo alto, al menos alborotaré al Aqueronte". Pero, ¿con qué propósito?

Los dioses a los que se está llamado a desbancar son los valores venerados del mundo consciente. Es bien sabido que los escándalos amorosos de las antiguas deidades contribuyeron en gran medida a su descrédito; y ahora, la historia se repite. Se están destapando los cuestionables fundamentos de las virtudes menospreciadas y de los ideales incomparables, gritando triunfalmente: "Ahí tenéis vuestros dioses hechos por el hombre, meras trampas y engaños teñidos de la vileza humana: sepulcros blanqueados llenos de huesos de hombres muertos y toda clase de suciedad." Se reconoce un tono familiar, y las palabras del Evangelio, que nunca se pudieron hacer propias, cobran vida de nuevo.

Estoy firmemente convencido de que esto va más allá de meras analogías. Hay muchas personas para quienes ciertas teorías psicológicas son más apreciadas que los Evangelios, y para quienes ciertos acontecimientos significan más que la virtud cívica. Y, sin embargo, todas estas personas son hermanos, y en cada uno hay al menos una voz que los apoya, ya que, al final, todos están inmersos en una vida psíquica que los abarca a todos.

El resultado inesperado de este cambio espiritual es que el mundo se vuelve más sombrío. Se vuelve tan oscuro que nadie puede amarlo, ni siquiera uno mismo, y al final, nada en el mundo exterior distrae de la realidad de la vida interior. Aquí, sin duda, radica el verdadero significado de este cambio espiritual. Después de todo, ¿qué enseñan ciertas doctrinas sino que este mundo de apariencias es solo un lugar temporal para aquellos moralmente imperfectos? Deprecian el mundo actual tan radicalmente como la perspectiva moderna, pero de manera diferente; no menosprecian el mundo, sino que le otorgan solo un significado relativo al prometer otros mundos más elevados. El resultado es el mismo en ambos casos.

Reconozco que todas estas ideas son extremadamente "no académicas"; la verdad es que tocan al ser humano moderno en su lado menos consciente. ¿Es mera coincidencia que el pensamiento moderno haya tenido que lidiar con la teoría de la relatividad y con ideas sobre la estructura del átomo que alejan del determinismo y de la representación visual? Incluso la física volatiliza el mundo material. Por lo tanto, no es sorprendente que, en mi opinión, el individuo contemporáneo se vuelva de nuevo hacia la realidad de la vida psíquica y busque en ella la certeza que el mundo le niega.

Pero espiritualmente, el mundo occidental se encuentra en una situación precaria, y el peligro es mayor cuanto más se aferra a la despiadada verdad con ilusiones sobre la belleza interior. El Occidental se rinde homenaje a sí mismo, y su propio rostro se oculta entre el humo del incienso. Pero, ¿cómo lo ven aquellos de otros colores? ¿Qué opinan de Occidente China e India? ¿Qué sentimientos despierta en el hombre negro? ¿Y cuál es la impresión de aquellos a quienes se les privó de sus tierras y se les devastó con ron y enfermedades venéreas?

Un amigo, un gobernador de un pueblo, una vez, hablando confidencialmente sobre el hombre blanco, dijo: "No entendemos a los blancos; siempre quieren algo, siempre están inquietos, siempre buscan algo. ¿Qué es? No lo sabemos. No podemos entenderlos. Tienen unas narices tan agudas, unos labios tan finos y crueles, unas líneas tan marcadas en la cara. Creemos que están todos locos". Este amigo había reconocido, sin poder nombrarlo, al ario ave de rapiña con su insaciable ansia de conquista en todas las tierras, incluso en las que no le incumben en absoluto. También había observado esa arrogancia que lleva a suponer, entre otras cosas, que el cristianismo es la única verdad, y que el Cristo blanco es el único Redentor. Después de impactar a todo Oriente con la ciencia y tecnología occidental, y de exigir tributos, incluso se envían misioneros a China. La erradicación de la poligamia por parte de las misiones africanas ha dado lugar a la prostitución en una escala tan grande que tiene consecuencias morales de lo peor. ¡Y el buen europeo paga a sus misioneros por estos logros edificantes! No hace falta mencionar también la historia de sufrimiento en Polinesia y las bendiciones del comercio del opio.

Así es como se ve el europeo cuando se le quita el velo del humo de su propio incienso moral. No es de extrañar que, para desenterrar fragmentos enterrados de la vida psíquica, primero se tenga que drenar un pantano putrefacto. Solo un gran idealista podría dedicar toda una vida a esta tarea ingrata. Este es el comienzo de la psicología occidental. Para Occidente, el conocimiento de las realidades de la vida psíquica solo podía comenzar en este extremo, con todo lo que repugna y que se prefiere no ver.

Pero si la psique consistiera solo en cosas malas y sin valor, ningún poder en el mundo podría convencer a un ser humano normal de que resultara atractiva. Esta es la razón por la que las personas que ven en ciertos movimientos solo una superficialidad intelectual lamentable, y en ciertas teorías psicológicas solo sensacionalismo, predicen un final temprano y poco glorioso para estos movimientos. Pasan por alto el hecho de que derivan su fuerza de la fascinación de la vida psíquica. Sin duda, el intenso interés que despiertan podría encontrar otras expresiones, pero seguramente se manifestará de estas formas hasta que sean reemplazadas por algo mejor. Superstición y perversidad son, después de todo, lo mismo. Son etapas transitorias o embrionarias de las que surgirán formas nuevas y más maduras.

Ya sea desde el punto de vista intelectual, moral o estético, el trasfondo de la vida psíquica de Occidente presenta un panorama poco alentador. Se ha construido un mundo monumental alrededor y Occidente se ha esclavizado a él con una energía sin igual. Pero es imponente solo porque se ha invertido en el exterior todo lo imponente de la naturaleza occidental; y lo que se encuentra al mirar dentro debe ser necesariamente como es, miserable e insuficiente.

Al expresar estas ideas, soy consciente de que me adelanto en cierto modo al crecimiento real de la conciencia colectiva. Aún no existe una comprensión generalizada de estos aspectos de la vida psíquica. Los occidentales apenas están comenzando a reconocer estos hechos y, por razones bastante comprensibles, luchan contra ellos con fuerza. El pesimismo de ciertos pensadores ha influido hasta cierto punto, pero se ha limitado principalmente a círculos académicos. En cuanto a la perspicacia psicológica, siempre se enfrenta a la resistencia y negación personal al entrar en la vida cotidiana. Sin embargo, estas resistencias no carecen de sentido; al contrario, pueden verse como una reacción saludable ante algo que amenaza con desestabilizar el equilibrio existente. Cuando el relativismo se adopta como principio fundamental y definitivo, puede tener un efecto destructivo.

Por lo tanto, al destacar las oscuras corrientes subterráneas de la psique, no pretendo ser pesimista, sino enfatizar el hecho de que el inconsciente atrae fuertemente no solo a los enfermos, sino también a las mentes sanas y constructivas, a pesar de su aspecto alarmante. Las profundidades psíquicas son naturaleza, y la naturaleza es vida creativa. Es cierto que la naturaleza destruye lo que ella misma ha construido, pero también lo vuelve a construir. Aunque al principio solo veamos el camino hacia abajo, hacia las cosas oscuras y desagradables, ninguna luz o belleza surgirá de aquellos que no pueden soportar esta visión. La luz siempre surge de la oscuridad, como el sol que nunca se detiene en el cielo para satisfacer el anhelo del hombre o calmar sus temores.

La vida psíquica tiene la capacidad de sobrevivir a su propio eclipse. Mientras estamos revolucionando el mundo material de Oriente con nuestra destreza técnica, Oriente, con su maestría psíquica, está sumiendo nuestro mundo espiritual en la confusión. Nunca se nos ha ocurrido la idea de que mientras dominamos a Oriente desde fuera, este pueda estar afianzando su dominio sobre nosotros desde dentro. Tal idea nos parece casi una locura, porque solo tenemos ojos para las conexiones materiales más evidentes. La influencia intelectual de Oriente en Occidente a través de académicos y pensadores pasa desapercibida para muchos.

El ejemplo del Imperio Romano nos enseña cómo, tras la conquista de Asia Menor, Roma se volvió asiática; incluso Europa fue contaminada por Asia, y sigue estándolo hoy en día.

Cultos mistéricos orientales se extendieron por todo el imperio. ¿Es necesario señalar el origen asiático del cristianismo?

Aún no hemos captado claramente el hecho de que ciertas corrientes espirituales occidentales son una imitación amateur de Oriente. Estamos adoptando prácticas como la astrología, algo cotidiano para el oriental. Nuestros estudios sobre la vida sexual son igualados o superados por las enseñanzas hindúes sobre el tema. Textos orientales milenarios nos sumergen en el relativismo filosófico, mientras que conceptos recién explorados en Occidente constituyen la base misma de la ciencia china. Incluso se han encontrado en antiguos textos chinos descripciones reconocibles de ciertos procesos complicados descubiertos por la psicología analítica. El propio psicoanálisis y sus ramificaciones, sin duda un desarrollo claramente occidental, son apenas un intento comparado con el arte inmemorial del Oriente. Ya se han trazado paralelismos entre el psicoanálisis y el yoga.

Existe la idea de que ciertos maestros espirituales de Oriente inspiran o dirigen todas las mentes del mundo. Tan fuerte puede ser la influencia de la creencia oriental en la magia sobre los europeos, que algunos me han asegurado estar involuntariamente inspirado por estos maestros en cada cosa buena que digo, sin que mis propias inspiraciones tengan importancia. Este mito, ampliamente difundido y firmemente creído en Occidente, lejos de ser una tontería, es una importante verdad psicológica. Parece bastante cierto que Oriente está en el fondo del cambio espiritual que estamos atravesando hoy en día. Pero este Oriente no es un lugar físico, sino que en cierto sentido está dentro de nosotros mismos. Es de las profundidades de nuestra propia vida psíquica de donde surgirán nuevas formas espirituales; serán expresiones de fuerzas psíquicas que podrán ayudar a someter los excesos del hombre moderno.

Quizás lleguemos a conocer algo de esa circunscripción de la vida que en Oriente se ha convertido en un quietismo dudoso; también algo de esa estabilidad que adquiere la existencia humana cuando las exigencias del espíritu se hacen tan imperativas como las necesidades de la vida social. Sin embargo, en esta era de cambio acelerado, estamos todavía lejos de algo semejante, y me parece que estamos solo en el umbral de una nueva época espiritual. No deseo hacerme pasar por profeta, pero no puedo esbozar el problema espiritual del hombre moderno sin hacer hincapié en el anhelo de descanso que surge en un período de inquietud, o en el anhelo de seguridad que nace de la inseguridad. Es de la necesidad y de la angustia de donde surgen las nuevas formas de vida, y no de los meros deseos o de las exigencias de nuestros ideales.

Para mí, el quid del problema espiritual de hoy se encuentra en la fascinación que la vida psíquica ejerce sobre el hombre moderno. Si somos pesimistas, la calificaremos de signo de decadencia; si somos optimistas, veremos en ella la promesa de un cambio espiritual de gran alcance en el mundo occidental. En cualquier caso, se trata de una manifestación significativa. Es tanto más notable cuanto que se manifiesta en amplios sectores de todos los pueblos; y es tanto más importante cuanto que se trata de esas fuerzas psíquicas imponderables que transforman la vida humana de maneras imprevistas e imprevisibles. Estas son las fuerzas, todavía invisibles para muchas personas hoy en día, que están en el fondo del actual interés "psicológico". Cuando el poder de atracción de la vida psíquica es tan fuerte que el hombre no se siente ni repelido ni consternado por lo que está seguro de encontrar, entonces no tiene nada de enfermizo ni de perverso.

A lo largo de las grandes carreteras del mundo todo parece desolado y anticuado. Instintivamente, el hombre moderno abandona los caminos trillados para explorar las sendas y los senderos, del mismo modo que el hombre del mundo grecorromano abandonó a sus difuntos dioses olímpicos y se volvió hacia los cultos mistéricos de Asia. La fuerza interior que nos impulsa a la búsqueda, volviéndose hacia el exterior, anexa la teosofía y la magia orientales; pero también se vuelve hacia el interior y nos lleva a prestar nuestra atención reflexiva a la psique inconsciente. Nos inspira el mismo escepticismo e implacabilidad con los que un Buda dejó de lado sus dos millones de dioses para poder llegar a la experiencia prístina que es la única convincente.

Es inevitable preguntarse si lo que he dicho sobre el hombre moderno es realmente cierto o tal vez el resultado de una ilusión óptica. No cabe duda de que los hechos que he citado son contingencias totalmente irrelevantes a los ojos de muchos millones de occidentales, y solo parecen errores lamentables a un gran número de personas cultas. Pero podemos preguntar: ¿Qué pensaba un romano culto del cristianismo cuando lo veía extenderse entre la gente de las clases más bajas? Las creencias religiosas tradicionales siguen siendo muy vivas en el mundo occidental. Un tipo de creyente considera al otro un hereje innoble, al que hay que compadecer y tolerar si no se le puede cambiar. Además, muchos europeos inteligentes están convencidos de que la religión y esas cosas están bien para las masas y para las mujeres, pero tienen poco peso en comparación con los asuntos económicos y políticos.

Así que, al expresar esto, de alguna manera anticipé el crecimiento real de la conciencia. Aunque no hay ni una nube en el cielo, tal vez algunos perciban una tormenta en el horizonte, una tormenta que quizás nunca nos alcance. Sin embargo, lo significativo en la vida psíquica siempre yace debajo del horizonte de la conciencia, y cuando hablamos del problema espiritual del hombre moderno, tratamos con cosas apenas visibles, las más íntimas y frágiles, como flores que solo se abren en la noche. A plena luz del día, todo es claro y tangible, pero la noche dura tanto como el día, y vivimos también en la oscuridad. Hay quienes tienen pesadillas que les estropean el día. Y la vida diurna es para muchos un sueño tan malo que anhelan la noche, cuando el espíritu despierta. Creo firmemente que hoy en día hay muchas personas así, y por eso sostengo que el problema espiritual del hombre moderno es en gran medida como lo he presentado.

Debo admitir una cierta parcialidad, ya que no he mencionado el espíritu moderno de compromiso con un mundo práctico, sobre el cual todos tienen mucho que decir porque está a la vista de todos. Lo encontramos en el ideal del internacionalismo o supernacionalismo; y también lo encontramos en el deporte y en manifestaciones culturales muy expresivas. Estos son, sin duda, síntomas característicos de nuestro tiempo; muestran inequívocamente cómo el ideal del humanismo abarca también el cuerpo. El deporte representa una valoración excepcional del cuerpo humano, al igual que ciertas formas de danza moderna. Por otro lado, ciertos productos culturales masivos permiten experimentar sin peligro toda la excitación, la pasión y el deseo que deben reprimirse en una ordenación humanitaria de la vida. No es difícil ver cómo estos síntomas están relacionados con la situación psíquica. El poder de atracción de la psique provoca una nueva autoestimación, una reevaluación de los hechos básicos de la naturaleza humana. No debería sorprendernos que esto conduzca al redescubrimiento del cuerpo tras su larga depreciación en nombre del espíritu. Incluso podríamos hablar de la venganza del cuerpo contra el espíritu. Un pensador ha señalado sarcásticamente a cierto tipo de héroe cultural de nuestro tiempo, dando en el clavo. El cuerpo reclama el mismo reconocimiento; al igual que la psique, también ejerce una fascinación.

Si seguimos atrapados en la vieja idea de una antítesis entre mente y materia, el estado actual de las cosas supone una contradicción insoportable; puede incluso dividirnos contra nosotros mismos. Pero si podemos reconciliarnos con la misteriosa verdad de que el espíritu es el cuerpo vivo visto desde dentro, y el cuerpo la manifestación externa del espíritu vivo, siendo ambos realmente uno, entonces podremos comprender por qué el intento de trascender el nivel actual de conciencia debe dar lo que le corresponde al cuerpo. También veremos que la creencia en el cuerpo no puede tolerar una perspectiva que niegue el cuerpo en nombre del espíritu. Estas reivindicaciones de la vida física y psíquica son tan apremiantes en comparación con reivindicaciones similares del pasado, que podemos sentir la tentación de ver en ello un signo de decadencia. Sin embargo, también puede significar un rejuvenecimiento, pues como dice el poeta: "El peligro mismo fomenta la fuerza salvadora".

Lo que vemos en realidad es que el mundo occidental está adoptando un ritmo aún más rápido, justo lo contrario del quietismo y el distanciamiento resignado. Surge una enorme tensión entre los polos opuestos de la vida exterior e interior, entre la realidad objetiva y la subjetiva. Tal vez sea una carrera final entre la envejecida Europa y la joven América; tal vez sea un esfuerzo desesperado o sano del hombre consciente por engañar a las leyes de la naturaleza con su poder oculto y arrancar una victoria aún mayor, más heroica, del sueño de las naciones. Esta es una pregunta que la historia responderá.

Para concluir, después de tantas afirmaciones audaces, quisiera volver a la promesa hecha al principio de ser consciente de la necesidad de moderación y cautela. De hecho, no olvido que mi voz no es más que una entre muchas, mi experiencia solo una pequeña parte del todo, mi conocimiento limitado, mi visión del mundo un espejo que refleja un pequeño rincón del universo y mis ideas una confesión subjetiva.

El hombre moderno, entonces, se encuentra en una búsqueda incesante de su alma, esa parte profunda y muchas veces oscura de sí mismo que Jung denominó la sombra. Es a través de la exploración de los sueños y el inconsciente que este hombre puede llegar a conocerse verdaderamente a sí mismo y reconciliar los aspectos contradictorios de su psique. Este viaje hacia la individuación, hacia la integración de la sombra, es el gran desafío espiritual de nuestra época. Al enfrentarnos a nuestros demonios internos, al abrazar la totalidad de nuestro ser, incluyendo aquellas partes que preferiríamos negar, es como podemos alcanzar una mayor plenitud y autenticidad. Este es el camino que nos señala la psicología profunda de Carl Jung, un camino arduo pero lleno de promesas, un camino que cada vez más hombres y mujeres se sienten llamados a recorrer en este tiempo de incertidumbre y cambio acelerado. Al final de este sendero, quizás nos espere un nuevo amanecer para la humanidad, un renacimiento del espíritu que nos permita trascender nuestras limitaciones actuales y realizar nuestro máximo potencial como seres humanos.

Psicología del Inconsciente

Antes de sumergirnos en el contenido de esta segunda parte, es pertinente retroceder un poco y reflexionar sobre la notable corriente de ideas que ha dado forma al análisis del poema "La polilla al sol". Aunque este poema difiere considerablemente del anterior "Himno de la Creación", una exploración más profunda del "anhelo del sol" nos ha llevado a adentrarnos en el terreno de las ideas fundamentales de la religión y la mitología astral, las cuales están íntimamente ligadas a las consideraciones del primer poema.

En el primer poema, el Dios creador, cuya doble naturaleza, tanto moral como física, fue expuesta con claridad, adquiere en el segundo poema una nueva cualificación de carácter astral-mitológico, o más precisamente, astrológico. Aquí, el Dios se transforma en el sol, encontrando en esta representación una expresión natural y ajena a la división moral que caracteriza la idea de Dios como padre celestial y demonio. Como se ha señalado, el sol es verdaderamente la única representación racional de Dios, ya sea desde la perspectiva de las antiguas civilizaciones bárbaras o desde el punto de vista de las ciencias físicas modernas.

En ambos casos, el sol es el Dios padre predominante en la mitología, el Dios Padre que otorga vida a todos los seres vivos, el creador de todo lo que habita en este mundo y la fuente de energía que lo sustenta. La dualidad del sol como entidad benéfica y destructora se refleja en la representación zodiacal del calor de agosto como el león devorador de rebaños, al que el héroe judío logró derrotar para liberar a la tierra de esta plaga.

Sin embargo, la armoniosa e intrínseca naturaleza del sol es la de quemar, y su poder abrasador parece inherente a los hombres. Brilla por igual sobre justos e injustos, permitiendo que florezcan tanto los seres vivos provechosos como los dañinos. Por lo tanto, el sol se erige como la representación más adecuada del Dios visible en este mundo, la fuerza motriz de nuestra propia alma, conocida como libido, que permite la manifestación tanto de lo útil como de lo perjudicial, de lo bueno y de lo malo.

Esta comparación no es meramente una elucubración, como nos lo enseñan los místicos. Cuando dirigen su mirada hacia adentro, sumergiéndose en las profundidades de su propio ser, encuentran "en su corazón" la imagen del Sol, que representa su propio amor o libido, y que justamente, con razón física, puede ser llamado Sol, pues nuestra fuente de energía y vida es el propio Sol. Así, nuestra esencia vital, como proceso energético, es completamente solar.

Un ejemplo tomado de la mitología hindú ilustra la naturaleza especial de esta "energía solar" que el místico percibe en su interior. Del análisis de un texto sagrado, se extrae una cita referente a una deidad poderosa:

"Sí, el único Rudra que gobierna todos estos mundos con poder, no se detiene ni por un instante. Está presente detrás de los nacimientos, y al final del tiempo reúne todos los mundos que ha evolucionado, protegiéndolos.

Tiene ojos en todas direcciones, caras en todas partes, brazos y pies en todos los lados. Con sus brazos y alas crea el cielo y la tierra, siendo el único Dios.

Él es tanto la fuente como el crecimiento de los dioses, el Señor de todo, el Rudra poderoso. Es un vidente poderoso, el que trajo a la existencia el brillante germen primordial, uniendo a través de la razón pura".

Estos atributos permiten distinguir claramente al creador de todo y, en él, al Sol, quien con sus alas y sus mil ojos escudriña el mundo.

Los siguientes pasajes del texto confirman esta idea y añaden la noción crucial de que Dios también reside en la criatura individual:

"Más allá de este mundo está el Brahman del más allá, el poderoso, oculto en cada criatura según su forma, el único Señor que abraza a todos, haciéndolos inmortales al conocerlo.

Conozco a este ser poderoso, semejante al Sol, que trasciende la oscuridad; solo al conocerlo a él se cruza más allá de la muerte; no hay otro camino para hacerlo.

...extendido sobre el universo está él, el Señor que todo lo impregna, benigno".

El poderoso Dios, semejante al Sol, reside en cada individuo, y quien lo conoce se hace inmortal. Continuando con el texto, encontramos un nuevo atributo que nos informa sobre la manera en que esta deidad habita en los seres humanos.

"Este poderoso monarca, él, el hombre, guía la esencia hacia la paz de la perfecta inoxidabilidad, una luz señorial e inagotable.

El Hombre, del tamaño de un pulgar, el ser interior, está siempre sentado en el corazón de todo lo que nace, revelándose a través de la mente, la cual gobierna en el corazón. Aquellos que lo conocen se vuelven inmortales.

El Hombre de las miles de cabezas, ojos y pies, cubriendo toda la tierra, está más allá, a diez dedos de distancia.

El Hombre es verdaderamente todo esto, tanto lo que ha sido como lo que será, el Señor que trasciende la inmortalidad".

Paralelismos importantes se encuentran en otros textos sagrados de la India:

"El Hombre del tamaño de un pulgar reside en el centro del ser, pasado y futuro, el Señor.

El Hombre, del tamaño de un pulgar como una llama libre de humo, pasado y futuro, el Señor, es el mismo hoy y será el mismo mañana".

Se puede adivinar fácilmente quién es este Hombre diminuto: el símbolo fálico de la libido. El falo es este héroe enano, que realiza grandes hazañas; él, este dios feo en forma hogareña, que es el gran hacedor de maravillas, ya que es la expresión visible de la fuerza creadora encarnada en el hombre. Este extraordinario contraste es también muy llamativo en la conocida obra literaria "Fausto":

Mefistófeles:

Te alabaré antes de que nos separemos: Veo

que conoces bien al diablo:

Toma esta llave.

Fausto:

¡Esa cosita!

Mefistófeles:

¡Agárrala, sin menospreciarla!

Fausto:

¡Brilla, resplandece, aumenta en mi mano!

Mefistófeles:

Pronto comprenderás cuánto vale,

¡La llave distinguirá el verdadero lugar de todos los demás!

Síguela, te conducirá a las Madres.

Aquí el diablo vuelve a poner en manos de Fausto la maravillosa herramienta, símbolo fálico de la libido, como una vez antes en el principio el diablo, en forma de perro negro, acompañó a Fausto, cuando se presentó con las palabras:

"Parte de ese poder, no comprendido,

que siempre quiere lo malo y siempre crea lo bueno".

Unido a esta fuerza, Fausto logró cumplir su tarea en la vida real, al principio a través de la aventura del mal y luego en beneficio de la humanidad, pues sin el mal no hay poder creador. Aquí, en la misteriosa escena de la madre, donde el poeta desvela el último misterio del poder creador a los iniciados, Fausto tiene necesidad de la varita mágica fálica (en cuya fuerza mágica no confía al principio), para realizar la mayor de las maravillas, a saber, la creación de personajes míticos. Con ello, Fausto alcanza el poder divino de obrar milagros, y, de hecho, sólo por medio de este pequeño e insignificante instrumento. Esta impresión paradójica parece ser muy antigua, pues incluso los textos sagrados de la India podían decir lo siguiente del dios enano:

"Sin manos, sin pies, Él se mueve, Él agarra: Sin ojos ve, (y) sin oídos oye: Sabe lo que hay que saber, pero no hay conocedor de Él. A Él llamad el primero, poderoso el Hombre.

Más pequeño que pequeño, (pero) más grande que grande en el corazón de esta criatura reposa el ser..."

El falo, esa entidad que se desplaza sin extremidades, que observa sin ojos y que conoce el futuro, se erige como símbolo del poder creador universal presente en todas partes, reclamando para sí la inmortalidad. Siempre se le considera completamente independiente, una noción arraigada no solo en la Antigüedad, sino también en las representaciones pornográficas de antaño y de nuestros días. Es tanto vidente como artista, un hacedor de maravillas; por lo tanto, no debería sorprendernos encontrar ciertas características fálicas reflejadas en figuras mitológicas como el vidente, el artista y el hechicero. Hefesto, Wieland el herrero y Mani, el fundador del maniqueísmo, cuyos seguidores gozaron de fama, todos ellos padecían de pies lisiados. Un antiguo vidente ostentaba un nombre evocador (Pie Negro) y parece ser típico que los videntes sean ciegos. La baja estatura, la fealdad y la deformidad se han asociado especialmente con esos misteriosos dioses ctónicos, los hijos de Hefesto, los Cabiri, a quienes se atribuía un gran poder para realizar prodigios. El nombre Cabiri significa "poderosos" y su culto está estrechamente ligado al de Hermes fálico. También se les conoce como "los grandes dioses". Sus parientes cercanos son los "dáctilos idáicos" (dedos idáicos), a quienes la madre de los dioses enseñó el arte de la herrería. Fueron los primeros líderes, los maestros de Orfeo, y quienes inventaron las fórmulas mágicas efesias y los ritmos musicales. La disparidad característica que se menciona en los textos hindúes y en "Fausto" también se refleja aquí, ya que el gigantesco Hércules pasó por un dáctilo del monte Ida.

Los colosales frigios, los hábiles servidores de Rea, también eran dáctilos. El maestro babilónico de la sabiduría, Oannes, se representaba en forma de pez fálico. Los dos héroes solares, los Dioscuros, están vinculados a los Cabiri; también llevan el distintivo sombrero puntiagudo que es característico de estos dioses misteriosos y que desde entonces ha perdurado como una marca secreta de identificación. Atis (el hermano mayor de Cristo) y Mitra también llevan este gorro puntiagudo. También se ha vuelto tradicional para nuestros actuales dioses infantiles ctónicos, los brownies, y toda la clase típica de enanos. Ya se ha señalado el significado fálico del sombrero en las fantasías modernas. Otra interpretación es que el gorro puntiagudo probablemente representa el prepucio. Por ahora, debo limitarme a presentar esta sugerencia sin desviarme demasiado del tema, pero más adelante volveré sobre este punto con pruebas detalladas.

La figura enana nos lleva a la imagen del niño divino, del puer eternus, de Dioniso joven, entre otros. En una antigua pintura de jarrón, ya mencionada, se representa a un Dioniso barbudo junto a una figura infantil, seguida de una caricatura de un niño y luego nuevamente una caricatura de hombre. Se ha sugerido que esta colección correspondía a un grupo de estatuas en el santuario de un culto. Esta suposición se ve respaldada por la historia del culto conocida hasta ahora: se trata de un culto originalmente fenicio de padre e hijo; de un dios viejo y joven que estaban más o menos asimilados a los dioses griegos. Las figuras dobles de Dioniso adulto y niño se prestan especialmente a esta asimilación. También se podría llamar a esto el culto del hombre grande y pequeño. Bajo diferentes aspectos, Dioniso es un dios fálico cuyo culto otorgaba gran importancia al falo. Además, el hermetismo fálico del dios dio lugar a una personificación del falo de Dioniso en forma del dios Phales, que no es más que un Príapo. En correspondencia con esta situación, no es difícil reconocer en la representación cabírica mencionada anteriormente, y en la figura infantil añadida, la imagen del hombre y su pene. La paradoja previamente mencionada en los textos sagrados de la India de lo grande y lo pequeño, del gigante y el enano, se expresa aquí de manera más sutil como hombre y niño, o padre e hijo. El motivo de la deformidad, constantemente utilizado en el culto cabírico, también está presente en la imagen del jarrón, mientras que las figuras paralelas a Dioniso y la figura infantil son las caricaturas.

Sin necesidad de aportar más pruebas, es evidente que de este conocimiento se desprenden interpretaciones particularmente reveladoras sobre el significado psicológico original de los héroes religiosos. Dionisio guarda una íntima relación con la psicología del primitivo dios asiático que experimentó muerte y resurrección y cuyas diversas manifestaciones han convergido en la figura de Cristo, una personalidad sólida que ha perdurado a lo largo de los siglos. A partir de esta premisa, se puede inferir que estos héroes, junto con sus destinos característicos, son personificaciones de la libido humana y sus respectivos destinos. Son imágenes que, al igual que las figuras de los sueños nocturnos, actúan como intérpretes de los pensamientos más íntimos.

Dado que ahora se tiene la capacidad de interpretar el simbolismo de los sueños y, por ende, de especular sobre la historia psicológica misteriosa del desarrollo individual, se abre un camino hacia la comprensión de los resortes secretos del impulso subyacente al desarrollo psicológico de las razas.

Las reflexiones anteriores, que ponen de manifiesto el aspecto fálico del simbolismo de la libido, también demuestran la plena justificación del término "libido". Originariamente asociado con la esfera sexual, esta palabra se ha convertido en el término técnico más común en psicoanálisis, simplemente porque su significado abarca todas las manifestaciones desconocidas e innumerables de la Voluntad en el sentido de Schopenhauer. Es lo suficientemente comprensiva y rica en significado como para caracterizar la verdadera naturaleza de la entidad psíquica que incluye.

El significado clásico exacto de la palabra libido la hace un término completamente apropiado. En los escritos de Cicerón, libido se toma en un sentido amplio como "deseo", y en la distinción estoica entre voluntad y deseo desenfrenado. Cicerón utiliza "libido" en un sentido similar:

"Actuar por deseo, no por razón".

Sallustio también emplea "libido" en un sentido relacionado con el deseo:

"La ira es una parte del deseo".

Además, en un sentido más general y suave, que se acerca al uso analítico:

"Valoraban más el deseo en armas y caballos de guerra que en mujeres y banquetes".

También:

"Si tienes un buen deseo por tu país, etc."

El uso de "libido" es tan amplio que la frase "libido est scire" simplemente significaba "quiero, me place". En la frase "aliquam libido urinæ lacessit", "libido" tenía el significado de urgencia. El significado de deseo sexual también está presente en los textos clásicos.

Esta aplicación general del concepto clásico coincide con el correspondiente contexto etimológico de la palabra "libido" o "lubido" (de "libet", más antiguo "lubet"), que significa "me agrada", y "libens" o "lubens" significa "con gusto", "de buena gana". En sánscrito, "lúbhyati" significa experimentar un anhelo violento, "lôbhayati" significa excitar el anhelo, "lubdha-h" significa ansioso, "lôbha-h" significa anhelo, ansia. En gótico, "liufs", y en alto alemán antiguo "liob" significan amor. Además, en gótico, "lubains" se representa como esperanza; y en alto alemán antiguo, "lobôn" significa alabar, "lob" significa encomio, alabanza, gloria; en búlgaro antiguo, "ljubiti" significa amar, "ljuby" significa amor; en lituano, "liáupsinti" significa alabar.

Se podría decir que la concepción de la libido, tal como se desarrolla en la nueva obra de Freud y su escuela, tiene funcionalmente el mismo significado en el ámbito biológico que la concepción de la energía desde los tiempos de Robert Mayer en el ámbito físico. Quizás no sea redundante agregar algo más en este punto sobre la concepción de la libido después de haber seguido la formación de su símbolo hasta su máxima expresión en la forma humana del héroe religioso.

A través de esta exploración del simbolismo de la libido, se ha podido vislumbrar cómo las figuras heroicas y divinas de las mitologías y religiones antiguas son en realidad proyecciones y personificaciones de este impulso vital primordial que subyace en la psique humana. Desde los dioses solares hasta los héroes ctónicos, desde el niño divino hasta el dios barbudo, todas estas imágenes arquetípicas reflejan diferentes aspectos y etapas del desarrollo de la libido, tanto a nivel individual como colectivo.

Comprender este lenguaje simbólico es fundamental para desentrañar los misterios del inconsciente y para iluminar el camino del autoconocimiento y la individuación. A través del análisis de los sueños, los mitos y los símbolos, se puede acceder a ese tesoro oculto de sabiduría ancestral que habita en las profundidades de la psique, y así reconectar con las fuerzas primordiales que impulsan el crecimiento y la transformación.

En este sentido, el estudio de la libido y sus manifestaciones simbólicas no es un mero ejercicio intelectual, sino una verdadera aventura espiritual, un viaje de descubrimiento hacia los reinos interiores del alma. Al adentrarse en este territorio inexplorado, el ser humano tiene la oportunidad de enfrentarse a su sombra, de integrar los aspectos negados o rechazados de su personalidad, y de alcanzar una mayor plenitud y autenticidad.

Así pues, el análisis de los sueños y el trabajo con el inconsciente se revelan como herramientas poderosas para el crecimiento y la sanación psíquica, permitiendo al individuo reconciliarse con su propia naturaleza y encontrar un sentido más profundo y trascendente en su existencia. En un mundo cada vez más fragmentado y desconectado de sus raíces espirituales, este camino de autoconocimiento se vuelve más necesario y urgente que nunca, como un faro de luz en medio de la oscuridad.

La Teoría de la Libido de Jung

El estudio de la naturaleza de la libido, tal como fue descrito por Freud en su obra "Tres contribuciones a la teoría sexual", representa un hito en la comprensión del deseo sexual. En este trabajo seminal, Freud introduce el concepto de libido como un impulso o necesidad sexual primordial. A través de cuidadosas observaciones, se deduce que la libido posee una flexibilidad inherente que le permite redirigirse, haciendo posible que energías inicialmente no sexuales puedan adquirir una carga sexual. Esto sugiere que objetos o funciones que normalmente no están asociados con la sexualidad pueden, bajo ciertas circunstancias, adquirir connotaciones sexuales. Freud compara metafóricamente la libido con un río, capaz de dividirse, contenerse y desbordarse en múltiples direcciones. Contrariamente a lo que algunos críticos han interpretado, Freud no reduce todo a lo sexual, sino que reconoce la existencia de ciertas dinámicas aún no completamente comprendidas que, sin embargo, son susceptibles a la influencia de la libido.

La noción del "haz de impulsos" subyace a esta teoría, presentando al deseo sexual como uno de los componentes que conforman el comportamiento humano, capaz de extender su influencia a otras áreas del impulso. La investigación de Freud y sus seguidores ha demostrado que las dinámicas neuróticas pueden entenderse mediante el análisis de la interacción entre la libido y otros impulsos no sexuales.

Desde la publicación de "Tres contribuciones" en 1905, la concepción de la libido ha evolucionado, expandiendo su ámbito de influencia. Un claro ejemplo de esta expansión es el análisis de la paranoia y su relación con la demencia precoz, lo que llevó a Freud a reconsiderar los límites de su teoría original. Freud sugiere que la interacción entre la libido y el yo puede ser crucial para comprender fenómenos complejos como la percepción del fin del mundo o la disociación con la realidad exterior. Sin embargo, admite la falta de una base sólida en el conocimiento del instinto, reconociendo que la distinción entre impulso del yo y sexual responde a necesidades biológicas fundamentales de supervivencia individual y de la especie. A pesar de los avances logrados, aún quedan muchas incógnitas sobre cómo la perturbación de la libido afecta la relación del individuo con su entorno y viceversa, especialmente en el contexto de las psicosis. La paranoia, en particular, presenta desafíos en la interpretación de su relación con el mundo exterior, sugiriendo que la clave podría residir en la dinámica del interés libidinal.

En este extracto, Freud aborda con precisión la cuestión de si el marcado deseo por la realidad observado en los pacientes paranoicos dementes y en aquellos afectados por demencia precoz, a los cuales Jung ha destacado en su obra "La psicología de la demencia precoz", debe atribuirse únicamente al retraimiento de los flujos libidinales o si se alinea con el denominado interés objetivo en general. Es poco probable que la función normal de lo real se sostenga solamente por flujos de libido o interés erótico. De hecho, en numerosos casos clínicos, la realidad se desvanece por completo, de tal manera que ni siquiera se puede detectar un atisbo de adaptación u orientación psicológica. En tales situaciones, la realidad es suprimida y reemplazada por los contenidos del complejo. Es imperativo afirmar que no solo el interés erótico se ha esfumado, sino el interés en su conjunto, es decir, la adaptación a la realidad ha cesado por completo. Esta categoría incluye a los pacientes que actúan como autómatas, estupefactos y catatónicos.

En su trabajo anterior "Psicología de la Demencia Precoz", Jung utilizó el término "energía psíquica" porque no lograba fundamentar la teoría de esta psicosis en la noción de desplazamiento de flujos libidinales. Sus experiencias, centradas en la psiquiatría, no le permitían asimilar esta teoría. Sin embargo, la validez de esta teoría en relación con las neurosis, específicamente las neurosis de transferencia, le fue evidenciada más adelante, tras acumular mayor experiencia en el ámbito de la histeria y las neurosis obsesivas. En el caso de estas neurosis, lo crucial es determinar si alguna porción de la libido, que se preserva mediante la represión específica, se introvierte y regresa a etapas previas de la transferencia; por ejemplo, el camino de la transferencia parental. No obstante, la antigua adaptación psicológica no sexual al entorno se mantiene intacta en lo que no se refiere a lo erótico y sus manifestaciones secundarias (síntomas). La realidad que les falta a los pacientes es precisamente aquella porción de la libido que se ve comprometida en la neurosis. En cambio, en la demencia precoz, no solo se pierde esa porción de libido que se conserva en la conocida represión sexual específica, sino mucho más de lo que se podría atribuir estrictamente a la sexualidad. La función de la realidad se ve tan mermada que incluso la motivación sufre en esta pérdida. Es crucial discutir el aspecto sexual de esto, ya que no se entiende que la realidad funcione como una capacidad sexual. Además, de ser así, la introversión de la libido en un sentido estricto debería resultar en una pérdida de realidad en las neurosis, y de hecho, una pérdida comparable con la observada en la demencia precoz. Estos hechos impidieron a Jung aplicar la teoría de la libido de Freud a la demencia precoz, y por ende, considera que la investigación de Abraham es teóricamente insostenible desde la perspectiva de la teoría de la libido freudiana. Si Abraham sostiene que la retirada de la libido del mundo exterior conduce al sistema paranoide o a la sintomatología esquizofrénica, entonces este supuesto no se sostiene con el conocimiento actual, ya que una simple introversión y regresión de la libido conduce, como Freud ha demostrado, a las neurosis y específicamente a las neurosis de transferencia, y no a la demencia precoz. Por tanto, es imposible aplicar la teoría de la libido a la demencia precoz, puesto que esta afección provoca una pérdida de realidad que no se puede justificar solamente por la deficiencia de la libido en este sentido estricto.

A Jung le complace especialmente que Freud, al abordar el delicado tema de la psicología paranoica, haya tenido que cuestionar la aplicabilidad del concepto de libido que mantenía en aquel entonces. La definición sexual de esta no facilitaba la comprensión de esos trastornos funcionales que afectan tanto al ámbito del instinto de hambre como al sexual. Durante mucho tiempo, Jung consideró inaplicable la teoría de la libido a la demencia precoz. Sin embargo, con la creciente experiencia en el análisis, percibió un cambio gradual en su concepción de la libido. En lugar de la definición descriptiva de las "Tres Contribuciones", emergió una definición genérica de la libido, que le permitió reemplazar el término "energía psíquica" por "libido". Se vio en la necesidad de cuestionar si, efectivamente, la función de la realidad actual no consiste mayoritariamente en libido sexualis y en una gran parte en otros impulsos. Persiste la importante cuestión de si, filogenéticamente, la función de la realidad no es, al menos en gran medida, de origen sexual. Aunque no se puede responder directamente a esta pregunta respecto a la función de la realidad, Jung intentará alcanzar una comprensión indirecta.

Una breve mirada a la historia de la evolución es suficiente para enseñarnos que muchas funciones complejas, que hoy en día no se consideran relacionadas con el aspecto sexual, surgieron originalmente como derivaciones del impulso general de reproducción. A lo largo del ascenso en el reino animal, ha habido un cambio significativo en los fundamentos del instinto reproductivo. La producción masiva de gametos con la incertidumbre de la fertilización ha sido reemplazada cada vez más por un proceso de fertilización controlada y una protección efectiva de las crías. Como resultado, parte de la energía que antes se destinaba a la producción de óvulos y espermatozoides se ha redirigido hacia la creación de mecanismos de seducción y protección para las crías. De esta manera, encontramos los primeros indicios de comportamiento artístico en los animales, utilizados para servir al impulso de reproducción y limitados al período de apareamiento. El carácter sexual original de estas conductas biológicas se ha diluido con su arraigo orgánico y su independencia funcional.

Aunque es innegable el origen sexual de la música, sería una simplificación inexacta y poco estética considerarla simplemente como una expresión de la sexualidad. Equipararla de esa manera sería similar a clasificar la catedral de Colonia como mineralogía solo porque está construida con piedras. Resulta sorprendente para aquellos que desconocen la historia de la evolución darse cuenta de cuántos aspectos de la vida humana pueden rastrearse en última instancia hasta el instinto de reproducción. Este abarca casi todo lo que valoramos y nos importa.

Recientemente se ha hablado de la libido como un impulso creador y, al mismo tiempo, se ha adoptado la concepción que contrasta la libido con el hambre, de manera similar a cómo el instinto de conservación de la especie se opone al instinto de autoconservación. Sin embargo, en la naturaleza, esta distinción artificial no existe; simplemente se ve un impulso vital continuo, una voluntad de vivir que se manifiesta tanto en la preservación de la especie como en la del individuo. Esta idea coincide con la noción de la Voluntad en Schopenhauer, que concibe la Voluntad objetivamente como la manifestación de un deseo interno. Este proceso de convertir percepciones psicológicas en realidades materiales se describe filosóficamente como "introyección" (aunque es importante señalar que la concepción de Ferenczi de la "introyección" se refiere a la incorporación del mundo exterior al mundo interior).

La concepción freudiana del principio del deseo es esencialmente una formulación de la idea de introyección, mientras que su "principio de realidad", también formulado voluntariamente, corresponde funcionalmente a lo que Jung denomina "correctivo de la realidad", y que R. Avenarius describe como "empiriokritische Prinzipialkoordination". La noción de poder se deriva de esta misma introyección, como lo expresó Galileo de manera elocuente al observar que su origen reside en la percepción subjetiva de la fuerza muscular del individuo.

Dado que se ha sugerido audazmente que la libido, originalmente empleada exclusivamente en la producción de óvulos y espermatozoides, ahora está firmemente organizada en la construcción de nidos y ya no puede utilizarse de otra manera, esta concepción obliga a vincularla con todos los deseos, incluido el hambre. Por lo tanto, ya no se puede hacer una distinción esencial entre el deseo de construir un nido y el deseo de comer. Este punto de vista lleva a una concepción de la libido que trasciende los límites de las ciencias físicas y adquiere un aspecto filosófico, convirtiéndose en una concepción de la voluntad en general. Jung deja este aspecto de "voluntarismo" psicológico en manos de los filósofos para que lo exploren.

En cuanto a la psicología de esta concepción (no se refiere a la metapsicología ni a la metafísica), es útil recordar el significado cosmogónico de Eros en Platón y Hesíodo, así como la figura órfica de Phanes, el "resplandeciente", el primer ser creado y el "padre de Eros". En la escuela neoplatónica, Plotino compara "El Uno", el principio creador primordial, con la luz en general; el intelecto con el Sol (♂), y el alma-mundo con la Luna (♀). Además, Plotino compara "El Uno" con el Padre y el intelecto con el Hijo, atribuyéndole al alma-mundo (denominada como Zeus) un papel subordinado. En la concepción de Plotino, el alma-mundo tiende hacia una existencia dividida y divisibilidad, una condición necesaria para todo cambio, creación y procreación, lo cual también posee una cualidad maternal. El alma-mundo es un "todo de vida interminable" y totalmente energético; es un organismo vivo de ideas, que alcanzan en él eficacia y realidad. El intelecto es su progenitor, su padre, que lo concibe y lo desarrolla en el pensamiento.

"Lo que yace latente en el intelecto, llega a desarrollarse en el alma-mundo como logos, llenándola de significado y embriagándola como con néctar".

El néctar es análogo al soma, la bebida de la fertilidad y de la vida, así como al esperma. El intelecto fertiliza el alma; como sobrealma, es llamada Afrodita celestial, y como subalma, la Afrodita terrenal. "Conoce los dolores del parto", etc. La paloma, símbolo del Espíritu Santo, no es sin razón el ave de Afrodita.

Este fragmento de la historia de la filosofía, que podría expandirse fácilmente, ilustra el significado de la percepción endopsíquica de la libido y su simbolismo en el pensamiento humano.

En la amplia gama de fenómenos naturales, se observa el deseo, o libido, manifestándose en diversas aplicaciones y formas. Durante la infancia, la libido se encuentra principalmente dirigida hacia el instinto de alimentación, encargado de construir y desarrollar el cuerpo. A medida que el cuerpo se desarrolla, surgen nuevas áreas de aplicación para la libido. La última y más importante de estas áreas es la sexualidad, que al principio parece estar estrechamente vinculada a la función de alimentación. Por ejemplo, se puede observar la influencia de las condiciones alimenticias en la reproducción de animales inferiores y plantas. En el ámbito de la sexualidad, la libido adquiere una forma distintiva, cuya importancia ha llevado a utilizar el término "libido" de manera generalizada. Aquí, la libido se manifiesta claramente como un impulso de reproducción, inicialmente como una libido sexual primordial indiferenciada, una energía de crecimiento que impulsa al individuo hacia la división y la reproducción. La distinción más clara entre estas dos formas de libido se observa en animales donde la etapa de alimentación está separada de la etapa sexual por una etapa de crisálida.

De esta libido sexual primitiva, que generaba una gran cantidad de huevos y semillas, han surgido derivados con una capacidad reproductiva limitada. Estos derivados mantienen sus funciones gracias a una libido diferenciada especial, que ya no está sexualizada debido a su disociación de la función original de producción de óvulos y espermatozoides. Así, el proceso de desarrollo implica una transformación progresiva de la libido primordial, que anteriormente solo producía productos de reproducción, hacia funciones secundarias de seducción y protección de las crías. Esta transformación implica una relación más compleja y diferente con la realidad, una verdadera adaptación a las necesidades de reproducción. Por lo tanto, el cambio en el modo de reproducción conlleva una adaptación más intensa a la realidad.

Es importante entender que el poder de atracción de esta libido ya no es exclusivamente sexual, aunque en gran medida lo haya sido en el pasado. El proceso de desviación de la libido sexual hacia funciones no sexuales ha sido continuo a lo largo de la evolución. Cuando esta desviación se produce con éxito y sin perjudicar la adaptación del individuo, se llama sublimación. Sin embargo, cuando la desviación no tiene éxito, se denomina represión.

Desde el punto de vista descriptivo de la psicología, se reconoce la multiplicidad de instintos, incluido el instinto sexual, como fenómenos distintos. Además, se reconoce que ciertas cantidades de libido se desvían hacia instintos no sexuales.

Por otro lado, desde el punto de vista genético, se considera que la multiplicidad de instintos proviene de una unidad relativa, la libido primitiva. Se reconoce que ciertas cantidades de esta libido se asocian con las funciones recién formadas y se fusionan con ellas. Por lo tanto, desde este enfoque genético, es imposible mantener una concepción estrictamente limitada de la libido como en el punto de vista descriptivo. Esto conduce inevitablemente a una ampliación de la concepción de la libido. Este es el marco teórico de la teoría de la libido que Jung ha introducido previamente y que espera que el lector ahora comprenda mejor.

Por primera vez, a través de esta idea genética de la libido, que va más allá de lo meramente sexual y descriptivo, se abrió la posibilidad de aplicar la teoría freudiana de la libido a la psicología de las enfermedades mentales. El pasaje citado anteriormente ilustra cómo la concepción actual de la libido según Freud choca con el problema de las psicosis. Cuando Jung habla de libido, se refiere a la concepción genética que abarca no solo lo sexual inmediato, sino también una cantidad de libido primitiva desexualizada. Al decir que un paciente retira su libido del mundo exterior para apoderarse del mundo interior, no quiere implicar únicamente que retira los aportes de la función de realidad, sino que, según su perspectiva, también retira energía de aquellos instintos desexualizados que normalmente sostienen adecuadamente la función de realidad.

Esta alteración en la concepción de la libido implica que ciertos aspectos de la terminología también necesitan ser revisados. Abraham intentó aplicar la teoría freudiana de la libido a la demencia precoz, conceptualizando la falta de conexión y la pérdida de la función de realidad como autoerotismo. Sin embargo, esta conceptualización necesita ser revisada. La introversión histérica de la libido conduce al autoerotismo, ya que el flujo erótico de la libido del paciente se vuelve hacia adentro, ocupando su yo con la cantidad correspondiente de libido erótica. Por otro lado, el esquizofrénico evita la realidad mucho más de lo que el simple flujo erótico podría explicar; por lo tanto, su condición interna difiere significativamente de la del histérico. El esquizofrénico no es simplemente autoerótico; construye un equivalente intrapsíquico de la realidad, para lo cual necesita una dinámica diferente a la proporcionada por el flujo erótico. Por lo tanto, Jung le da a Bleuler el derecho de rechazar la concepción de autoerotismo y sustituirla por la concepción de autismo. Jung cree que este término se ajusta mejor a los hechos que el autoerotismo. Reconoce que su anterior idea de la identidad entre el autismo (Bleuler) y el autoerotismo (Freud) fue injustificada, y por lo tanto, se retracta. Esta revisión profunda de la concepción de la libido le ha obligado a hacerlo.

De estas consideraciones se desprende que la concepción psicológica descriptiva de la libido debe ser abandonada para que la teoría de la libido pueda aplicarse a la demencia precoz. La investigación de Freud sobre las fantasías de Schreber proporciona una prueba convincente de que esta teoría es aplicable. Ahora, la pregunta es si esta concepción genética de la libido que Jung ha propuesto es adecuada para las neurosis. Jung cree que sí. Es probable que en las neurosis aparezcan perturbaciones funcionales que superen los límites de lo sexual inmediato; esto es particularmente evidente en los episodios psicóticos. La ampliación de la concepción de la libido que ha surgido a través de los estudios analíticos más recientes representa un avance significativo que será especialmente beneficioso en el campo crucial de las psicosis de introversión. La confirmación de la exactitud de esta suposición ya está disponible. La investigación de la Escuela de Zurich ha demostrado que los productos de sustitución fantasmática que ocupan el lugar de la función de realidad perturbada tienen rasgos inequívocos de pensamiento arcaico. Esto respalda la idea de que la realidad pierde no solo una cantidad inmediata (individual) de libido, sino también una cantidad de libido diferenciada o desexualizada que ha sido fundamental para la función de realidad desde tiempos prehistóricos. La pérdida de esta última adquisición de la función de realidad debe ser sustituida necesariamente por un modo anterior de adaptación. Este principio se encuentra también en las neurosis, donde una represión resultante del fracaso de la transferencia reciente es reemplazada por un modo antiguo de transferencia, mediante un renacimiento regresivo de la imago progenitora. Un ejemplo de esto es la investigación de Honegger, que muestra cómo un paciente paranoico reemplaza los puntos de vista astronómicos modernos con un sistema arcaico, donde la tierra es plana y el sol se mueve alrededor de ella. Spielrein también proporciona ejemplos de cómo ciertos pacientes superponen significados arcaicos a palabras modernas. Por ejemplo, un paciente asoció correctamente el alcohol con una "efusión de semillas", un significado mitológico, y lo relacionó con la ebullición. Estos ejemplos respaldan la idea de que los trastornos mentales implican la reactivación de modos arcaicos de pensamiento y funcionamiento psíquico.

En un trabajo anterior, Jung utilizó la expresión "energía psíquica" debido a que no podía fundamentar la teoría de la demencia precoz en la noción del desplazamiento de flujos libidinales. Sus experiencias psiquiátricas no le permitían asimilar esta teoría en ese momento. Sin embargo, más adelante, tras acumular mayor experiencia en el campo de la histeria y las neurosis obsesivas, pudo comprobar la validez de la teoría en relación con las neurosis, especialmente las neurosis de transferencia. En estas neurosis, lo crucial es determinar si una porción de la libido, preservada mediante represión específica, se introvierte y regresa a etapas anteriores de la transferencia, como la transferencia parental. No obstante, la antigua adaptación psicológica no sexual al entorno permanece intacta en lo que no concierne a lo erótico y sus manifestaciones secundarias (síntomas). La realidad que falta a los pacientes corresponde precisamente a la porción de libido involucrada en la neurosis. Por otro lado, en la demencia precoz, no solo se pierde la porción de libido conservada en la represión sexual específica, sino mucho más de lo que podría atribuirse estrictamente a la sexualidad. La función de la realidad se ve tan disminuida que incluso la motivación se ve afectada. Es esencial discutir el aspecto sexual de esto, ya que no se entiende que la realidad funcione como una capacidad sexual. Además, si fuera así, la introversión de la libido en sentido estricto debería resultar en una pérdida de realidad en las neurosis comparable a la observada en la demencia precoz. Estos hechos impidieron a Jung aplicar la teoría freudiana de la libido a la demencia precoz, y por lo tanto, considera que la investigación de Abraham es teóricamente insostenible desde la perspectiva de dicha teoría. Si Abraham afirma que la retirada de la libido del mundo exterior conduce al sistema paranoico o a la sintomatología esquizofrénica, este supuesto no se sostiene con el conocimiento actual, ya que una simple introversión y regresión de la libido lleva, como ha demostrado Freud, a las neurosis y específicamente a las neurosis de transferencia, no a la demencia precoz. Por lo tanto, es imposible aplicar la teoría de la libido a la demencia precoz, dado que esta afección causa una pérdida de realidad que no puede justificarse únicamente por la deficiencia de la libido en este sentido estricto.

La proposición anterior de Jung sobre la sustitución de la función perturbada de la realidad por un sustituto arcaico se ve respaldada por una excelente paradoja planteada por Spielrein. Ella menciona: "A menudo tenía la ilusión de que estos pacientes podrían ser simplemente víctimas de una superstición popular". En realidad, los pacientes sustituyen la realidad por fantasías que se asemejan a los productos mentales incorrectos del pasado, que, sin embargo, en su época, eran considerados como una visión de la realidad. Como lo ilustra la visión de Zosimos, las antiguas supersticiones eran símbolos que permitían transiciones a territorios más remotos. Esto debió ser muy útil en ciertos períodos arcaicos, ya que proporcionaba puentes convenientes para canalizar una cantidad parcial de libido al reino mental. Es evidente que Spielrein sugiere un significado biológico similar de los símbolos cuando dice:

"Así, un símbolo me parece deber su origen en general a la tendencia de un complejo a disolverse en la totalidad común del pensamiento... El complejo es despojado por el del elemento personal... Esta tendencia a la disolución (transformación) de todo complejo individual es el motivo de la poesía, de la pintura, de toda clase de arte."

Cuando se reemplaza aquí la concepción formal "complejo" por la concepción de la cantidad de libido (el efecto total del complejo), que, desde el punto de vista de la teoría de la libido, es una medida justificada, entonces la opinión de Spielrein concuerda fácilmente con la de Jung. Cuando el ser humano primitivo comprende en general lo que es un acto de generación, entonces, según el principio del camino de menor resistencia, nunca puede llegar a la idea de sustituir los órganos generativos por una hoja de espada o una lanzadera; pero este es el caso de ciertos indígenas, que explican el origen de la humanidad por la unión de los dos símbolos de transferencia. Entonces debe verse obligado a idear algo análogo para aportar un interés sexual manifiesto a una expresión asexuada. El motivo propulsor de esta transición de la libido sexual inmediata a la representación no sexual solo puede encontrarse, en opinión de Jung, en una resistencia que se opone a la sexualidad primitiva.

Parece como si, a través de la formación de analogías fantasmáticas, más libido se desexualizara gradualmente, porque cada vez más correlatos fantasmáticos se pusieran en el lugar del logro primitivo de la libido sexual. Con ello, gradualmente se desarrolló una ampliación enorme de la idea del mundo, ya que siempre se asimilaban nuevos objetos como símbolos sexuales. Es una cuestión de debate si la conciencia humana ha sido llevada a su estado actual enteramente o en gran parte de esta manera. Es evidente, en cualquier caso, que un significado importante en el desarrollo de la mente humana se debe al impulso hacia el descubrimiento de la analogía. Jung está completamente de acuerdo con Steinthal cuando dice que se debe conceder una importancia absolutamente desmesurada a la pequeña frase "Gleich wie" ("incluso como") en la historia del desarrollo del pensamiento. Es plausible creer que el traslado de la libido a un correlato fantasmático ha llevado al ser humano primitivo a varios de los descubrimientos más importantes.

La Transformación de la Energía Psíquica

En las páginas siguientes, se ilustrará un ejemplo concreto de la transición de la libido. Un paciente con un estado catatónico depresivo y una psicosis de introversión leve fue tratado, presentando muchos rasgos histéricos. Durante una sesión, al relatar un evento doloroso, el paciente entró en un estado histérico-soñador, mostrando signos de excitación sexual y perdiendo consciencia de la presencia del terapeuta. La excitación lo llevó a realizar un acto masturbatorio (frictio femorum) y un gesto peculiar: girar violentamente el dedo índice de su mano izquierda en la sien izquierda, como si hiciera un agujero allí. Luego, experimentó una amnesia total sobre lo ocurrido.

Aunque este acto podría compararse con perforar la boca, nariz u oreja, pertenece al territorio del juego sexual infantil, como una actividad preliminar preparatoria para la actividad sexual. Aunque no se entendió completamente en ese momento, el gesto parecía muy significativo. Semanas después, la madre del paciente informó que había sido una niña excepcional. A los dos años, pasaba horas golpeando rítmicamente una puerta con la cabeza. Luego, comenzó a perforar el yeso de la pared con el dedo, con movimientos de giro y raspado, pasando horas en esta actividad. Era un enigma para sus padres. A los cuatro años, comenzó a practicar el onanismo.

La práctica onanista del paciente se remonta a una etapa muy temprana de la infancia, anterior a la masturbación localizada en los genitales. Este periodo es aun psicológicamente oscuro, careciendo de reproducciones individuales y recuerdos, similar a lo que ocurre entre los animales. En la vida animal, las características raciales predominan, mientras que en los humanos, el carácter individual prevalece sobre el tipo racial.

Si se acepta esta observación como correcta, sorprende la aparentemente incomprensible actividad individual de esta niña a tan temprana edad. A través de su historia de vida posterior, se descubre que su desarrollo, entrelazado con eventos externos paralelos, la ha llevado a esa perturbación mental conocida por su individualidad y originalidad en sus manifestaciones, es decir, la demencia precoz. Esta perturbación se caracteriza por el predominio del pensamiento fantasmático, típicamente infantil. De este tipo de pensamiento derivan esos numerosos vínculos con productos mitológicos, y lo que se considera creaciones originales e individuales son a menudo creaciones comparables con las de la antigüedad.

Esta comparación puede aplicarse a todas las manifestaciones de esta notable enfermedad, y quizás también a este síntoma particular de aburrimiento. Como se ha visto, el aburrimiento onanista de la enferma se originó en una etapa muy temprana de la infancia, reproduciéndose desde entonces. La paciente volvió a caer en el onanismo primitivo solo después de muchos años de matrimonio y tras la muerte de su hijo, con quien se había identificado a través de un amor demasiado indulgente. Tras la muerte del niño, la madre, aún sana, experimentó síntomas infantiles precoces en forma de ataques de masturbación apenas disimulados, asociados con este mismo acto de aburrimiento.

Como se ha observado, el aburrimiento primario surgió en un momento que precedió a la masturbación infantil localizada en los genitales. Este hecho es significativo en la medida en que este aburrimiento difiere de una práctica similar posterior que apareció después del onanismo genital. Los malos hábitos posteriores suelen representar una sustitución de la masturbación genital reprimida o un intento en esa dirección. Como tales, estos hábitos pueden persistir hasta bien entrada la vida adulta como síntomas de una cantidad reprimida de libido.

Como se ha expuesto anteriormente, la libido en los individuos jóvenes se manifiesta inicialmente en la zona nutricional, durante el amamantamiento, con movimientos rítmicos y signos de satisfacción. A medida que el individuo crece y sus órganos se desarrollan, la libido crea nuevas vías para satisfacer su necesidad de actividad y satisfacción. El modelo primario de actividad rítmica, generadora de placer y satisfacción, se traslada a otras funciones, con la sexualidad como objetivo final. Una parte significativa de la "libido del hambre" se transforma en "libido sexual".

Esta transición no ocurre repentinamente en la pubertad, sino de manera gradual a lo largo de la infancia. La libido se libera con dificultad y lentamente de la función de nutrición, para entrar en la función sexual. En este estado de transición, se distinguen dos épocas: la época de la succión y la época de la actividad rítmica desplazada.

Durante la época de la succión, el amamantamiento sigue relacionado con la nutrición, pero va más allá, convirtiéndose en una actividad rítmica que busca placer y satisfacción sin necesariamente ingerir alimento. En la época de la actividad rítmica desplazada, la mano se convierte en un órgano auxiliar más evidente; el placer se desplaza desde la boca hacia otras regiones del cuerpo, como aberturas corporales, la piel y partes específicas. La actividad en estas áreas, que puede manifestarse como frotamiento, aburrimiento, picoteo, etc., sigue un ritmo determinado y sirve para producir placer.

Después de períodos variables en estas etapas, la libido avanza hacia la zona sexual, donde puede ser la ocasión para los primeros intentos onanistas. En su migración, la libido lleva elementos de la nutrición hacia la zona sexual, lo que explica las numerosas correlaciones innatas entre las funciones de nutrición y sexualidad.

Si surge un obstáculo contra la forma actual de aplicación de la libido después de la ocupación de la zona sexual, entonces, según leyes bien conocidas, se produce una regresión a etapas anteriores, a los dos períodos mencionados.

Es importante destacar que la época de la actividad rítmica desplazada coincide en general con el período del desarrollo mental y del habla. Se podría denominar el período desde el nacimiento hasta la ocupación de la zona sexual como la etapa presexual del desarrollo, que generalmente ocurre entre el tercer y quinto año de vida, asemejándose a la fase de crisálida en las mariposas. Se caracteriza por la mezcla irregular de elementos de nutrición y funciones sexuales.

Algunas regresiones vuelven directamente a esta etapa presexual, lo cual parece ser la regla en la regresión de la demencia precoz. Dos breves ejemplos ilustran este fenómeno regresivo. Uno involucra a una joven que desarrolló un estado catatónico durante su noviazgo y, al ver por primera vez a Jung, lo abrazó y lo llamó "papá" pidiendo comida. El otro ejemplo es el de una joven sirvienta que se quejaba de sentirse perseguida por electricidad, lo que le provocaba una sensación extraña en los genitales, "como si comiera y bebiera allí abajo".

Estos fenómenos regresivos demuestran que, incluso desde la perspectiva de la mente moderna, es posible llegar regresivamente a estas etapas tempranas de la libido. Se puede suponer, por lo tanto, que en los primeros estados del desarrollo humano este proceso era mucho más común que en la actualidad. Es de gran interés saber si se han conservado rastros de esto en la historia.

El conocimiento de la fantasía etnológica del aburrimiento se debe al valioso trabajo de Abraham, quien también refiere a los escritos de Adalbert Kuhn. A través de esta investigación, se aprende que Prometeo, el portador del fuego, puede estar relacionado con el Pramantha hindú, es decir, el pedazo de madera masculino que frota el fuego. El portador del fuego hindú se llama Mâtariçvan, y la actividad de preparación del fuego se designa siempre en el texto hierático con el verbo "manthâmi", que significa sacudir, frotar, hacer brotar por frotamiento. Kuhn ha relacionado este verbo con el griego μανθάνω, que significa "aprender", y ha explicado esta conexión conceptual. El "tertium comparationis" podría residir en el ritmo, el movimiento de ida y vuelta en la mente.

Según Kuhn, la raíz "manth" o "matemáticas" debe rastrearse desde μανθάνω hasta προ-μηθέομαι hasta Προμηθεύς, que es el ladrón de fuego griego. A través de una palabra sánscrita no autorizada "pramâthyus", que viene a través de "pramantha", y que posee el doble significado de "Goma" y "Robador", se efectuó la transición a Prometeo. Sin embargo, el prefijo "pra" causó especial dificultad, lo que llevó a cuestionar toda la derivación por parte de varios autores, considerándola en parte como errónea. Además, se ha señalado que, dado que Zeus túrico llevaba el cognomen Προ-μανθεύς, Προ-μηθεύς podría no ser una palabra madre indogermánica original relacionada con el sánscrito "pramantha", sino simplemente un cognomen.

Esta interpretación está respaldada por una glosa de Hesiquio, Ἰθάς: ὁ τῶν Τιτάνων κήρυξ Προμηθεύς. Otra glosa de Hesiquio explica ἰθαίνομαι (ιαίνω) como θερμαίνομαι, a través de la cual Ἰθάς alcanza el significado de "el llameante", análogo a Αἴθων o Φλεγύας.

La relación de Prometeo con pramantha difícilmente podría ser tan directa como sugiere Kuhn. La cuestión de una relación indirecta no se resuelve con esto. Sin embargo, Προμηθεύς tiene gran importancia como apellido de Ἰθάς, ya que el "flamígero" es el "previsor". (Pramati = precaución es también un atributo de Agni, aunque pramati es de otra derivación).

Prometeo, por otro lado, pertenece a la línea de Phlegians, que Kuhn colocó en una relación indiscutible con la familia india del sacerdote de Bhṛgu. Los Bhṛgu, al igual que Mâtariçvan (el "que se hincha en la madre"), también son portadores de fuego. Kuhn cita un pasaje que sugiere que Bhṛgu surge de la llama como Agni. ("En la llama se originó Bhṛgu. Bhṛgu se asó, pero no se quemó.")

Esta opinión conduce a una raíz relacionada con Bhṛgu, es decir, con el sánscrito bhrây = iluminar, el latín fulgeo y el griego φλέγω (sánscrito bhargas = esplendor, latín fulgur). Bhṛgu aparece, por tanto, como "el que brilla". Φλεγύας significa cierta especie de águila, por su color dorado bruñido. La relación con φλέγειν, que significa "quemar", es evidente. Los flegios son también las águilas de fuego.

Prometeo también pertenece a los flegios. El camino de Pramantha a Prometeo no pasa por la palabra, sino por la idea, y, por tanto, se debe adoptar para Prometeo este mismo significado que el que Pramantha alcanza del simbolismo hindú del fuego.

El Pramantha, como herramienta del Manthana (el sacrificio del fuego), es considerado puramente sexual en la tradición hindú; el Pramantha representa el falo o el hombre, mientras que la madera agujereada debajo simboliza la vulva o la mujer. El fuego resultante se equipara al niño divino Agni. Los dos trozos de madera son personificados como Purûravas y Urvaçî en el culto, representando al hombre y a la mujer respectivamente. Se creía que el fuego nacía de los genitales de la mujer.

Una representación especialmente interesante de la producción del fuego como ceremonia religiosa la ofrece Weber: "Cierto fuego de sacrificio se encendía frotando dos palos; un trozo de madera se toma con las palabras: 'Tú eres el lugar de nacimiento del fuego', y sobre él se colocan dos briznas de hierba; 'Vosotros sois los dos testículos', al 'adhârarani' (la madera subyacente): 'Tú eres Urvaçî'; luego se unge con mantequilla el utârârani (lo que se coloca encima). Tú eres el Poder". Luego se coloca sobre el adhârarani. 'Tú eres Purûravas' y se frotan ambos tres veces. Te froto con el Gâyatrîmetrum: Te froto con el Trishtubhmetrum: Te froto con el Jagatîmetrum'".

El simbolismo sexual de esta producción de fuego es evidente. También se ve el ritmo y la métrica en su lugar original como ritmo sexual, elevándose por encima de la mera función de apareamiento hacia la música. Un canto del Rigveda transmite la misma interpretación y simbolismo:

"Aquí está el engranaje para la función, aquí la yesca lista para la chispa. Trae a la matrona: frotaremos a Agni a la antigua usanza. En los dos palos de fuego yace Jâtavedas, como el germen bien formado en la mujer embarazada; Agni que día a día debe ser exaltado por los hombres que velan y adoran con oblaciones; Coloca esto con cuidado sobre lo que yace extendido: derecho ha llevado el novillo cuando se hizo prolífico. Con su roja columna-radiante en su esplendor-en nuestra hábil tarea nace el hijo de Ilâ."

Junto al inequívoco simbolismo del coito, se ve que el Pramantha también es Agni, el hijo creado. El falo es el hijo, o el hijo es el falo. Por lo tanto, Agni en la mitología védica tiene un carácter triple.

Se conecta nuevamente con el Culto Cabírico Padre-Hijo mencionado anteriormente. En el idioma alemán moderno, se conservan vestigios de antiguos símbolos. A un niño se le llama "bengel" (trozo de madera corto y grueso). En hessiano se utiliza "stift" o "bolzen" (flecha, clavija o tocón de madera). La Artemisia Abrotanum, conocida en alemán como "Stabwurz" (raíz de palo), recibe el nombre en inglés de "Boy's Love" (amor de niño). (Incluso Grimm y otros observaron la designación vulgar del pene como "boy"). La producción ceremonial de fuego persistió en Europa hasta el siglo XIX como una costumbre supersticiosa. Kuhn menciona un caso de este tipo ocurrido en Alemania en 1828. La ceremonia solemne y mágica, llamada "Nodfyr" - "El fuego de la necesidad" - se empleaba principalmente contra las epidemias de ganado. Kuhn cita un caso notable del "Nodfyr" en la crónica de Lanercost del año 1268, cuyas ceremonias revelan claramente un significado fálico fundamental:

"Para preservar la integridad de la fe divina, se recuerda al lector que este año, mientras la peste se extendía en Laodonia entre el ganado, conocida como la enfermedad de Lungessouht, algunos hombres bestiales, aunque no de espíritu, instruyeron a los ignorantes de la patria a producir fuego frotando madera y erigir una estatua de Priapo, y mediante estos rituales, ayudar al ganado. Un laico cisterciense, en Fenton, realizó esto frente al patio de la corte, y tras sumergir los testículos de un perro en agua bendita, los esparció sobre el animal, etc.".

Estos ejemplos, que revelan un claro simbolismo sexual en la generación del fuego, demuestran la existencia de una tendencia universal, procedente de épocas y pueblos diversos, a atribuir a la producción del fuego un significado no solo mágico, sino también sexual. La repetición ceremonial o mágica de esta antigua observancia, de larga duración, muestra cuán arraigada está en la mente humana la antigua reminiscencia del fuego generador. Se podría inclinarse a ver en el simbolismo sexual de la producción del fuego una adición relativamente tardía al conocimiento sacerdotal. Esto puede ser cierto para la elaboración ceremonial de los misterios del fuego, pero si originalmente la generación del fuego era en general una acción sexual, es decir, un "juego de apareamiento", aún está por determinar. La tribu australiana de los Watschandies, que realiza ceremonias mágicas de fertilización en primavera, ofrece ejemplos similares de prácticas entre pueblos muy primitivos: excavan un hoyo en la tierra, formado y rodeado de arbustos para imitar los genitales femeninos. Bailan toda la noche alrededor de este agujero, sosteniendo lanzas frente a ellos de manera que se asemejan al pene erecto. Mientras bailan, clavan sus lanzas en el hoyo, gritando: "¡Pulli nira, pulli nira, wataka!" (¡No fososo, no fososo, sino vagina!). Tales danzas obscenas también son comunes entre otras culturas primitivas.

En esta ceremonia primaveral están presentes elementos del juego del apareamiento. Este juego no es más que una representación del coito, que originalmente era simplemente eso, un acto de apareamiento sacramental, que durante mucho tiempo fue un elemento misterioso en ciertos cultos y luego reapareció en sectas. En las ceremonias de los seguidores de Zinzendorf, se pueden detectar ecos de este coito sacramental, así como en otras sectas.

Es fácil imaginar que, al igual que los bosquimanos australianos mencionados anteriormente representan el juego del coito de esta manera, la misma representación podría haberse manifestado de otra manera, como la producción de fuego. En lugar de ser realizada por dos seres humanos seleccionados, el acto sexual se podría representar con dos sustitutos, ya sea Purûravas y Urvaçi, Falo y Vulva, barrenador y abridor. Así como el pensamiento subyacente a otras costumbres es verdaderamente el coito sacramental, aquí la tendencia primordial es el acto mismo. Pues el acto de la fertilización es el clímax, la verdadera celebración de la vida, y merece ser el

CARL JUNG Y LOS SUEÑOS

núcleo de un misterio religioso. Si es válido concluir que el simbolismo del agujero en la tierra utilizado por los Watschandies para fertilizar la tierra representa el coito, entonces la generación del fuego podría ser vista de la misma manera como un sustituto del coito; de hecho, se podría argumentar que la invención de la fabricación del fuego también se debe a la necesidad de proporcionar un símbolo para el acto sexual.

Regresando por un momento al síntoma infantil del aburrimiento, se puede imaginar a un hombre adulto fuerte realizando el taladrado con dos trozos de madera con la misma perseverancia y energía correspondiente a la de un niño. Puede fácilmente generar fuego mediante este juego. Pero lo más crucial en este trabajo es el ritmo. Esta hipótesis parece psicológicamente plausible, aunque no se esté afirmando que el descubrimiento del fuego solo podría ocurrir de esta manera. También puede surgir mediante el choque de pedernales. Es poco probable que el fuego se haya originado de una única manera. Lo que se quiere establecer aquí es simplemente el proceso psicológico, cuyas indicaciones simbólicas sugieren la posibilidad de que el fuego se haya inventado o preparado de esta manera.

La existencia del juego o rito del coito primitivo parece suficientemente probada. Lo único oscuro es la energía y el énfasis del juego ritual. Se sabe que estos ritos primitivos a menudo eran muy serios, con un extraordinario derroche de energía, lo cual contrasta fuertemente con la conocida indolencia de la humanidad primitiva. Por lo tanto, la actividad ritual deja de ser un juego y se convierte en un esfuerzo decidido. Si ciertas razas negras pueden bailar toda la noche al ritmo de tres tonos de manera monótona, entonces, según la idea actual, no hay diversión en ello; es más bien un ejercicio. Parece que hay una compulsión para desplazar la libido a esta actividad ritual. Si la base de la actividad ritual es el acto sexual, entonces este acto parece ser el pensamiento subyacente y el objetivo de la práctica. En estas circunstancias, surge la pregunta de por qué el hombre primitivo se esfuerza tanto en representar el acto sexual simbólicamente y con tanto esfuerzo, o, si esta formulación parece demasiado hipotética, por qué se esfuerza tanto en realizar actividades prácticamente inútiles que aparentemente no le divierten mucho. Se podría suponer que el acto sexual es más deseable para el hombre primitivo que tales ejercicios absurdos y fatigosos. Parece probable que una cierta compulsión dirija la energía lejos del objeto original y del propósito real, llevando a la producción de sustitutos. La existencia de un culto fálico u orgiástico no implica necesariamente una vida particularmente lasciva, al igual que el simbolismo ascético del cristianismo no indica una vida especialmente moral. Se honra lo que no se posee o lo que no se es. Esta compulsión elimina una cierta cantidad de libido de la actividad sexual actual y crea un sustituto simbólico y prácticamente válido para lo que se pierde. Esta psicología se ve respaldada por la mencionada ceremonia de los Watschandies; durante toda la ceremonia, ninguno de los hombres puede mirar a una mujer. Este detalle indica nuevamente hacia dónde se desvía la libido. Pero surge la pregunta urgente: ¿De dónde proviene esta compulsión? Ya se ha sugerido anteriormente que la sexualidad primitiva encuentra una resistencia que lleva a desviar la libido hacia acciones de sustitución (analogía, simbolismo, etc.). No se trata de una oposición externa o un obstáculo real, ya que ningún salvaje intentaría atrapar a su presa con encantamientos rituales; sino de una resistencia interna; la voluntad se opone a sí misma; la libido se enfrenta a la libido, ya que una resistencia psicológica como fenómeno energético corresponde a una cierta cantidad de libido. La compulsión psicológica para transformar la libido se basa en una escisión primordial de la voluntad. Se volverá sobre esta escisión primordial de la libido en otro momento. Aquí el enfoque está únicamente en el problema de la transición de la libido. Esta transición ocurre, como se ha sugerido repetidamente, mediante un desplazamiento hacia una analogía. La libido se saca de su lugar propio y se transfiere a otro sustrato.

La resistencia contra la expresión sexual tiene como objetivo evitar el acto sexual y también alejar la libido de su función sexual natural. Un ejemplo de esto es la histeria, donde la represión específica bloquea la transferencia normal de la libido, forzándola a buscar otros caminos, incluido el camino incestuoso que conduce a los progenitores. La prohibición del incesto, que originalmente obstaculizó la transferencia sexual primaria, cambia la situación. Ahora, la única vía disponible para la transferencia es la etapa presexual del desarrollo, donde la libido estaba parcialmente vinculada a la nutrición. Esta regresión hacia etapas presexuales hace que la libido se vuelva cuasi-sexualizada. Sin embargo, dado que la prohibición del incesto es solo una restricción temporal y condicional de la sexualidad, solo el componente de la libido asociado al incesto es reprimido hacia la etapa presexual. La represión afecta solo a la parte de la libido que busca una conexión permanente con los progenitores. La libido sexual se retira del componente incestuoso, se reprime hacia la etapa presexual y, si la represión tiene éxito, se desexualiza, preparándola para una aplicación no sexual. No obstante, esta operación se lleva a cabo con dificultad, ya que la libido incestuosa debe separarse artificialmente de la libido sexual, con la que ha estado indistintamente unida a lo largo de la evolución. La regresión del componente incestuoso es difícil y lleva consigo un carácter sexual significativo en la etapa presexual. Esto resulta en fenómenos que, aunque tienen la apariencia de actos sexuales, derivan de la etapa presexual y son mantenidos por la libido sexual reprimida, teniendo así un doble significado. Por ejemplo, el cultivo del suelo es visto como un acto sexual (y posiblemente incestuoso), pero desexualizado, perdiendo su valor sexual inmediato y convirtiéndose en algo útil para la reproducción de la especie. La etapa presexual se caracteriza por tener innumerables posibilidades de aplicación, ya que la libido aún no ha desarrollado preferencias definidas. Es comprensible entonces que la libido que regresa a esta etapa se enfrente a múltiples opciones. Una de ellas es la actividad onanista, pero como la materia en cuestión es la libido sexual, dirigida hacia la reproducción, también busca un objeto externo, como los progenitores; además, esta libido puede introvertirse con este propósito. Esto hace que la actividad puramente onanista sea insuficiente, y se debe buscar otro objeto que tome el lugar del objeto incestuoso. La madre tierra como proveedora de nutrientes representa el ejemplo ideal de este nuevo objeto. La psicología de la etapa presexual aporta la idea de la nutrición, mientras que la libido sexual aporta la idea del coito. De esta combinación surgen los antiguos símbolos agrícolas. En la agricultura, se entrelazan el hambre y el incesto. Los antiguos cultos a la madre tierra veían en la labranza del suelo la fertilización de la madre tierra. Sin embargo, el propósito de esta acción se desexualiza, ya que se trata de producir frutos y alimentos. La regresión resultante de la prohibición del incesto conduce a una nueva valoración de la madre, esta vez no como objeto sexual, sino como nutriente.

El descubrimiento del fuego parece tener su origen en una regresión que recuerda mucho al estadio presexual, específicamente al momento más cercano a la manifestación rítmica desplazada. La libido, introvertida desde la prohibición del incesto (con la designación más detallada de los componentes motores del coito), al llegar al estadio presexual, se encuentra con el aburrimiento infantil afín, al que ahora da, de acuerdo con su destino realista, un material real. Por lo tanto, el material se llama apropiadamente "materia", ya que el objeto es la madre, como se mencionó anteriormente. Como se ha intentado explicar anteriormente, el acto de perforación infantil solo requiere la fuerza y la perseverancia de un hombre adulto y una "materia" adecuada para generar fuego. Si esto es cierto, es plausible que, de manera análoga al ejemplo anterior de perforación onanista, la generación del fuego originalmente se llevara a cabo como un acto de actividad cuasi onanista, expresado objetivamente.

Aunque no se puede proporcionar una demostración real de esto, es concebible que en algún lugar se hayan conservado rastros de este ejercicio preliminar onanista original en la producción del fuego. En un antiguo monumento de la literatura hindú se encontró un pasaje que describe esta transición de la libido sexual a través de la fase onanista en la preparación del fuego. Este pasaje se encuentra en el Brihadâranyaka-Upanishad:

"En verdad, él (Âtman) era tan grande como una mujer y un hombre, cuando se abrazan. Este, su propio ser, lo dividió en dos partes, de las cuales se formaron marido y mujer. Con ella copuló; de ahí surgió la humanidad. Ella, sin embargo, reflexionó: "¿Cómo puede unirse a mí después de haberme creado a partir de sí mismo? Ahora me esconderé". Entonces ella se convirtió en vaca; él, en cambio, se hizo toro y se apareó con ella. De ahí surgió el ganado con cuernos. Luego ella se convirtió en yegua; él, en semental; ella, en asna; él, en asno, y se apareó con ella. De ellos surgieron los animales de pezuña entera. Ella se convirtió en cabra; él, en macho; ella, en oveja; él, en carnero, y se apareó con ella. Así se crearon las cabras y las ovejas. Así sucedió que creó todo lo que se aparea, hasta las hormigas, y entonces percibió: Yo mismo soy la Creación, pues he creado el mundo entero". Entonces se frotó las manos (que tenía ante la boca) de modo que hizo salir fuego de su boca, como del vientre materno, y de sus manos".

Este mito de la creación requiere una interpretación psicológica. Al principio, la libido era indiferenciada y bisexual; luego, ocurrió la diferenciación en un componente masculino y otro femenino. A partir de entonces, el hombre sabe lo que es. A continuación, hay una brecha en la coherencia del pensamiento que pertenece a esa misma resistencia que se ha postulado anteriormente para explicar el impulso de sublimación. Después viene el acto onanista de frotar o perforar (aquí chuparse el dedo) transferido de la zona sexual, del cual procede la producción de fuego.

La libido abandona aquí su manifestación característica como función sexual y retrocede al estadio presexual, donde, de acuerdo con la explicación anterior, ocupa uno de los estadios preliminares de la sexualidad. Así, según la opinión expresada en el Upanishad, se generó el primer arte humano, y de ahí, como sugiere la idea de Kuhn de la raíz "manth", tal vez la actividad intelectual superior en general. Este curso de desarrollo no es extraño para el psiquiatra, ya que es un hecho psicopatológico bien conocido que el onanismo y la actividad excesiva de la fantasía están estrechamente relacionados.

El curso de la libido, como se puede concluir de estos estudios, originalmente procedió de una manera similar a la del niño, solo que en una secuencia inversa. El acto sexual fue sacado de su zona propia y trasladado a la zona análoga de la boca: la boca recibió el significado de los genitales femeninos; la mano y los dedos, respectivamente, recibieron el significado fálico. De esta manera, la actividad reocupada regresivamente de la etapa presexual es investida con el significado sexual, que, de hecho, ya poseía, en parte, antes, pero en un sentido totalmente diferente.

Ciertas funciones del estadio presexual resultan ser permanentemente adecuadas y, por lo tanto, se conservan más tarde como funciones sexuales. Así, por ejemplo, la zona de la boca se conserva como de importancia erótica, lo que significa que su valoración se fija permanentemente. En cuanto a la boca, se sabe que también tiene un significado sexual entre los animales, ya que, por ejemplo, los sementales muerden a las yeguas durante el acto sexual; también los gatos, los gallos, etc.

Un segundo significado de la boca es como instrumento del habla, sirve esencialmente en la producción de la llamada de apareamiento, que representa sobre todo los tonos desarrollados del reino animal. En cuanto a la mano, se sabe que tiene el importante significado de órgano de contracción (por ejemplo, entre las ranas). El frecuente uso erótico de la mano entre los monos es bien conocido. Si existe una resistencia contra la sexualidad real, entonces lo más probable es que la libido acumulada provoque una hiperfunción de aquellas colaterales que están más adaptadas para compensar la resistencia, es decir, las funciones más próximas que sirven para la introducción del acto; por un lado la función de la mano, por otro la de la boca.

Sin embargo, el acto sexual contra el que se dirige la oposición es sustituido por un acto similar del estadio presexual, siendo el caso clásico el de chuparse los dedos o el de aburrirse. Al igual que entre los simios el pie puede en ocasiones ocupar el lugar de la mano, el niño se muestra a menudo inseguro en la elección del objeto a chupar, y se lleva el dedo gordo a la boca en lugar del dedo. Este último movimiento pertenece a un rito hindú, solo que el dedo gordo no se metía en la boca, sino que se sujetaba contra el ojo.

A través de la significación sexual de la mano y la boca, estos órganos, que en el estadio presexual servían para obtener placer, son investidos de un poder procreador que es idéntico al destino antes mencionado, que apunta al objeto externo, porque concierne a la libido sexual o creadora. Cuando, mediante la preparación real del fuego, se cumple el carácter sexual de la libido empleada en ello, entonces la zona de la boca queda sin expresión adecuada; solo la mano ha alcanzado ahora su meta real, puramente humana, en su primer arte.

La boca despliega, como ya se explicó, una función crucial que guarda una estrecha relación con la sexualidad, al igual que la mano; específicamente, la producción de lo que se llama el acto de apareamiento. Cuando se establece esta interacción autoerótica entre la mano y la boca, donde la mano asume un papel fálico como generadora de calor, la energía sexual dirigida a la boca se ve obligada a encontrar otra salida funcional, la cual se encuentra naturalmente en el acto de amor preexistente. El exceso de energía sexual canalizada aquí debe haber tenido los efectos típicos, provocando la estimulación de la función recién adquirida; de ahí el desarrollo del acto de apareamiento.

Es ampliamente conocido que el lenguaje humano evolucionó a partir de sonidos primitivos. Siguiendo esta línea psicológica, podría sugerirse que el lenguaje tiene sus raíces en este momento, cuando el impulso, previamente reprimido en la etapa presexual, se dirige hacia el exterior en búsqueda de un objeto equivalente. El pensamiento genuino, como actividad consciente, es, como ya se mencionó en la primera parte de este libro, un pensar orientado de forma positiva hacia el mundo exterior, es decir, un "pensamiento del habla". Parece que este tipo de pensamiento tuvo su origen en ese instante. Es interesante notar que esta idea, deducida por medio de la razón, es respaldada nuevamente por antiguas tradiciones y fragmentos mitológicos.

En el Aitareyopanishad se encuentra una cita relevante en la doctrina del desarrollo humano: "Cuando fue incubado, su boca eclosionó como un huevo; de su boca surgió el habla, y del habla, el fuego". En la Parte II, que describe cómo los objetos recién creados entraron en el hombre, se menciona: "El fuego, al convertirse en habla, entró en la boca". Estas citas permiten identificar claramente la estrecha relación entre el fuego y el habla. En el Brihadâranyaka-Upanishad se halla este pasaje:

"'Yayñavalkya' -así habló- 'cuando después de la muerte de este hombre su habla entre en el fuego, su aliento en el viento, su ojo en el sol, etc.'".

Otra cita del Brihadâranyaka-Upanishad dice:

"Pero cuando el sol se ha puesto, oh Yayñavalkya, y la luna se ha ocultado, y el fuego se ha extinguido, ¿qué le sirve entonces al hombre como luz? Entonces el habla le sirve de luz; entonces, por la luz del habla, él se sienta, se mueve, realiza su trabajo y regresa a casa. Pero cuando el sol se pone, oh Yayñavalkya, y la luna se pone, y el fuego se extingue, y la voz enmudece, ¿qué le sirve entonces al hombre como luz? Entonces se sirve a sí mismo (Atman) como luz; entonces, por la luz de sí mismo, se sienta, se mueve, realiza su trabajo y regresa a casa".

En este pasaje, se puede observar nuevamente la íntima relación entre el fuego y el lenguaje. El lenguaje mismo es descrito como una "luz", que a su vez se vincula con la "luz" del Atman, la fuerza psíquica creadora, también conocida como libido. Según la metapsicología hindú, el lenguaje y el fuego son emanaciones de la luz interior que representa la libido. El lenguaje y el fuego son formas de manifestación de esta fuerza, siendo consideradas las primeras expresiones artísticas humanas surgidas de su transformación. Esta conexión psicológica común también se sugiere por ciertos hallazgos filológicos. Por ejemplo, la raíz indogermánica "bhâ" tiene la idea de "iluminar, brillar", presente en palabras como φάω, φαίνω, φάος en griego; "bán" en islandés antiguo que significa blanco, y "bohnen" en nuevo alto alemán que significa hacer brillar. Esta misma raíz "bhâ" también se relaciona con el significado de "hablar", como se ve en palabras como "bhan" en sánscrito que significa hablar, "ban" en armenio que significa palabra, y "bann" en nuevo alto alemán que significa desterrar, entre otras.

Otra raíz relevante es "bhelso", que significa "sonar, ladrar". En sánscrito, se encuentra "bhas" que significa ladrar y "bhâs" que significa hablar. Realmente, "bhel-sô" implica ser brillante o luminoso. Esta raíz también se relaciona con palabras como φάλος en griego que significa brillante, "bálti" en lituano que significa volverse blanco, y "blasz" en alto alemán medio que significa pálido.

La raíz "lâ", con el significado de "hacer ruido, ladrar", se encuentra en palabras como "las" y "lásati" en sánscrito, que significan resonar e irradiar o brillar respectivamente.

Asimismo, la raíz relacionada "lesô", con el significado de "deseo", se encuentra en palabras como "las" y "lásati" en sánscrito, que significan tocar y desear. También se encuentra esta raíz en palabras como λάσταυρος en griego que significa lujurioso, "lustus" en gótico, "lust" en nuevo alto alemán, y "lascivus" en latín.

Finalmente, otra raíz relevante es "lásô", que significa brillar e irradiar, presente en palabras como "las" y "lásati" en sánscrito.

Este colectivo abarca, de manera notoria, las nociones de "anhelar, rozar, brillar y resonar". Un encuentro de significados antiguo y similar, en lo que respecta al simbolismo del deseo primitivo (término que podría considerarse adecuado), se observa en ese conjunto de vocablos egipcios que provienen de las raíces ben y bel, íntimamente vinculadas, así como de su duplicación benben y belbel. Estas raíces, en su esencia, evocan "irrumpir, surgir, aparecer, florecer", llevando consigo la idea de burbujear, hervir y formar esferas. Belbel, junto al símbolo del obelisco --de índole originalmente fálica--, denota una fuente de luz. El obelisco, por su parte, recibía también los nombres de techenu y men, y en ocasiones menos frecuentes, de benben, berber y belbel. Desde el punto de vista de Jung, la simbología del deseo subraya esta conexión de manera evidente.

La raíz indoeuropea vel, que transmite la idea de "fluir, ondular" (como el fuego), halla correspondencias en el sánscrito ulunka = arder, el griego ἀλέα, ático ἀλέα = el calor solar, el gótico vulan = ondear, y el alto alemán antiguo y medio walm = calor, brillo.

Otra raíz indoeuropea, vélkô, significando "alumbrar, relucir", se encuentra en el sánscrito ulkă = antorcha, y el griego Fελχᾶνος = Vulcano. La misma raíz vel adquiere también el significado de "resonar"; en sánscrito, vâní = melodía, canto, música. En checo, volati = invocar.

La raíz svénô, que denota "sonar, repiquetear", aparece en el sánscrito svan, svánati = crujir, resonar; en Zend qanañt, en latín sonâre, en iranio antiguo senm, en cámbrico sain, en latín sonus, y en anglosajón svinsian = retumbar. Una raíz emparentada, svénos = estruendo, sonido, se halla en védico svánas = estruendo, y en latín sonor, sonorus. Una tercera raíz relacionada, svonós = tono, ruido; en iranio antiguo son = palabra.

La raíz své (n), con las formas locativas svéni y dativas sunéi, alude al sol; en zend qeñg = sol. (Cf. svénô, Zend qanañt); en gótico sun-na, sunnô. En este terreno, Goethe precedió a Jung:

"El orbe del sol entona, en competencia con sus hermanas esferas, su antiguo ciclo: Su predestinado recorrido a través del cosmos concluye con un retumbo tronador". -Fausto. Parte I.

"¡Atiendan! ¡Atiendan! ¡Las horas danzan! Resonando audiblemente para el espíritu, Observen el amanecer del nuevo día. Las puertas de piedra se desmoronan, Las ruedas de Phœbus avanzan estruendosamente, ¡Con un rugido se aproxima la Luz!

Chispas tintineantes y fulgores de trompeta, La vista se ofusca, el oído se maravilla; ¡Imposible escuchar lo inaudible! Deslízate en cada campana en flor, Más y más hondo, para residir... Entre las rocas, bajo la hoja. Si te alcanza, quedas sordo". -Fausto. Parte II.

No se debe pasar por alto el encantador verso de Hölderlin:

"¿Dónde te encuentras? Ebria, mi alma divaga

soñando con tu éxtasis. Aun así, percibo

cómo, repleta de tonos dorados, la vibrante juventud del sol

en su divina lira interpreta su melódica obra

al resonar de los bosques y montes".

De igual manera que en el lenguaje antiguo el fuego y los sonidos del habla (el canto de cortejo, la música) se revelan como manifestaciones del deseo, de igual forma la luz y el sonido que penetran en la psique se fusionan en uno: deseo.

Manilius lo expresa en sus estrofas llenas de belleza:

"¿Qué maravilla es conocer el mundo

para los hombres, en quienes también reside un universo

y cada quien es un reflejo de lo divino en miniatura?

¿Acaso es justo creer que los hombres nacen de algo que no sea el cielo?

¿Son acaso humanos?

Se erige firme hacia la cima,

con la cabeza alzada y, victorioso, envía sus ojos estrellados hacia las estrellas".

La noción de las têjas sánscritas revela el significado esencial del deseo para la visión general del mundo. El Dr. Abegg, de Zúrich, un distinguido conocedor del sánscrito, recopiló los ocho significados de esta palabra.

Têjas se traduce como:

1. Agudeza, filo penetrante.

2. Fuego, brillo, luz, fulgor, calor.

3. Aspecto saludable, lozanía.

4. La capacidad ardiente y de producir color en el organismo humano (se asocia a la bilis).

5. Potencia, energía, vigor vital.

6. Índole apasionada.

7. Fuerza mental, incluso mágica; influjo, rango, prestigio.

8. Semen.

Esto ofrece una visión de cómo, para la mente primitiva, lo que se llama mundo objetivo era, y tenía que ser, un reflejo subjetivo. A este concepto se le pueden aplicar las palabras del "Chorus Mysticus":

"Todo lo transitorio

es tan solo una metáfora".

La terminología sánscrita define al fuego como "agnis", derivado del latín "ignis", y en su personificación divina se convierte en Agni, el intermediario celestial. Esta deidad comparte similitudes simbólicas con Cristo. Tanto en el Avesta como en los Vedas, el fuego actúa como el portavoz de lo divino. Dentro de la mitología cristiana, se encuentran paralelismos con el mito de Agni, especialmente evidentes en la narrativa bíblica de Daniel sobre los tres hombres en el horno ardiente:

"Nabucodonosor, el monarca, se llenó de asombro, se levantó de prisa y consultó a sus asesores: '¿Acaso no confinamos a tres hombres encadenados en las llamas?'

"Estos afirmaron: 'Así es, oh monarca.'

"El rey declaró: 'Sin embargo, observo a cuatro individuos libres paseando entre las llamas sin sufrir daño alguno; y la apariencia del cuarto es similar a la de un hijo divino.'"

La "Biblia pauperum", según un antiguo incunable alemán de 1471, comenta sobre este pasaje:

"En el tercer capítulo del profeta Daniel se relata cómo Nabucodonosor sometió a tres hombres a un horno en llamas, y al observar dentro, el monarca vio a un cuarto, semejante al hijo divino junto a ellos. Los tres representan la Santísima Trinidad y el cuarto simboliza la unidad del ser. Asimismo, Cristo identificó la figura de la Trinidad y la unidad del ser en sus enseñanzas."

Este relato se interpreta místicamente como un ritual mágico del fuego que manifiesta al Hijo de Dios. La unión de la Trinidad con la unidad simboliza el nacimiento de un ser mediante la unión. El horno, al igual que el trípode en llamas de "Fausto", actúa como un emblema maternal de creación. El cuarto personaje, identificado con Cristo, se revela como la divinidad visible en el fuego. Estos elementos místicos y la unidad poseen connotaciones sexuales, como se detalla en las obras de Inman sobre el simbolismo en las creencias paganas antiguas y el cristianismo moderno. Isaías describe al salvador de Israel como una entidad de fuego y llama:

"Y la luz de Israel se convertirá en fuego, su Santo en llama."

Un himno de Efrén el Sirio exalta a Cristo como una entidad ígnea:

"Tú, que eres pura llama, ten misericordia de mí."

Agni, en su triple rol de llama sacrificial, oficiante y ofrenda, refleja la figura de Cristo, quien compartió su sangre redentora, el elixir de la inmortalidad, en el vino. De manera similar, Agni se identifica con Soma, el brebaje sagrado de inspiración, el néctar de la eternidad. La equiparación de Soma y fuego en textos hindúes sugiere una analogía con el símbolo de la libido, esclareciendo las propiedades aparentemente contradictorias de Soma. La veneración del fuego como manifestación del ardor interno de la libido encuentra paralelo en la bebida embriagadora, vista como una expresión de este deseo. La descripción védica de Soma como esencia seminal refuerza esta visión, y su simbolismo, comparable al cuerpo de Cristo en la Última Cena, remonta a una fase presexual donde la libido aún participaba de la nutrición. El "Soma" se conceptualiza como alimento espiritual, cuyo mito se alinea con el origen del fuego, uniendo ambos aspectos en Agni. La inmortalidad, batida por deidades hindúes como el fuego, revela la regresión de la libido a una etapa presexual, aclarando la sexualización de diversas deidades.

La significación sexual atribuida a la herramienta del fuego desde sus orígenes sugiere que la libido sexual fue el impulso detrás de su descubrimiento, corroborando así las interpretaciones sacerdotales posteriores sobre su génesis. Es plausible que otros hallazgos primitivos adquirieran su simbolismo sexual de forma similar, derivados de la libido sexual.

En las reflexiones previas, centradas en el Pramantha del sacrificio de Agni, solo se ha explorado un significado de la palabra "manthâmi" o "mathnâmi", es decir, el acto de frotar. Sin embargo, como señala Kuhn, este término también conlleva el sentido de arrancar, quitar con violencia o robar. Este último significado ya está presente en los textos védicos. La narrativa de su descubrimiento siempre retrata la producción del fuego como un acto de robo. Este concepto se relaciona con el motivo común del tesoro difícil de alcanzar. La representación de la preparación del fuego como un acto de robo, presente no solo en la India sino en otros lugares, sugiere un pensamiento generalizado que considera este proceso como algo prohibido, usurpado o criminal, obtenido solo a través de artimañas o violencia, mayormente mediante artimañas. Cuando el onanismo se presenta ante el médico como un síntoma, a menudo lo hace bajo el símbolo del hurto secreto o la imposición astuta, lo que siempre denota la realización oculta de un deseo prohibido.

Históricamente, esta línea de pensamiento sugiere que la preparación ritual del fuego se utilizaba con propósitos mágicos y, por lo tanto, era perseguida por las religiones oficiales. Con el tiempo, se convirtió en un misterio ritual, custodiado por los sacerdotes y rodeado de secreto. Las leyes rituales de los hindúes amenazan con severos castigos a aquellos que preparen el fuego de manera incorrecta. La misteriosidad de algo implica que está oculto, rodeado de severos castigos, y presumiblemente, algo prohibido que ha sido legitimado como rito religioso.

Después de discutir la génesis de la preparación del fuego, resulta claro que lo prohibido es el onanismo. Anteriormente, se mencionó que la insatisfacción podría romper el ciclo autoerótico de la actividad sexual desplazada hacia el propio cuerpo, abriendo así nuevos horizontes culturales. Sin embargo, no se mencionó que este ciclo podría cerrarse aún más firmemente con el descubrimiento del verdadero onanismo. Con esto, la actividad comienza en el lugar correcto y, en ciertas circunstancias, puede proporcionar satisfacción durante un largo período, pero a expensas de engañar a la sexualidad en su verdadero propósito. Es un fraude al desarrollo natural de las cosas, ya que todas las fuerzas dinámicas que deberían contribuir al desarrollo de la cultura son desviadas por el onanismo, que representa una regresión a lo sexual local en lugar del desplazamiento deseable.

Psicológicamente, el onanismo no debe subestimarse en términos de su significado. Protege al individuo del destino, ya que ninguna necesidad sexual tiene el poder de dominarlo. Con el onanismo, uno posee la mayor magia en sus manos; simplemente necesita fantasear y masturbarse para experimentar todo el placer del mundo, sin necesidad de conquistar el mundo de sus deseos a través del trabajo arduo y la confrontación con la realidad. Al igual que Aladino frota su lámpara y los genios obedientes se ponen a su disposición, este cuento de hadas ilustra la gran ventaja psicológica de la fácil regresión a la satisfacción sexual local. El símbolo de Aladino sutilmente confirma la ambigüedad de la preparación mágica del fuego.

La íntima conexión entre la generación del fuego y el acto onanista se ilustra claramente en un caso que el Dr. Schmid dio a conocer a Jung, el de un joven campesino en Cery, quien, debido a su retraso mental, provocó varios incendios. En una de estas ocasiones, levantó sospechas sobre sí mismo por su comportamiento: se quedó parado frente a la casa vecina con las manos en los bolsillos y miró el fuego con aparente deleite. Durante su examen en el manicomio, describió el incendio con gran detalle y realizó movimientos sospechosos con las manos en los bolsillos. Un examen físico posterior demostró que se había masturbado. Más tarde confesó haberlo hecho mientras disfrutaba del fuego que él mismo había iniciado.

La preparación del fuego, en sí misma, es una práctica común y útil, empleada en todas partes durante siglos, que originalmente no tenía ninguna connotación más allá de la utilidad básica de cocinar y calentarse. Sin embargo, ocasionalmente surgía la tendencia a ritualizar y misteriar la preparación del fuego (así como también se hacía con la comida y la bebida ritual), exigiendo que se llevara a cabo de manera precisa y sin desviaciones. Esta tendencia misteriosa asociada a la técnica es la segunda vía de regresión onanista, siempre presente junto a la cultura. Las estrictas reglas y ceremonias, así como el temor religioso asociado a los misterios, derivan de esta fuente; el ceremonial, aunque parezca irracional, es una institución psicológicamente ingeniosa, ya que representa un sustituto para la posibilidad de regresión onanista, limitada exactamente por la ley. La ley no puede intervenir en el contenido de la ceremonia, ya que es irrelevante para el acto ritual en sí, pero es crucial para determinar si la libido reprimida se libera a través de un onanismo estéril o se redirige hacia la sublimación. Estas medidas de protección severa se aplican principalmente al onanismo.

Otra referencia importante a la naturaleza onanista del robo del fuego, o más precisamente al motivo del tesoro difícil de alcanzar (del cual el robo del fuego forma parte), la debe Jung a Freud. La mitología contiene fórmulas repetidas que describen cómo el tesoro debe ser arrancado o sustraído de un árbol tabú (como el árbol del Paraíso, o las Hespérides); un acto prohibido y peligroso. Un ejemplo claro de esto es la antigua costumbre bárbara asociada a Diana de Aricia: solo aquel que se atreva a arrancar una rama de su bosque sagrado puede convertirse en sacerdote de la diosa. El acto de arrancar ha persistido en el lenguaje común (además de "frotar"), como símbolo del acto de onanismo. Así, "frotar" está relacionado con "arrancar", ambos contenidos en "manthami", y están conectados aparentemente a través del mito del robo del fuego vinculado al acto onanista en un nivel más profundo, donde "frotar" adquiere un sentido transferido de "arrancar". Por lo tanto, se podría anticipar que en un nivel más profundo, posiblemente en el estrato incestuoso que precede a la etapa autoerótica, los dos significados coinciden, aunque solo se puedan rastrear a través de la etimología debido a la falta de tradición mitológica.

Arquetipos y El Surgir Del Héroe

Preparados por los capítulos anteriores, nos adentramos en la personificación de la libido bajo diversas formas: el conquistador, el héroe o el demonio. En este punto, el simbolismo abandona su carácter impersonal y neutro, propio de los símbolos astrales y meteorológicos, para adoptar una forma humana: la figura de un ser que oscila entre la tristeza y la alegría, como el sol que alcanza su cenit y luego se sumerge en la noche más oscura, solo para renacer con un nuevo esplendor. Así como el sol sigue un curso determinado, ascendiendo desde la mañana hasta el mediodía para luego descender hacia el atardecer y sumergirse en la noche, la humanidad también sigue un camino regido por leyes invariables. Al completar su ciclo, se sumerge en la oscuridad para renacer en una nueva mañana, en una nueva generación.

La transición simbólica del sol al ser humano resulta natural y comprensible. Carl Jung relata cómo una paciente, después de una noche de preocupaciones y ansiedades, experimentó un estado similar al precursor del sonambulismo intencional, a menudo descrito por médiums espiritistas. En esta escucha, se reconoce una corriente de la libido que se dirige hacia el interior y comienza a fluir hacia una meta aún invisible y misteriosa. Parece que la libido ha descubierto de repente un objeto en las profundidades del inconsciente que la atrae poderosamente.

La vida del ser humano, orientada hacia lo externo por naturaleza, normalmente no permite tal introversión; por lo tanto, se debe suponer una cierta condición excepcional, como la falta de objetos externos, que obliga al individuo a buscar un sustituto en su propia alma. Es difícil imaginar que este mundo, tan rico en posibilidades, se haya vuelto demasiado pobre para ofrecer un objeto digno del amor humano. No obstante, la incapacidad para amar es lo que priva a la humanidad de sus oportunidades.

Este mundo no está vacío para aquellos que saben dirigir su libido hacia los objetos y hacerlos vivos y hermosos, porque la belleza reside en el sentimiento que les damos. Lo que lleva a crear un sustituto de uno mismo no es la falta externa de objetos, sino la incapacidad para incluir amorosamente algo fuera de sí. Aunque las dificultades de la vida y las adversidades puedan oprimir, nunca podrían impedir la entrega de la libido. De hecho, estas dificultades pueden incluso estimular a esforzarse más, convirtiendo toda la libido en realidad.

Sin embargo, las dificultades reales por sí solas nunca podrían llevar a la libido a retroceder permanentemente hasta el punto de generar una neurosis. Para que esto ocurra, se necesita un conflicto, que es la condición previa de toda neurosis. La resistencia, que se opone al amor, es la única que tiene el poder de producir esa introversión patógena que es el punto de partida de todas las perturbaciones psicógenas. La resistencia contra el amor produce la incapacidad para amar.

La libido normal se vierte constantemente en el mundo real, mientras que la resistencia, dinámicamente considerada, actúa como un flujo que retrocede hacia la fuente. Una parte del alma desea el objeto exterior, mientras que otra parte se sumerge en el mundo subjetivo de la fantasía. Esta dualidad de la voluntad, llamada "ambitendencia", es una condición generalmente presente, donde incluso el impulso motor más primitivo está en oposición. Esta ambivalencia normal nunca lleva a la inhibición del acto deseado, sino que es un requisito previo indispensable para su perfección y coordinación.

La resistencia surge de un tercero anormal añadido a esta dualidad de la voluntad. Este tercer elemento libera los opuestos, que normalmente están unidos, y los convierte en tendencias separadas, dando lugar a la voluntad y la falta de voluntad que interfieren entre sí. Esta desarmonía resulta de la armonía original. No es tarea del analista indagar de dónde surge este tercer elemento desconocido y qué es. Sin embargo, en el caso de los pacientes, el "complejo nuclear" de Freud se revela como el problema del incesto. La libido sexual, al retroceder hacia los padres, se manifiesta como la tendencia incestuosa.

La indolencia de la humanidad, que retiene para siempre cualquier objeto del pasado, puede ser la razón por la cual este camino hacia el incesto se recorre tan fácilmente. Este aferramiento al pasado se revela como una detención pasiva de la libido en su primer objeto de la infancia. Esta indolencia es también una pasión, como lo ha expresado brillantemente La Rochefoucauld. Esta pasión peligrosa, que se encuentra por encima de todas las demás en el hombre primitivo, se manifiesta bajo la máscara amenazante del símbolo del incesto, del cual el miedo al incesto debe alejar y que debe ser superado, en primer lugar, bajo la imagen de la "madre terrible".

Esta figura es la madre de numerosos males, entre los cuales los trastornos neuróticos ocupan un lugar destacado. Especialmente de los vapores de los residuos detenidos de la libido surgen imágenes perjudiciales que oscurecen tanto la realidad que la adaptación se vuelve casi imposible. Sin embargo, no se explorará más en este lugar los fundamentos de las fantasías incestuosas. La indicación preliminar de una concepción puramente psicológica del problema del incesto puede ser suficiente.

Aquí, lo que interesa es determinar si la resistencia que conduce a la introversión en el paciente es consciente o no. Si fuera una dificultad externa, la libido sería represada violentamente y produciría un torrente de fantasías, que podrían ser consideradas como planes concretos para superar los obstáculos. Serían ideas muy prácticas destinadas a allanar el camino hacia soluciones reales. Sin embargo, la condición pasiva descrita anteriormente no se ajusta en absoluto a un obstáculo externo real, sino que, precisamente por su sumisión pasiva, indica una tendencia que, sin duda, desprecia las soluciones reales y prefiere los sustitutos fantasiosos. En última instancia, se trata de un conflicto interno, similar a los que dieron lugar a las dos primeras creaciones inconscientes.

Por lo tanto, se concluye que el objeto externo no puede ser amado porque una cantidad predominante de libido prefiere un objeto fantasmático, que debe ser extraído de las profundidades del inconsciente como una compensación por la realidad que falta. Los fenómenos visionarios que se producen en los primeros estadios de la introversión se clasifican entre los conocidos fenómenos de la visión hipnagógica. Constituyen, como se explicó en un trabajo anterior, la base de las verdaderas visiones de las autorevelaciones simbólicas de la libido, como puede expresarse ahora.

Jung relata cómo una paciente, después de una oración invocando a Dios, experimentó la aparición de "la cabeza de una esfinge con un tocado egipcio", desapareciendo rápidamente, lo que la turbó, despertándola momentáneamente. Esta visión recuerda una fantasía previamente mencionada de una estatua egipcia, cuyo gesto rígido cobra sentido como un fenómeno de la llamada categoría funcional.

La palabra "Esfinge" en la cultura civilizada implica un enigma, una criatura desconcertante que propone acertijos, como la Esfinge de Edipo, que simboliza la inevitabilidad de su destino. La Esfinge representa una forma semi-teriomorfa de la "imagen materna", también conocida como la "madre terrible", que tiene sus raíces en la mitología.

Aquí surge una pregunta: ¿por qué se alude a la Esfinge de Edipo si, aparte de la palabra "Esfinge", no hay justificación para ello en el relato? Dado que faltan materiales subjetivos sobre esta visión, una interpretación individual queda excluida. Por lo tanto, para entender esta visión, es necesario recurrir al material etnográfico disponible, asumiendo que el inconsciente del hombre actual forma sus símbolos de la misma manera que lo hizo en el pasado remoto.

La figura de la Esfinge, en su forma tradicional, es una criatura mitad humana, mitad animal, cuya interpretación debe ser aplicada a tales productos fantasmáticos. Se refiere a representaciones teriomórficas de la libido, que son comunes en sueños y fantasías neuróticas. Estos seres mixtos simbolizan la sexualidad reprimida, cuyas raíces se remontan al problema del incesto y las primeras resistencias morales contra la sexualidad. Los símbolos teriomórficos tienden a representar al padre y a la madre, siendo la Esfinge un reflejo del miedo a la madre.

En la leyenda de Edipo, la Esfinge representa el miedo a la madre, y su derrota por Edipo lo lleva a casarse con Yocasta, su madre. La genealogía de la Esfinge está llena de alusiones al problema del incesto y la represión sexual. Estos materiales permiten entender la cantidad de libido que dio origen al símbolo de la Esfinge, representando una cantidad incestuosa de libido desvinculada del vínculo con la madre. Sin embargo, es prudente aplazar conclusiones hasta examinar las siguientes visiones.

Jung relata cómo, después de que la paciente recuperara su concentración, la visión continuó desarrollándose y apareció "un azteca, completamente claro en todos los detalles". Este azteca tenía "las manos abiertas, de grandes dedos, y la cabeza de perfil, adornada con un tocado similar a los ornamentos de plumas de los indios americanos", sugiriendo en conjunto "de alguna manera la escultura mexicana".

En este punto, el antiguo carácter egipcio de la Esfinge se sustituye por la antigüedad americana, por el azteca. La idea esencial no es ni Egipto ni México, ya que ambos no son intercambiables; más bien, es el factor subjetivo que el paciente produce a partir de su propio pasado. Jung ha observado con frecuencia en el análisis de americanos que ciertos complejos inconscientes, es decir, la sexualidad reprimida, están representados por el símbolo de un negro o de un indio. Por ejemplo, cuando un europeo cuenta en su sueño: "Entonces llegó un individuo harapiento y sucio", para los americanos y para los que viven en los trópicos se trata de un negro. Cuando con los europeos es un vagabundo o un criminal, con los americanos es un negro o un indio que representa la propia personalidad sexual reprimida del individuo, y al que se considera inferior.

Ahora, es relevante explorar en detalle esta visión, ya que hay varios aspectos dignos de mención. Por ejemplo, el tocado de plumas, que seguramente consistiría en plumas de águila, tiene un significado mágico. Al adornarse con plumas, el héroe asume el carácter solar del águila, y la cresta de plumas también equivale a los rayos del Sol. La importancia histórica de identificarse con el Sol ya se ha abordado en la primera parte.

Además, destaca la descripción de la mano, enfatizada como "abierta" y con "grandes dedos". Es significativo que el énfasis recaiga en la mano en lugar de la expresión facial, ya que el gesto de la mano es significativo en muchos contextos. Aunque aquí no se conocen los detalles específicos, vale la pena mencionar una fantasía paralela que también pone énfasis en las manos.

Jung relata cómo un paciente hipnagógico vio a su madre pintada en una pared, con una mano levantada, abierta y con dedos grandes, reminiscentes de los dedos de una rana con discos chupadores en los extremos, y luego asoció esta imagen con el pene. Esta asociación fálica se relaciona con el papel generativo de la mano en la producción del fuego, y es significativo que se trate de la mano de la madre.

Es interesante notar que la visión del azteca reemplaza a la Esfinge y apunta a fantasías paralelas donde la mano fálica pertenece a la madre. Además, la conexión con lo antiguo, que a menudo simboliza lo "infantil", se confirma por la propia experiencia de la paciente, quien en su infancia se interesaba especialmente por los fragmentos aztecas y la historia del Perú y de los incas.

Capítulo 5: Las Etapas de la Vida

Abordar los desafíos vinculados a las etapas del desarrollo humano es una tarea compleja, pues implica trazar un panorama de la vida psicológica desde el nacimiento hasta la muerte. En este ensayo, se abordará el tema de manera general, centrándose en aspectos difíciles, cuestionables o ambiguos que admiten múltiples interpretaciones y respuestas sujetas a la duda. Habrá cuestiones sobre las cuales se deberá reflexionar con incertidumbre, aceptando premisas sin pruebas concluyentes y permitiendo especulaciones.

La vida psíquica del ser humano civilizado está plagada de desafíos, apenas conceptualizables si no es en términos de problemas. Los procesos mentales se componen en gran medida de reflexiones, dudas y experimentos, aspectos ajenos a la mente inconsciente e instintiva del ser humano primitivo. El crecimiento de la conciencia da origen a los problemas, un ambiguo regalo de la civilización. El distanciamiento del instinto, arraigado en la naturaleza y su perpetuación, da lugar a la conciencia orientada hacia la cultura o su negación. Cuando se intenta retornar a la naturaleza, se sigue "cultivando" la naturaleza. En la inmersión en la naturaleza, se es inconsciente y seguro bajo el amparo del instinto, que desconoce los problemas.

Cualquier aspecto de la naturaleza que persista se ve desafiado por un problema, sinónimo de duda, incertidumbre y posibilidad de múltiples caminos. Cuando se presentan varias opciones, se abandona la seguridad del instinto y surge el miedo. La conciencia debe tomar decisiones que la naturaleza siempre ha tomado en nombre de sus hijos, decisiones antes seguras, incuestionables e inequívocas. Surge así un miedo profundamente humano, el temor a que la conciencia, logro prometeico, no sea capaz de suplantar a la naturaleza cuando sea necesario.

Los problemas sumergen al individuo en un estado de orfandad y aislamiento, donde la naturaleza abandona y entrega a la conciencia. No hay otra opción; se debe recurrir a decisiones y soluciones donde antes se confiaba en los acontecimientos naturales. Cada problema lleva consigo la posibilidad de una expansión de la conciencia, pero también la necesidad de despedirse de la inconsciencia infantil y de la confianza en la naturaleza. Esta necesidad es un hecho psicológico trascendente, una de las enseñanzas simbólicas fundamentales del cristianismo. Es el sacrificio del ser humano meramente natural, del ser inconsciente e ingenuo cuya tragedia comenzó con la mordida a la manzana en el Paraíso. La caída del hombre según la Biblia presenta el despertar de la conciencia como una maldición. Bajo esta perspectiva se contempla cada problema que empuja hacia una mayor conciencia, separando aún más del paraíso de la inconsciencia infantil. Todos preferirían alejarse de los problemas; si es posible, ignorarlos por completo o negar su existencia. Se anhela una vida sencilla, segura y libre de sobresaltos, por lo que los problemas son vistos como tabú. Se prefiere la certeza a la duda, los resultados a los experimentos, sin reconocer que la certeza solo puede surgir de la duda y los resultados de los experimentos. La negación obstinada de un problema no brindará convicción; se requiere una conciencia más amplia y elevada para ofrecer la certeza y la claridad buscadas.

Esta introducción es necesaria para aclarar la naturaleza del tema. Al enfrentarse a problemas, instintivamente se resiste a transitar el camino que conduce a través de la oscuridad y la incertidumbre. Solo se quieren conocer resultados inequívocos, olvidando que dichos resultados solo pueden obtenerse cuando se aventura en la oscuridad y se emerge de ella. Pero para adentrarse en la oscuridad, se debe recurrir a todos los recursos de iluminación que la conciencia puede ofrecer; incluso se debe permitir especular. Al abordar los problemas de la vida psíquica, se enfrentan constantemente cuestiones fundamentales que pertenecen a diversos campos del conocimiento. Se incomodan y molestan tanto al teólogo como al filósofo, al médico como al educador; se exploran territorios que competen al biólogo y al historiador. Este comportamiento no se debe a la arrogancia, sino a la realidad de que la psique humana es una amalgama única de elementos que también son objeto de investigación en diversas disciplinas. Las ciencias que el ser humano ha desarrollado surgen de su propia naturaleza y de su peculiar constitución; son manifestaciones de su psique.

Al plantearse la pregunta inevitable: "¿Por qué el hombre, en marcado contraste con el mundo animal, experimenta problemas?", se adentra en el intrincado laberinto de ideas que numerosas mentes agudas han explorado a lo largo de los siglos. No se pretende abordar exhaustivamente esta obra maestra de la confusión, sino ofrecer una contribución sencilla a los esfuerzos del ser humano por responder a esta pregunta fundamental.

Los problemas surgen de la conciencia. Por lo tanto, se debe reformular la pregunta: ¿Cómo surge la conciencia? Nadie puede responder con certeza; sin embargo, se puede observar a los niños pequeños mientras adquieren conciencia. Todos los padres pueden presenciar este proceso si están atentos. Lo que se puede observar es que cuando un niño reconoce a alguien o algo, cuando "conoce" a una persona o a una cosa, se percibe que el niño está consciente. Por ello, sin duda, en el Paraíso fue el árbol del conocimiento el que produjo frutos tan fatídicos.

Pero, ¿qué significa realmente el reconocimiento o el conocimiento en este contexto? Se habla de "conocer" algo cuando se logra relacionar una nueva percepción con un contexto ya establecido, de manera que no solo se retiene la nueva percepción en la conciencia, sino también este contexto. El "conocimiento" se basa, por lo tanto, en una conexión consciente entre contenidos psíquicos. No se puede tener conocimiento de contenidos desconectados, ni siquiera se puede ser consciente de ellos. Así, el primer nivel de conciencia que se puede observar implica simplemente una conexión entre dos o más contenidos psíquicos. En este nivel, la conciencia es esporádica y limitada, solo representando unas pocas conexiones que no se recuerdan posteriormente. Es un hecho que en los primeros años de vida no hay una memoria continua; en su lugar, hay breves momentos de conciencia, como luces dispersas en la lejanía de la oscuridad. Sin embargo, estas islas de memoria no son lo mismo que las conexiones iniciales entre contenidos psíquicos; contienen algo más, algo nuevo. Este algo más es esa serie crucial de contenidos relacionados que constituye el llamado ego. El yo, al igual que la serie inicial de contenidos, es un objeto en la conciencia, y por eso el niño habla de sí mismo inicialmente de manera objetiva, en tercera persona. Solo más tarde, cuando los contenidos del ego adquieren una energía propia (probablemente como resultado del ejercicio), surge el sentimiento de subjetividad o "yo". Este es el momento en que el niño comienza a referirse a sí mismo en primera persona. Es en este punto donde comienza la continuidad de la memoria. En esencia, se trata de una continuidad en los recuerdos del yo.

En el estadio infantil de la conciencia, todavía no surgen problemas; nada depende del sujeto, ya que el niño sigue dependiendo por completo de sus padres. Es como si aún no hubiera nacido del todo, sino que estuviera envuelto en la atmósfera psíquica de sus padres. El nacimiento psíquico, y con él la distinción consciente entre el yo y los padres, ocurre de manera natural durante la pubertad, con la emergencia de la vida sexual. El cambio fisiológico va acompañado de una revolución psíquica. Las diversas manifestaciones corporales resaltan tanto el ego que a menudo se afirma sin restricciones ni límites. Esto a veces se denomina "la edad difícil".

Hasta que se alcanza este período, la vida psíquica del individuo está dominada principalmente por los impulsos, y hay pocos o ningún problema. Incluso cuando las limitaciones externas se oponen a los impulsos subjetivos, estas restricciones no causan conflicto interno en el individuo. Se somete a ellas o las evita, manteniendo la armonía consigo mismo. Aún no experimenta la tensión interna que genera un problema. Este estado solo se manifiesta cuando una limitación externa se convierte en un obstáculo interno, cuando un impulso se enfrenta a otro. En términos psicológicos, se podría decir que el estado inducido por un problema, el estado de conflicto interno, surge cuando, junto con la serie de contenidos del ego, surge una segunda serie de igual intensidad. Esta segunda serie, debido a su valor energético, tiene un significado funcional equivalente al del complejo del yo; se podría llamar otro yo secundario, que en determinadas circunstancias puede superar al primero. Esto provoca una división dentro de uno mismo, un estado que indica la presencia de un problema.

Basándose en lo anterior, se puede resumir de la siguiente manera: el primer estadio de la conciencia, que implica el reconocimiento o el "conocimiento", es un estado anárquico o caótico. El segundo estadio, caracterizado por el desarrollo del complejo del yo, es una fase monárquica o monista. El tercero representa un avance en la conciencia y consiste en la toma de conciencia de la propia división; es una fase dualista.

Con esto, se vuelve al tema que ocupa: el análisis de las etapas de la vida. En primer lugar, se debe abordar el período de la juventud. A grandes rasgos, este período abarca desde los años inmediatamente posteriores a la pubertad hasta el comienzo de la edad adulta, que generalmente ocurre entre los treinta y cinco y los cuarenta años.

Se podría cuestionar por qué se ha decidido comenzar con el segundo período de la vida humana. ¿No hay problemas significativos relacionados con la infancia? La compleja vida psíquica del niño ciertamente plantea desafíos importantes para padres, educadores y médicos; sin embargo, cuando es normal, el niño no experimenta verdaderos problemas propios. Solo cuando el individuo ha crecido puede surgir la incertidumbre sobre sí mismo y el conflicto interno.

Todos están familiarizados con el origen de los problemas que surgen en la juventud. Para la mayoría, son las demandas de la vida las que despiertan bruscamente de los sueños de la infancia. Si el individuo está suficientemente preparado, la transición a una carrera profesional puede ser fluida. Pero si se aferra a ilusiones que no se corresponden con la realidad, seguramente surgirán problemas. Nadie entra en la vida sin ciertas expectativas, y a veces estas expectativas resultan ser falsas, es decir, no se ajustan a las condiciones a las que uno se enfrenta. A menudo son expectativas exageradas, una subestimación de las dificultades, un optimismo injustificado o una actitud negativa. Se podrían enumerar muchas suposiciones erróneas que dan lugar a los primeros problemas conscientes.

Sin embargo, no siempre es el contraste entre las suposiciones subjetivas y los hechos externos lo que origina los problemas. Con la misma frecuencia, pueden surgir disturbios psíquicos internos, incluso cuando las cosas van bien en el mundo exterior. A menudo, estos disturbios provienen del impulso sexual o del sentimiento de inferioridad generado por una sensibilidad excesiva. Estas dificultades internas pueden existir incluso cuando la adaptación al mundo exterior se ha logrado sin esfuerzo aparente. Parece que los jóvenes que han luchado duramente por su existencia a menudo están libres de problemas internos, mientras que aquellos para quienes la adaptación es fácil tropiezan con problemas relacionados con el sexo o el conflicto debido al sentimiento de inferioridad.

Las personas cuyo temperamento propio les causa problemas suelen ser neuróticas, pero sería un error confundir la existencia de problemas con la neurosis. Existe una diferencia marcada entre ambos en el sentido de que el neurótico está enfermo porque no es consciente de sus problemas, mientras que la persona con un temperamento difícil experimenta sus problemas conscientemente sin estar enferma.

Al intentar identificar los factores comunes y esenciales de la casi infinita variedad de problemas individuales que surgen durante la juventud, se encuentra un rasgo particular en casi todos los casos: una tendencia más o menos evidente a aferrarse al nivel infantil de conciencia, una resistencia a las fuerzas inevitables dentro y fuera que empujan hacia el mundo. Algo dentro anhela permanecer como niños; ser inconscientes o, como máximo, conscientes solo de sí mismos; rechazar lo ajeno o, al menos, someterlo a la propia voluntad; no hacer nada o, en todo caso, satisfacer las propias necesidades de placer o poder. En esta tendencia, se observa una especie de inercia, una persistencia en un estado existente cuyo nivel de conciencia es más limitado, estrecho y egoísta que en el estadio dualista. En este último, el individuo está obligado a reconocer y aceptar lo que es diferente y extraño como parte de su propia vida, como una especie de "yo también".

La expansión del horizonte de la vida es el rasgo esencial del estadio dualista, al que se resiste. Sin duda, esta expansión, o "diástole", como diría Goethe, comenzó mucho antes. Comienza en el nacimiento, cuando el niño abandona el estrecho confinamiento del vientre materno, y continúa hasta alcanzar un punto crítico en esa fase en la que, acosado por los problemas, el individuo comienza a luchar contra ellos.

¿Qué sucedería si simplemente se transformara en ese otro yo diferente y se dejara que el yo anterior desapareciera en el pasado? Se podría suponer que este es un camino bastante viable. El propósito mismo de la educación religiosa, desde la exhortación a dejar atrás al viejo Adán hasta los rituales de renacimiento de las razas primitivas, es transformar al ser humano en un hombre nuevo, un hombre del futuro, y permitir que las viejas formas de vida se desvanezcan.

La psicología enseña que, en cierto sentido, nada en la psique es verdaderamente antiguo; nada puede morir de manera absoluta y definitiva. Incluso Pablo tuvo que lidiar con un "aguijón en la carne". Quien se resguarda de lo nuevo y lo desconocido, retrocediendo así hacia el pasado, cae en una condición neurótica similar a la de aquel que se identifica con lo nuevo y huye del pasado. La diferencia radica en que uno se aparta del pasado y el otro del futuro. En esencia, ambos están preservando un estado de conciencia estrecho. La alternativa sería superarlo mediante la tensión inherente al juego de opuestos, alcanzando así un estado de conciencia más amplio y elevado.

Este logro sería ideal si pudiera alcanzarse en la segunda etapa de la vida, pero aquí radica el problema. Por un lado, la naturaleza no tiene interés alguno en un nivel superior de conciencia, sino más bien lo contrario. Por otro lado, la sociedad no valora en gran medida estos logros de la psique; sus recompensas se otorgan principalmente por los aloración previa de la dignidad de la vejez, o si se debe a ideales falsos. Sin duda, tales ideales existen, y quienes los defienden buscan regresar al pasado en lugar de mirar hacia el futuro. Se debe reconocer que para estas personas resulta difícil vislumbrar qué otro propósito podría ofrecer la segunda parte de la vida más allá del conocido propósito de la primera. ¿No son suficientes la prolongación de la vida, la utilidad, la eficiencia, la creación de una imagen respetable en la sociedad, y la orientación estratégica de la descendencia hacia uniones matrimoniales adecuadas y buenas posiciones? Lamentablemente, estos propósitos no son suficientes significados o propósitos para muchas personas, quienes perciben la vejez como una mera disminución de la vida, y consideran sus ideales anteriores como algo desvanecido y gastado. Por supuesto, si esas personas hubieran vivido la vida plenamente, exprimiendo cada experiencia al máximo, ahora percibirían la vejez de manera muy distinta; si no se hubieran guardado nada, todo lo que habría deseado arder ya se habría consumido, y encontrarían consuelo en la serenidad de la vejez. Sin embargo, se debe recordar que solo unas pocas personas son verdaderamente artistas de la vida; el arte de vivir es el más distinguido y raro de todos los artes. ¿Quién ha sido capaz alguna vez de vaciar la copa de la vida con gracia? Por ello, a muchas personas les queda demasiada vida por vivir, a veces potencialidades que nunca habrían sido realizadas, incluso con la mejor de las intenciones; y así, se acercan a la vejez con aspiraciones insatisfechas que inevitablemente las hacen mirar hacia atrás.

Para estas personas, mirar hacia atrás resulta especialmente perjudicial. Necesitan una perspectiva y una meta en el futuro. Por eso, todas las grandes religiones sostienen la promesa de una vida más allá de esta. Esta promesa permite que el ser humano mortal aborde la segunda parte de la vida con tanta determinación y propósito como la primera. Para el hombre contemporáneo, la prolongación de la vida y su culminación son metas plausibles; sin embargo, la idea de una vida después de la muerte le parece cuestionable o inconcebible. No obstante, la conclusión de la vida, es decir, la muerte, solo puede aceptarse como destino cuando la existencia es tan desdichada que se alegra de que llegue a su fin, o cuando se está convencido de que el sol se esfuerza hasta su ocaso, "para iluminar a razas distantes", con la misma perseverancia que mostró al ascender hasta su cenit. Pero creer en esto se ha convertido en un arte tan difícil hoy en día que la gente, especialmente la parte educada de la humanidad, apenas puede encontrar su camino. Se han acostumbrado demasiado a creer que, en lo que respecta a la inmortalidad y cuestiones similares, existen numerosas opiniones contradictorias y ninguna prueba convincente. Dado que la "ciencia" se ha convertido en el lema que lleva el peso de la convicción en el mundo contemporáneo, se exigen pruebas "científicas". Pero las personas educadas que saben reflexionar entienden que tales pruebas no existen. Sencillamente, no se sabe.

Es importante señalar que, por las mismas razones, no se puede saber si algo le sucede a una persona después de morir. La respuesta no es ni un sí rotundo ni un no definitivo. Sencillamente, se carece de pruebas científicas concluyentes al respecto, igual que cuando se pregunta si el planeta Marte está habitado o no. Y a los hipotéticos habitantes de Marte, si existieran, seguramente no les importaría si se afirma o niega su existencia. Pueden existir o no. Lo mismo ocurre con la llamada inmortalidad, un tema en el que se puede poner punto final.

Sin embargo, aquí la conciencia como médico se despierta y lo impulsa a mencionar una palabra esencial para esta cuestión. Se ha observado que una vida con un propósito es generalmente mejor, más plena y más saludable que una vida sin rumbo, y que es preferible avanzar con el flujo del tiempo que luchar contra él.

Desde la perspectiva de la psicoterapia, un anciano que se aferra desesperadamente a la vida parece tan frágil y enfermizo como un joven que rechaza abrazarla. Y, de hecho, en muchos casos, ambos comparten la misma tendencia infantil hacia la codicia, el miedo, la obstinación y la falta de voluntad. Como médico, se está convencido de que es higiénico -si se permite la expresión- considerar la muerte como una meta hacia la cual se puede aspirar; mientras que alejarse de ella es perjudicial y anormal, privando a la segunda mitad de la vida de su propósito. Por lo tanto, se piensa que la enseñanza religiosa sobre una vida más allá está en sintonía con el punto de vista de la higiene mental. Si se vive en una casa que se sabe que se derrumbará en las próximas dos semanas, todos los aspectos vitales se verán afectados por ese pensamiento; pero si se siente seguro, se puede habitarla de manera normal y cómoda. Por lo tanto, desde el punto de vista de la psicoterapia, sería deseable pensar en la muerte simplemente como una transición, una parte del proceso vital cuya extensión y duración escapan al conocimiento humano.

A pesar de que la mayoría de la humanidad no entiende por qué el cuerpo necesita sal, todos la necesitan por instinto. Lo mismo ocurre con los aspectos de la psique. Desde tiempos inmemoriales, la gran mayoría de las personas han sentido la necesidad de creer en la continuidad de la vida. Las exigencias de la terapia, por lo tanto, no llevan por un camino desconocido, sino por el camino trillado por la humanidad. Y, por ende, se está reflexionando adecuadamente sobre el sentido de la vida, aunque no se comprenda plenamente lo que se piensa.

¿Alguna vez se entiende realmente lo que se piensa? Solo se comprenden aquellos pensamientos que son como ecuaciones simples, donde solo se obtiene lo que se ha puesto. Esa es la función del intelecto. Pero más allá de eso, hay un pensamiento en imágenes primordiales, en símbolos que son más antiguos que el hombre histórico, que han estado arraigados en él desde tiempos inmemoriales y que, eternamente vivos, sobreviven a todas las generaciones, constituyendo la base de la psique humana. Solo se puede vivir plenamente cuando se está en armonía con estos símbolos; la sabiduría reside en volver a ellos. No se trata de creencia ni de conocimiento, sino de la concordancia del pensamiento con las imágenes primordiales del inconsciente. Son la fuente de todos los pensamientos conscientes, y uno de estos pensamientos primordiales es la idea de la vida después de la muerte. La ciencia y estos símbolos son inconmensurables. Son condiciones indispensables de la imaginación; son datos primarios, materiales cuya existencia y utilidad la ciencia no puede negar de antemano. Solo puede tratarlos como hechos establecidos, de la misma manera que puede investigar una función como la de la glándula tiroides. Antes del siglo XIX, la tiroides se consideraba un órgano sin sentido, simplemente porque no se entendía. Sería igualmente limitado por parte del hombre calificar hoy las imágenes primordiales de carentes de sentido. Para el autor, esas imágenes son algo así como órganos psíquicos, y las trata con suma cautela. A veces tiene que decirle a un paciente mayor: "Su imagen de Dios o su idea de la inmortalidad están atrofiadas; por lo tanto, su metabolismo psíquico no funciona correctamente". El antiguo athanasias pharmakon, el medicamento de la inmortalidad, es más profundo y significativo de lo que se pensaba.

En este punto, se vuelve brevemente a la comparación con el sol. Los ciento ochenta grados del arco de la vida se pueden dividir en cuatro partes. El primer cuarto, en el este, es la infancia, una etapa en la que se es un problema para los demás pero aún no se es consciente de los propios problemas. Los problemas conscientes llenan el segundo y el tercer cuarto; mientras que en el último cuarto -la vejez extrema- se vuelve a esa condición en la que, liberado de la conciencia, se vuelve a ser como un problema para los demás. Aunque la infancia y la vejez extrema son completamente diferentes, tienen algo en común: la inmersión en sucesos psíquicos inconscientes. Dado que la mente de un niño se desarrolla fuera del inconsciente, sus procesos psíquicos, aunque no sean fáciles de discernir, no son tan complejos como los de una persona muy anciana que ha vuelto a sumergirse en el inconsciente y se desvanece gradualmente dentro de él. Tanto la infancia como la vejez son etapas de la vida sin problemas conscientes, por lo que no se han tenido en cuenta aquí.

En sus estudios sobre la psique humana, Carl Jung descubrió fascinantes similitudes entre el Sacrificium Mithriacum y el sacrificio cristiano del cordero. La representación del Crucificado flanqueado por Juan y María, así como el Crucificado con los ladrones, están estrechamente asociadas con estas ideas. Junto al Sol, surge repetidamente la comparación primitiva de la libido con el falo, un tema recurrente en la simbología y mitología antigua.

El Dadophor Cautopates, una representación de Mitra, también se asocia con el gallo y la piña, atributos del dios frigio Men, quien a su vez está relacionado con Attis, el hijo y amante de Cibeles. Estas figuras comparten una profunda conexión con la madre, lo que nos lleva nuevamente al origen de esta libido incestuosa creadora de religión. La asociación del héroe con la madre es un motivo recurrente en los mitos, reflejando el deseo insaciable del inconsciente por la madre perdida.

El vagabundeo de estos héroes tiene un claro significado simbólico, representando el anhelo y el deseo inquieto que busca a la madre perdida. Su asociación con el Sol hace que estos héroes se asemejen al Sol errante, justificando así la interpretación del mito del héroe como un mito solar. Sin embargo, más allá de eso, el mito del héroe es, en última instancia, el mito de nuestro propio inconsciente sufriente, que anhela las fuentes más profundas de nuestro ser, especialmente la comunión con la vida infinita representada por la figura materna.

En este contexto, es relevante mencionar las palabras de Goethe, quien penetró en las raíces más profundas de los anhelos fáusticos. En su obra, describe a las Madres, diosas desconocidas entronizadas en la soledad, sin limitaciones de espacio ni tiempo. Para alcanzarlas, es necesario adentrarse en las profundidades, atravesando soledades infinitas y enfrentando el vacío ilimitado. La llave que guía hacia ellas conduce al verdadero lugar entre todos los demás, donde las formas de todas las criaturas flotan libres en un proceso de formación, transformación y eterna recreación de la Mente Eterna.

Jung consideraba que estas representaciones simbólicas reflejan el deseo del inconsciente por reconnectar con las fuentes primordiales de la vida, encarnadas en la figura arquetípica de la madre. El camino hacia esta reconnexión implica enfrentar los aspectos más profundos y oscuros de la psique, adentrándose en el reino de lo desconocido y lo inconsciente.

Símbolos Maternos y el Ciclo de Renovación

En el transcurso de un análisis de sueños, después de que el héroe arquetípico ha sido formado, la visión siguiente surge como una multitud de personas, un simbolismo frecuente que representa primordialmente el misterio. Según las teorías freudianas, este símbolo se elige por su capacidad para encarnar una idea. El individuo que porta el misterio contrasta con la masa ignorante, ya que poseer el secreto lo distancia del contacto con el resto de la humanidad. Una adecuada gestión de la energía psíquica requiere una relación armoniosa y fluida con el entorno, y guardar un secreto subjetivamente importante suele generar perturbaciones significativas. En este sentido, se podría decir que el arte de vivir radica en resolver cómo liberar la energía psíquica de la manera menos perjudicial posible. Por lo tanto, el neurótico experimenta un beneficio especial en la terapia cuando finalmente logra desprenderse de sus diversos secretos.

La representación simbólica de las multitudes, especialmente las masas en movimiento, con frecuencia se sustituye en el inconsciente por una gran excitación, particularmente en personas que exteriormente parecen tranquilas. La aparición de caballos y el estallido de una batalla expanden la visión de la muchedumbre. Siguiendo las ideas de Silberer, se podría interpretar que el significado de esta visión pertenece principalmente a la categoría funcional. Esencialmente, el concepto de multitudes mezcladas no es más que un símbolo de la irrupción actual de la masa de pensamientos, así como la batalla y posiblemente los caballos representan el movimiento. El significado más profundo de la presencia de los caballos se revelará posteriormente en el análisis del simbolismo materno.

La siguiente visión adquiere un carácter más definido y significativo. El paciente visualiza una "Ciudad de Sueños", similar a una imagen vista previamente en la portada de una revista, aunque lamentablemente no se dispone de más detalles al respecto. Es fácil imaginar que esta "Ciudad de Sueños" representa un sueño de deseos cumplidos, algo muy hermoso y anhelado, una suerte de Jerusalén celestial, como la descrita por el poeta del Apocalipsis. La ciudad es un símbolo materno, una figura que cuida a sus habitantes como a niños. Por eso, es comprensible que las diosas madres Rea y Cibeles lleven una corona mural. El Antiguo Testamento personifica ciudades como Jerusalén y Babilonia como mujeres, utilizando imágenes sugerentes y evocadoras.

Las ciudades fuertes e inexpugnables se consideran vírgenes, mientras que los colonos se ven como hijos e hijas. Al mismo tiempo, las ciudades también se comparan con prostitutas en algunos pasajes bíblicos. Esta dualidad refleja la complejidad del simbolismo materno asociado a las ciudades en la psique humana.

En el mito de Ogyges, el legendario rey que gobernó en la Tebas egipcia y cuya esposa se llamaba Tebe, encontramos un simbolismo similar. La Tebas beocia, fundada por Cadmo, recibió el apelativo de "Ogygia" por esta conexión. Este título también se aplicó al gran diluvio, conocido como el diluvio "Ogygio" por ocurrir durante el reinado de Ogyges. Más adelante, veremos que esta coincidencia no es casual. El hecho de que la ciudad y la esposa de Ogyges compartan el mismo nombre sugiere que debe existir alguna relación entre la ciudad y la mujer, lo cual no es difícil de entender, ya que la ciudad es equiparable a lo femenino. Una idea similar está presente en la tradición hindú, donde Indra es el esposo de Urvara, cuyo nombre significa "tierra fértil". De manera análoga, la conquista de un país por parte de un rey se interpretaba como un matrimonio con la tierra cultivada. Este concepto también existía en Europa, donde se esperaba que los príncipes garantizaran una buena cosecha al acceder al trono. De hecho, el rey sueco Domaldi fue sacrificado debido al fracaso de la cosecha, según relata la saga Ynglinga. En el Ramayana, el héroe Rama se casa con Sita, que simboliza el surco del campo. Esta noción se refleja en la costumbre china de que el emperador are un surco al ascender al trono.

La idea de que la tierra es femenina también implica una conexión continua con la mujer, una comunicación física. Shiva, el dios fálico, es tanto masculino como femenino, al igual que Mahadeva y Parvati. Shiva ha cedido la mitad de su cuerpo a su consorte Parvati como morada. Existe un dibujo de un Pundit de Ardhanarishwara, donde una mitad del dios es masculina y la otra femenina, con los genitales en una unión continua. Este motivo de unión continua se expresa en el conocido símbolo lingam, presente en muchos templos indios, donde la base representa un símbolo femenino con el falo en su interior. Este símbolo guarda similitudes con los cofres y cestas fálicos místicos griegos. El cofre o caja, en este contexto, es un símbolo femenino, es decir, el vientre materno. Esta concepción, común en las antiguas mitologías, sugiere que el cofre con su contenido precioso flota en el agua, una notable inversión del hecho natural de que el niño flota en el líquido amniótico dentro del útero.

Esta inversión ofrece grandes posibilidades para la sublimación, ya que abre amplias oportunidades para la fantasía mitológica, es decir, para la incorporación en el ciclo solar. El Sol, como un dios inmortal, flota sobre el mar y cada noche se sumerge en el agua materna para renacer rejuvenecido por la mañana. Frobenius comenta al respecto que quizás, relacionado con el amanecer rojo sangre, surge la idea de un nacimiento, el nacimiento de un joven hijo. Entonces, inevitablemente surge la pregunta sobre la paternidad y cómo la mujer ha quedado embarazada. Y dado que esta mujer simboliza la misma idea que el pez, que significa el mar, la curiosa respuesta primitiva es que este mar ha tragado previamente al viejo Sol. En consecuencia, el mito resultante es que la mujer (el mar) ha devorado anteriormente al Sol y ahora trae un nuevo Sol al mundo, quedando así embarazada.

Todos estos dioses marinos son símbolos solares. Son encerrados en un cofre o arca para el "viaje nocturno por el mar" (Frobenius), a menudo junto con una mujer, otra inversión de la situación real, pero que respalda el motivo de la unión continua mencionado anteriormente. Durante este viaje nocturno por el mar, el dios Sol está encerrado en el vientre materno, enfrentando con frecuencia diversos peligros. En lugar de ofrecer numerosos ejemplos individuales, presentaré el esquema que Frobenius ha construido a partir de innumerables mitos de este tipo:

Frobenius presenta una leyenda para ilustrarlo: Un héroe es devorado por un monstruo acuático en el Oeste (ser devorado). El animal lo lleva en su interior hacia el Este (viaje por mar). Mientras tanto, el héroe enciende fuego dentro del vientre del monstruo (prender fuego) y, al sentir hambre, corta un trozo del corazón que cuelga (cortar el corazón). Poco después, se da cuenta de que el pez se desliza sobre tierra seca (aterrizar); inmediatamente comienza a abrir al animal de adentro hacia afuera (abrir) y luego se desliza hacia afuera (salir). Dentro del vientre del pez hacía tanto calor que al héroe se le había quemado todo el pelo (pelo quemado). El héroe libera a todos aquellos que antes fueron devorados con frecuencia (devorar a todos), y ahora todos se deslizan hacia afuera (salir).

Un notable paralelismo es el viaje de Noé durante el diluvio, donde todas las criaturas vivas perecen y solo él, junto con la vida que custodia, son llevados a un nuevo nacimiento. En una leyenda melapolinesia, se relata que el héroe, en el vientre del Pez Rey, tomó su arma y abrió el vientre del pez. Se deslizó hacia afuera y contempló un esplendor, se sentó y reflexionó, preguntándose dónde estaba. Entonces, el Sol se levantó de un salto y giró de un lado a otro, para luego esconderse de nuevo. Frobenius también menciona del Ramayana el mito del simio Hanuman, que representa al héroe Sol. El Sol, hacia el cual Hanuman se precipita por el aire, proyecta una sombra sobre el mar. El monstruo marino se da cuenta y atrae a Hanuman hacia sí; cuando Hanuman ve que el monstruo está a punto de devorarlo, estira su figura hasta volverse tan pequeño como un pulgar, entra en el gran cuerpo del monstruo y sale por el otro lado. En otra parte del poema, se dice que sale de la oreja derecha del monstruo, de manera similar al Gargantúa de Rabelais, que también nació de la oreja de su madre. Hanuman luego reanuda su vuelo y encuentra un nuevo obstáculo en otro monstruo marino, la madre de Rahus, el demonio devorador del sol. Este último atrae la sombra de Hanuman hacia ella de la misma manera. Hanuman recurre nuevamente a la estratagema anterior, se hace pequeño y se desliza dentro de su cuerpo, pero apenas está allí, crece hasta convertirse en una masa gigantesca, se hincha, la desgarra, la mata y así escapa.

De este modo, se comprende por qué al portador de fuego indio Mātariçvan se le llama "el que se hincha en la madre"; el arca (cajita, cofre, tonel, vasija, etc.) es un símbolo del útero, al igual que el mar, en el que el Sol se sumerge para renacer. A partir de este conjunto de ideas, se entienden las afirmaciones mitológicas sobre Ogyges: él es quien posee a la madre, la Ciudad, y está unido a ella; por lo tanto, bajo su reinado vino el gran diluvio, pues es un fragmento típico del mito solar que el héroe, al unirse con la mujer alcanzada con dificultad, sea expuesto en un tonel y arrojado al mar, para luego desembarcar en una orilla lejana y comenzar una nueva vida. La parte central, el "viaje nocturno por el mar" en el arca, falta en la tradición de Ogyges. Sin embargo, la regla en la mitología es que las partes típicas de un mito pueden combinarse de todas las maneras concebibles, lo que dificulta enormemente la interpretación de un mito particular sin el conocimiento de todos los demás.

El significado de este ciclo de mitos es claro: es el anhelo de alcanzar el renacimiento mediante el retorno al vientre materno, es decir, de volverse tan inmortal como el Sol. Este anhelo materno se expresa con frecuencia en las escrituras sagradas. Resulta particularmente relevante el pasaje en la epístola a los Gálatas, donde se dice que la Jerusalén de arriba es libre y es nuestra madre. Está escrito que la estéril y la que no da a luz debe alegrarse, porque más son los hijos de la desolada que los de la que tiene marido. Así, los cristianos, como Isaac, son hijos de la promesa. Pero así como entonces el que había nacido según la carne perseguía al que había nacido según el Espíritu, así también ocurre ahora. Sin embargo, la Escritura dice que se debe echar fuera a la esclava y a su hijo, porque de ningún modo heredará el hijo de la esclava con el hijo de la libre. Por lo tanto, los cristianos no son hijos de la esclava, sino de la libre, pues para la libertad fue que Cristo los hizo libres.

Los cristianos son considerados hijos de la Ciudad de Arriba, un símbolo materno espiritual, en contraposición a la ciudad-madre terrenal, que debe ser expulsada. Esta distinción refleja la oposición entre los nacidos según la carne y los nacidos según el espíritu, estos últimos no nacen de la madre física, sino de un símbolo que representa a la madre. Es un testimonio de la perspicacia psicológica de los padres de la Iglesia primitiva que formularon estos conceptos simbólicos del misterio de Cristo, basados en fantasías y mitos subyacentes en el cristianismo temprano.

Los demás atributos asociados a la Jerusalén celestial refuerzan su significado como madre. Se describe un río puro de agua de vida que fluye del trono de Dios y del Cordero, junto con el árbol de la vida que da frutos sanadores para las naciones. En esta descripción, el agua, con su significado maternal, se destaca como un símbolo claro en el contexto mitológico, ya que del agua proviene la vida. Tanto Cristo como Mitra están relacionados con el agua en sus nacimientos, lo que resalta su importancia simbólica como elemento de renovación y vida.

En resumen, el simbolismo materno y acuático permea diversas tradiciones religiosas y mitológicas, representando el ciclo de vida, muerte y renacimiento. La madre se convierte en un símbolo poderoso de regeneración y fecundidad, proporcionando un fundamento profundo para la comprensión de la espiritualidad y la cosmología en diversas culturas a lo largo de la historia. Como expresó Goethe en Fausto:

"En el fluir constante de la vida, en el remolino de eventos,

me encuentro zarandeado, arriba y abajo,

movido de un lado a otro sin descanso.

Cuna y sepultura,

Un vasto mar sin fin;

Una trama en perpetuo cambio,

Una existencia que brilla intensamente."

La noción de que el bosque de la vida o el árbol de la vida simbolizan una figura materna se deduce claramente de observaciones previas. La relación etimológica entre las palabras griegas para materia, bosque e hijo en la raíz indoeuropea sugiere una fusión de los conceptos de madre y creación. El árbol de la vida, en esencia, representa un linaje, emanando una imagen materna. Existen numerosos relatos que narran el origen humano a partir de los árboles; varios mitos describen cómo el héroe se encuentra atrapado en el árbol materno, como Osiris encerrado en una columna o Adonis en el mirto. Muchas divinidades femeninas eran veneradas en forma de árboles, lo que derivó en el culto hacia bosques y árboles consagrados. Es especialmente simbólico que Atis se autolesionara bajo un pino, un acto realizado por su madre. Con frecuencia, las diosas eran adoradas como representaciones arbóreas o bosques, como Juno en Tespias representada como una simple rama, o en Samos como una tabla. Juno de Argos tomaba la forma de una columna, mientras que la Diana de Caria era simplemente un trozo de madera sin trabajar. Tertuliano describía a Ceres de Pharos como un palo rudo e informe sin figura, y Ateneo mencionaba a Latona en Delos como un trozo de madera amorfo. Tertuliano también refería a una Pallas ateniense como un poste o mástil de madera.

Este mástil de madera tiene con notaciones fálicas, como indica su nombre φάλης (Pallus). El φαλλός representa un poste, un lingam ceremonial tallado en madera de higuera, al igual que las estatuas romanas de Príapo. Φάλος sugiere una prominencia o parte central en el casco, posteriormente denominado κῶνος. Del mismo modo, ἀναφαλ-αντίασις alude a la calvicie en la parte frontal de la cabeza, y φαλακρός a la calvicie en relación con la φάλος-κῶνος del casco; también se le atribuye un significado semifálico a la parte superior del cráneo. Φάλληνος, además de φαλλός, significa "de madera"; φαλ-άγγωμα, "cilindro"; φάλαγξ, "un tronco redondo". La formación de batalla macedonia, conocida por su formidable embestida, se llama φάλαγξ; asimismo, la articulación de los dedos se denomina φάλαγξ. φάλλαινα o φάλαινα se refiere a una ballena. Luego, φαλός adquiere el significado de "brillante, luminoso". La raíz indoeuropea bhale se traduce como abultar, hincharse. Esto evoca las palabras de Fausto: "¡Expande, resplandece, crece en mi mano!".

Este simbolismo encapsula la esencia de una libido primitiva, evidenciando la íntima relación entre la libido fálica y la luz. Estas mismas conexiones se encuentran en el Rigveda con respecto a Rudra, donde se le invoca como el ardiente señor supremo que acepta las ofrendas, el que envuelve y deambula, el vidente. Se le describe como el toro rubicundo de casco deslumbrante, cuya fuerza vital llena de júbilo, y se le canta alabanzas como el ser luminoso. Se le pide que su misil no alcance a los devotos, que su descontento los evada, que dirija su firme arco hacia los príncipes rivales y que bendiga con las aguas de su fuerza generativa, mostrando benevolencia hacia los hijos y nietos.

Así, se desliza sutilmente del ámbito del simbolismo materno al dominio del simbolismo fálico masculino. Esta dualidad también se refleja en el árbol, incluso en el árbol genealógico, como lo evidencian claramente los linajes representados en los árboles genealógicos medievales. Desde el primer ancestro, el árbol se eleva, simbolizando con su tronco el "miembro viril". La naturaleza simbólicamente bisexual del árbol se sugiere por la peculiaridad del latín de asignar a los árboles una terminación de género masculino, pese a su género gramatical femenino. Es ampliamente reconocido el significado femenino, particularmente maternal, del bosque, y el carácter fálico de los árboles en los sueños. A continuación, un caso ilustrativo que Jung relata en sus escritos:

Una mujer, de naturaleza nerviosa y después de años de matrimonio, desarrolló una enfermedad ligada a la típica represión de la libido. Tras conocer a un joven con ideas progresistas que le resultaban atractivas, tuvo un sueño en el que se veía en un jardín con un árbol exótico que llevaba flores o frutas rojas y carnosas. Al comerlas, se horrorizó al pensar que estaban envenenadas. Este sueño se interpreta con facilidad a través del simbolismo ancestral o poético, permitiendo omitir detalles del análisis.

El doble significado del árbol radica en que tales símbolos se deben entender desde un punto de vista psicológico, como representaciones de la libido, y no meramente por su forma anatómica. Por tanto, un árbol no debe interpretarse solo como un símbolo fálico; también puede representar a una mujer o al útero materno. La consistencia en su significado proviene de su conexión con la libido. Se entra en un laberinto sin salida al intentar concretar que este símbolo sustituye a la madre y aquel al falo. En este ámbito, no existe un significado absoluto para los objetos. La única constante es la libido, donde "todo lo efímero es solo un símbolo". No se alude a la madre física real, sino a la libido del hijo, cuyo objeto inicial fue la madre. Interpretamos los símbolos mitológicos de manera demasiado literal, perdiéndonos en sus aparentes contradicciones, las cuales surgen al olvidar que en el reino de la fantasía, el sentimiento es lo primordial. Así, cuando leemos "su madre era una hechicera malvada", lo que en realidad se está diciendo es que el hijo está vinculado emocionalmente a ella, incapaz de liberar su libido de la imagen materna, por lo que enfrenta un conflicto edípico.

El simbolismo del agua y los árboles, presentes en la representación de la Ciudad, también alude a esa porción de la libido inconscientemente vinculada a la imagen materna. Partes del Apocalipsis revelan la psicología subyacente del deseo religioso, es decir, el anhelo por la figura materna. La profecía apocalíptica culmina con una visión maternal: "y no habrá más maldición". Un mundo sin pecado, represión, disonancia interna, culpa, temor a la muerte, ni dolor de separación.

El Apocalipsis resuena con la misma armonía mística luminosa que, dos milenios después, fue capturada poéticamente en las últimas palabras del Fausto de Goethe: "Penitentes, elevad la mirada, eufóricos, hacia donde brilla la redención; Agradecidos ante el destino bendecido, Crecemos en recreación. Que nuestras almas, como siempre han sido, ¡Sean consagradas a ti! Virgen Santa, Madre, Reina, Diosa, ¡recibe nuestra gracia!".

Ante la magnitud y profundidad de estos sentimientos, surge una pregunta fundamental: ¿Es posible que la tendencia primordial, que la religión compensa, se interprete de manera demasiado limitada como un deseo incestuoso? La "resistencia contra la libido" puede considerarse en términos generales como equivalente a la prohibición del incesto, aunque la definición exacta de la noción psicológica de incesto queda pendiente de análisis. No obstante, el conjunto del mito solar indica que el deseo subyacente, etiquetado como "incestuoso", no se dirige específicamente a la cohabitación sexual, sino más bien al deseo profundo de regresar a la infancia, de buscar nuevamente el amparo paterno, de reintegrarse al útero materno con la esperanza de renacer. Sin embargo, el incesto emerge como un obstáculo hacia este fin, manifestando la necesidad de reingresar de alguna manera al vientre materno.

La manera más directa sería fecundar a la madre para reproducirse de forma idéntica, pero aquí interviene la prohibición del incesto. Por ende, los mitos sobre el sol o el renacimiento están llenos de alternativas sobre cómo sortear el incesto. Una estrategia común es transformar a la madre en otro ser o rejuvenecerla después del nacimiento, para luego hacerla desaparecer o cambiar nuevamente. No es el acto de cohabitación incestuosa lo que se busca, sino el renacimiento, el cual parece más accesible a través de la cohabitación. Aunque esta podría ser la vía original, no es la única. La resistencia a la prohibición del incesto estimula la creatividad en la fantasía, por ejemplo, intentar fecundar a la madre con un amuleto mágico de fertilidad. Estos esfuerzos se mantienen en el ámbito de lo mítico pero culminan en la activación de la imaginación, que gradualmente abre caminos hacia la creación de realidades alternativas donde la libido puede fluir libremente, espiritualizándose en el proceso. Este "mal deseado" da origen a la vida espiritual, y es por esta razón que las religiones sistematizan este proceso.

Resulta revelador observar cómo la religión promueve estas transferencias simbólicas. El Nuevo Testamento brinda un ejemplo claro con Nicodemo y su conversación sobre el renacimiento, quien lo interpreta de manera muy literal: "¿Cómo puede un hombre nacer siendo ya viejo? ¿Puede acaso entrar de nuevo en el vientre de su madre y nacer?". Jesús intenta purificar la perspectiva materialista de Nicodemo, elevándola hacia lo espiritual, y le enseña: "Es lo mismo, pero no es lo mismo". Nacer del agua implica nacer del útero materno, mientras que nacer del Espíritu se refiere al nacimiento por la fuerza vivificante del viento, según se desprende del texto griego, donde la palabra πνεῦμα significa tanto 'espíritu' como 'viento'.

Este simbolismo nace de la misma necesidad que originó la leyenda egipcia de los buitres, fecundados por el viento, un símbolo materno. Subyace una demanda ética en estas narrativas mitológicas: se debe afirmar que la madre no fue fecundada por un mortal de manera ordinaria, sino por un ser espiritual de forma extraordinaria. Este requerimiento choca con la realidad, y el mito ofrece una solución adecuada. Se narra la historia de un héroe que muere y renace de manera excepcional, alcanzando así la inmortalidad. La prohibición contra esta fantasía específica sobre la madre manifiesta una necesidad clara: la reexpresión simbólica en relación con el nacimiento o renacimiento individual a partir de la madre.

En el reto de Jesús a Nicodemo se ve claramente esta intención: "No pienses de manera carnal, pues eso te hace carnal; piensa simbólicamente y serás espíritu". Esta orientación hacia el simbolismo puede tener un efecto profundamente educativo y transformador. De no superar esta visión restringida, Nicodemo permanecería atrapado en concepciones básicas, sin acceder al potencial de crecimiento espiritual que ofrecen estos símbolos. Como un ciudadano promedio de su época, tal vez no estuviera muy dispuesto a hacer este esfuerzo, ya que a los hombres generalmente les basta con reprimir su deseo incestuoso, expresándolo apenas en prácticas religiosas modestas. No obstante, es crucial no solo renunciar y reprimir, quedando atrapados en el lazo incestuoso, sino liberar y canalizar esas energías dinámicas ligadas al incesto hacia la realización personal. El hombre requiere de toda su libido para expandir los límites de su personalidad y así alcanzar su máximo potencial.

Los mitos religiosos señalan los caminos para liberar la libido incestuosamente fijada. En este sentido, Jesús enseña a Nicodemo: "Piensas en tu deseo incestuoso de renacer, pero debes entender que naces del agua y del Espíritu, participando así de la vida eterna". La libido que permanece latente en el vínculo incestuoso reprimido y en el temor a la ley y al Padre Dios vengador puede ser redirigida hacia la sublimación a través del simbolismo del bautismo (simbolizando el nacimiento del agua) y de la generación (representando el nacimiento espiritual) mediante el símbolo del descenso del Espíritu Santo. De este modo, el individuo renace como un niño y se integra en una comunidad de hermanos y hermanas; sin embargo, su madre es la "comunión de los santos", es decir, la Iglesia, y su fraternidad se extiende a la humanidad, con la que se reconecta a través de la herencia compartida del simbolismo primordial.

En la época en que surgió el cristianismo, este proceso parecía especialmente necesario, ya que, debido al marcado contraste entre la esclavitud y la libertad de los ciudadanos y sus amos, la conciencia del vínculo común de la humanidad se había desvanecido completamente. Una de las razones fundamentales de la intensa regresión a la infancia en el cristianismo, que coincide con el resurgimiento del problema del incesto, probablemente radicaba en la profunda devaluación de la mujer. En aquel entonces, la sexualidad era tan fácilmente accesible que resultaba en una devaluación excesiva del objeto sexual. El cristianismo fue el primero en reconocer la existencia de valores personales, aunque incluso en la actualidad hay muchas personas que no lo han hecho.

Sin embargo, la devaluación del objeto sexual obstaculiza la liberación de la libido que no puede ser satisfecha a través de la actividad sexual, ya que pertenece a un nivel superior ya desexualizado. Por tanto, la libido, después de haber asociado durante mucho tiempo a "Helena en cada mujer", se embarca en la búsqueda de algo difícil de obtener, la meta adorada pero quizás inalcanzable, que en el inconsciente representa a la madre. Así, resurgen cada vez más las necesidades simbólicas, basadas en la resistencia al incesto, que transforman rápidamente el hermoso y pecaminoso mundo de los dioses olímpicos en misterios incomprensibles, oníricos y oscuros, alejándonos mucho de los sentimientos religiosos del mundo greco-romano.

La importancia de Jesús en persuadir a Nicodemo de aceptar la percepción simbólica de las cosas, es decir, en reprimir y ocultar los hechos reales, muestra cómo la historia de la civilización se vio influenciada por esta manera de pensar, generando una reacción en contra del descubrimiento psicológico del verdadero trasfondo del simbolismo, tanto neurótico como normal. Siempre nos encontramos con la sexualidad como un tema desagradable, representando algo mancillado para las personas moralmente justas de hoy en día. Sin embargo, menos de 2.000 años atrás, el culto religioso a la sexualidad estaba en pleno apogeo.

Aunque los antiguos paganos no entendían completamente lo que estaban haciendo, la naturaleza del poder religioso no cambia de una era a otra. Si uno ha experimentado los contenidos sexuales de los cultos antiguos y comprende que la experiencia religiosa de la antigüedad implicaba una unión con el Dios antiguo a través de un coito más o menos concreto, es difícil suponer que las fuerzas impulsoras de una religión se hayan transformado completamente desde el nacimiento de Cristo. El cristianismo, al reprimir lo sexualmente manifiesto, se opone al antiguo culto sexual, transformando sus símbolos. Es evidente cuánto del paganismo homosexual, incluso la inclusión de dioses indecentes, se ha infiltrado en la iglesia cristiana. Las reminiscencias del antiguo culto fálico resurgen para ser adoradas en las capillas rurales, sin mencionar el resto del paganismo.

Algunos aún no han aceptado la sexualidad como una función equiparable al hambre y consideran vergonzoso que ciertas instituciones tabú, anteriormente consideradas asexuadas, ahora sean reconocidas como llenas de simbolismo sexual. Estas personas están condenadas a darse cuenta de que este sigue siendo el caso, a pesar de su revuelta. Es necesario comprender que el pensamiento psicoanalítico simplifica y resuelve estas estructuras simbólicas que se han vuelto complicadas a lo largo del tiempo. Esto implica una reducción que sería intelectualmente gratificante si se aplicara a otro objeto, pero aquí se convierte en angustiante, no solo estéticamente, sino también éticamente, ya que las represiones que se deben superar fueron impulsadas por las mejores intenciones.

Debemos empezar a superar nuestra virtud, con el temor de caer en la depravación del otro extremo. Es cierto que la virtud a menudo se compensa internamente con una tendencia hacia la bajeza; ¿cuántos moralistas conservan interiormente una virtud empalagosa y una megalomanía moral? Ambas categorías de personas se convierten en esnobs cuando se enfrentan al análisis psicológico, ya que los moralistas imaginan un juicio objetivo y barato sobre la sexualidad, mientras que los inmorales ignoran la vulgaridad de su sexualidad y su incapacidad para un amor desinteresado. Es fácil olvidar que uno puede caer miserablemente, no solo por un vicio, sino también por una virtud. Existe un fariseísmo fanático y orgiástico que es tan bajo y conlleva tanta injusticia y violencia como un vicio.

En este momento, cuando una parte considerable de la humanidad está empezando a alejarse del cristianismo, es importante comprender por qué fue aceptado en primer lugar. Fue aceptado como una vía para escapar de la brutalidad de la antigüedad. Sin embargo, al desecharlo, vemos el regreso al libertinaje, como lo evidencia la vida en nuestras grandes ciudades modernas. Este paso no representa un avance, sino un retroceso. Es similar a individuos que han abandonado una forma de transferencia sin encontrar una nueva. Sin duda, retrocederán al antiguo camino de la transferencia, lo cual les causará un gran perjuicio, ya que el mundo que los rodea ha cambiado esencialmente desde entonces.

Quienes se sienten repelidos por la debilidad histórica y filosófica del dogmatismo cristiano y por la vacuidad religiosa de un Jesús histórico del cual sabemos poco y cuyo valor religioso es una mezcla de influencias talmúdicas y de sabiduría helénica, al descartar el cristianismo y, con él, la moral cristiana, se enfrentan sin duda al antiguo problema del libertinaje. Hoy en día, aunque muchos individuos se sienten frenados por una opinión pública hipócrita y, por lo tanto, prefieren llevar una vida secreta y apartada mientras representan públicamente la moralidad, podría ser diferente si las personas en general encontraran la máscara moral demasiado tediosa y se dieran cuenta del peligroso juego de sus propias pasiones. Entonces, un frenesí de desmoralización podría extenderse por la humanidad. Este es el sueño, o más bien el deseo, del hombre moralmente reprimido de hoy en día, que olvida la necesidad que lo oprime y le roba el aliento, y que, con una mano severa, interrumpe cualquier pasión.

No debe atribuírseme el deseo de reducir la libido a estadios primitivos ya superados, olvidando completamente la miseria que esto acarrearía para la humanidad. De hecho, algunos individuos se dejarían llevar por el antiguo frenesí de la sexualidad, liberados del peso de la culpa, para su propio perjuicio. Sin embargo, conozco bien el regulador más efectivo y despiadado de la sexualidad humana: la necesidad. Con esta pesada carga de plomo, la lujuria humana nunca alcanzará alturas excesivas.

Hoy en día, hay innumerables neuróticos que lo son simplemente porque no saben cómo buscar la felicidad a su manera. Ni siquiera reconocen dónde reside la carencia. Además de estos neuróticos, hay muchas personas normales, especialmente del tipo superior, que se sienten restringidas y descontentas. Para todos ellos, es necesario reducir la complejidad de sus deseos sexuales, para que puedan reconectarse con su ser primitivo y aprender a comprender y valorar su relación con su personalidad en su totalidad. Solo entonces podrán cumplir con ciertas demandas y rechazar otras como inapropiadas debido a su naturaleza infantil. De esta manera, el individuo llegará a darse cuenta de que ciertas cosas deben ser sacrificadas en un nivel diferente.

Nos imaginamos que hemos dejado atrás y sacrificado nuestro deseo de incesto, que ya no queda nada de él. Sin embargo, no nos damos cuenta de que, de manera inconsciente, seguimos cometiendo incesto en otro ámbito. En los símbolos religiosos, por ejemplo, encontramos este incesto. Consideramos que el deseo incestuoso se ha desvanecido y perdido, solo para redescubrirlo con toda su fuerza en la religión. Este proceso o transformación ha ocurrido inconscientemente a lo largo del desarrollo secular.

Así como se mostró que una transformación inconsciente similar de la libido es éticamente carente de valor, y se comparó con el cristianismo en la antigua Roma, donde evidentemente el libertinaje y la brutalidad eran fuertemente rechazados, aquí debo señalar con respecto a la sublimación del deseo incestuoso, que la creencia en el simbolismo religioso ya no es un ideal ético; más bien, es una transformación inconsciente del deseo incestuoso en actos y conceptos simbólicos que engañan a los hombres, permitiéndoles satisfacer su deseo de incesto sin ser conscientes de ello. Este estado sería sin duda ideal si no fuera infantil y, por lo tanto, unilateral, manteniendo una actitud infantil. El opuesto a esta idealización es la ansiedad.

Se habla mucho sobre las personas piadosas que permanecen firmes en su confianza en Dios y que caminan por la vida con una seguridad inquebrantable y bendecida. Sin embargo, nunca he visto a tal figura. Probablemente sea una figura deseada. La norma es una gran incertidumbre entre los creyentes, que discuten fervorosamente entre ellos o con otros; además, luchan con dudas religiosas, incertidumbre moral, dudas sobre su propia personalidad, sentimientos de culpa y, lo más profundo de todo, un gran temor hacia el aspecto opuesto de la realidad, contra el cual las personas más inteligentes luchan con todas sus fuerzas. Este otro lado es el diablo, el adversario o, en términos modernos, el corrector de la realidad, de la imagen infantil del mundo, que se ha vuelto aceptable gracias al predominio del principio del placer. Pero el mundo no es un paraíso de Dios, no es paternal, sino que está lleno de terrores. Ni el cielo es paterno ni la tierra es materna, ni las personas son hermanas y hermanos, sino que representan poderes hostiles y destructivos, a los cuales estamos abandonados con mayor seguridad cuanto más infantil e irreflexivamente nos entregamos a la llamada mano paternal de Dios. Nunca debemos olvidar el discurso severo del primer Napoleón, que afirmaba que Dios siempre está del lado de la artillería más pesada.

El mito religioso se nos presenta como una de las instituciones humanas más importantes y significativas. A pesar de sus símbolos engañosos, proporciona al hombre seguridad y fortaleza para no sucumbir ante los monstruos del universo. El símbolo, desde el punto de vista de la verdad literal, puede ser engañoso, pero es psicológicamente verdadero, ya que ha sido y es el puente hacia los mayores logros de la humanidad.

Sin embargo, esto no significa que la transformación inconsciente del deseo de incesto en prácticas religiosas sea la única forma posible. También existe un reconocimiento y comprensión conscientes que nos permiten canalizar esa libido ligada al incesto hacia prácticas religiosas, sin necesidad del escenario del simbolismo religioso. Es concebible que, en lugar de hacer el bien a nuestros semejantes por "amor a Cristo", lo hagamos desde el entendimiento de que la humanidad, incluyéndonos a nosotros mismos, no podría existir si uno no pudiera sacrificarse por el otro. Este sería el camino hacia la autonomía moral, hacia la libertad perfecta, donde el hombre desearía lo que debe hacer sin coerción, y esto desde el conocimiento, sin engaño por creencias en símbolos religiosos.

La creencia en el símbolo nos mantiene en un estado infantil y, por lo tanto, éticamente inferiores. Aunque culturalmente importante y estéticamente hermoso, este engaño ya no puede satisfacer éticamente a una humanidad que lucha por su autonomía moral. El peligro moral e infantil radica en la creencia en el símbolo, ya que a través de él dirigimos nuestra libido hacia una realidad imaginaria. Simplemente negar el símbolo no cambia nada, ya que nuestra disposición mental sigue siendo la misma; simplemente eliminamos el objeto peligroso.

Pero el objeto en sí no es peligroso; el peligro reside en nuestro propio estado mental infantil, al cual hemos sacrificado algo valioso y astuto mediante la simple renuncia al símbolo religioso. Considero que la creencia debería ser reemplazada por la comprensión; de esta manera, conservaríamos la belleza del símbolo pero estaríamos libres de los resultados deprimentes de someternos a la creencia. Esta sería la cura psicoanalítica para la creencia y la incredulidad.

La visión que sigue a la ciudad es la de un "extraño abeto de ramas nudosas". Después de todo lo que hemos aprendido sobre el árbol de la vida y sus asociaciones con la ciudad y las aguas de la vida, esta visión no nos parece extraordinaria. Este árbol especial parece continuar la categoría de los símbolos maternos. El atributo "extraño" probablemente significa, como en los sueños, un énfasis especial, es decir, un material complejo subyacente especial. Lamentablemente, en la visión del paciente no se proporcionó ningún detalle adicional al respecto. Dado que el árbol, sugerido previamente en el simbolismo de la ciudad, se acentúa especialmente a través del desarrollo posterior de las visiones, considero necesario discutir en cierta extensión la historia del simbolismo del árbol.

Desde tiempos inmemoriales, los árboles han tenido un papel crucial en los mitos y cultos de diversas culturas. Entre ellos, destaca el árbol del paraíso o de la vida, presente en tradiciones como la babilónica y la judía. Antes de la era cristiana, se veneraban árboles específicos como el pino de Atis y los árboles sagrados de Mitra, sin olvidar el Ygdrasil de la mitología germánica. La tradición de colgar imágenes en estos árboles sagrados, como la de Atis en el pino o el mito del sacrificio de Odín, nos muestra que la crucifixión de Cristo comparte raíces con estos antiguos rituales. En estas narraciones, la cruz representa simultáneamente la vida y la muerte, simbolizando un renacimiento.

La costumbre de enterrar a los muertos en árboles huecos, reflejada en el término alemán "Totenbaum" para designar un ataúd, subraya esta conexión entre la muerte y el renacimiento. El árbol, como símbolo maternal, evoca la idea de regreso al origen para una nueva vida.

El mito de Osiris, detallado por Plutarco, es un ejemplo claro de estos simbolismos. En este relato, Osiris e Isis, aún en el vientre de su madre Rea, encarnan el incesto como preludio a una saga de muerte y renacimiento. Osiris, engañado por Tifón, encuentra su fin en un cofre lanzado al Nilo, lo que no impide su unión incestuosa en el más allá con Neftis, otra de sus hermanas. Este ciclo de vida, muerte y renacimiento se refleja en la prohibición del incesto y en la figura de la "madre terrible", donde el deseo prohibido hacia la madre se proyecta en forma de culpa y miedo.

El relato se enriquece con el episodio en el que el cofre de Osiris es encerrado por una erica, transformándose en un espléndido árbol bajo el cual Isis, en su luto, revolotea como una golondrina. Este motivo del dios muerto que renace, celebrado con alegría tras un período de lamento, se repite a lo largo de la historia y las culturas, simbolizando la eterna lucha contra la muerte y el anhelo de inmortalidad.

Fructificación Tras El Sacrificio Mitraico

El desmembramiento del cuerpo de Osiris por parte de Tifón y la dispersión de sus partes reflejan un acto simbólico recurrente en numerosos mitos solares, evocando la noción inversa del proceso de formación de un niño en el útero materno. Isis, asistida por Anubis, la deidad con cabeza de chacal, emprende la tarea de recolectar los fragmentos dispersos. En este contexto, las criaturas nocturnas, comúnmente asociadas con la devoración de cuerpos, como perros y chacales, se transforman en colaboradores en el proceso de recomposición. El buitre egipcio, por ejemplo, debe su simbolismo como figura materna a su dieta carroñera. Esta asociación entre la muerte y la regeneración se evidencia en diversas tradiciones, como la exposición de los cuerpos a los perros en la antigua Persia o el rol de los buitres en las piras funerarias de la India contemporánea.

La práctica persa de llevar un perro al lecho de un moribundo para ofrecerle un bocado sugiere un intento de apaciguar al animal y asegurar el respeto hacia el cuerpo del difunto, similar al acto de Hércules de calmar a Cerbero con pasteles de miel. Sin embargo, considerando el papel de Anubis y el simbolismo materno del buitre, surge la cuestión de un significado más profundo en esta ceremonia. La presencia de Sirio, la estrella del perro, durante el solsticio de verano podría tener un propósito compensatorio, relacionando la muerte con un renacimiento simbólico en el útero materno, sugiriendo que la muerte puede ser percibida como un retorno al origen.

En el rito del Sacrificio Mitraico, la presencia de un perro saltando sobre el toro sacrificado por Mitra evoca un momento de intensa fertilidad. El relieve de Mitra de Heddernheim captura magníficamente esta escena, no solo representando el sacrificio del toro, sino también incluyendo símbolos de fecundidad como Sol con un racimo de uvas, Mitra con la cornucopia y los Dadóforos con frutas, subrayando la creencia de que la fertilidad del mundo emanaba del toro sacrificado. La figura de Silvano presidiendo esta escena simboliza el despertar de la vida en el bosque.

A pesar de la exitosa reconstrucción del cuerpo de Osiris por parte de Isis, el mito nos revela que la resurrección fue parcial, ya que el falo de Osiris, devorado por los peces, no pudo ser restaurado, dejando la vida incompleta. No obstante, Osiris, aun en forma espectral, logra concebir a Isis, dando origen a Harpócrates, quien encarna una forma de debilidad, particularmente en sus extremidades inferiores. Este detalle resuena con la antigua lamentación sobre la inevitable decadencia, representada también en las figuras de Osiris y Horus. Padre e hijo encarnan la dualidad de la vida y la muerte, la luz y la oscuridad, con Horus preparándose para enfrentar a Tifón, el avatar de las tinieblas.

Aunque Horus y Harpócrates son frecuentemente confundidos, comparten un simbolismo profundo: el primero representa el ascenso, mientras que el segundo encarna la vulnerabilidad. Esta dualidad se refleja también en la relación entre Osiris y Horus, donde las figuras del padre y el hijo se funden en un ciclo continuo de renovación y decadencia. En este contexto, la figura de Chnum-Ra y su acompañante, Hatmehit, refuerza la idea de la vida emergiendo de la muerte, celebrada en el himno a Amon-ra como una perpetua regeneración.

Hatmehit, referida en algunas inscripciones como la "madre de Mendes" y elogiada como "la Buena", añade el sentido de "mujer joven" o ta-nofert. La figura de la vaca, representando a la madre, se manifiesta en todas las variantes de Hathor-Isis y en la deidad Nun, que, al igual que la divinidad primordial Nit o Neith, encarna tanto aspectos masculinos como femeninos. Esta dualidad se refleja en Nun, invocado como Amón, el agua primordial y principio de todo, siendo a la vez padre y madre universales. La contraparte femenina, Nun-Amón, se identifica con Nit o Neith, descrita como la venerable madre divina, señora de Esne, padre y madre de todos, escarabajo y buitre, esencia del inicio, quien engendró al dios de la luz, Râ, y dio vida cuando nada existía para nacer, la vaca primigenia que dio a luz al sol y de quien surgieron dioses y hombres.

El término "nun" evoca juventud, frescura y las aguas renovadoras de la inundación del Nilo, y por extensión, las aguas caóticas originales y la materia primordial, personificada por la diosa Nunet. De Nunet emergió Nut, la diosa del cielo, representada estrellada o como la vaca celestial. El retiro del dios-sol en la vaca celestial, al igual que el regreso de Lázaro al seno de Abraham, simboliza el retorno a la madre para una nueva vida como Horus. La diosa cumple el rol de madre en la mañana, de hermana-esposa al mediodía y nuevamente de madre al anochecer, acogiendo al moribundo, un paralelo con la Piedad de Miguel Ángel. Este simbolismo se ha incorporado plenamente al cristianismo, como ilustra la "Iconografía Cristiana" de Dideron.

El viaje de Osiris lo lleva de regreso al útero materno, al pecho, al mar, al árbol, a la columna de Astarté; desmembrado, reconstruido y renacido en su hijo, Hor-pi-chrud. El símbolo del árbol merece especial atención en este contexto. Osiris, entrelazado en sus ramas, evoca la protección materna. Este motivo de unión y protección es recurrente en los mitos solares, simbolizando el renacimiento. Leyendas exóticas narran sobre héroes-sol atrapados por plantas o enredaderas, y su liberación simboliza el triunfo sobre la adversidad. Mitos africanos, polinesios y la historia poética del nacimiento de Buda por Sir Edwin Arnold comparten este motivo de rescate y renacimiento, donde el árbol consciente forma un dosel protector alrededor de la reina Maya, y la tierra brota flores y agua cristalina para recibir al niño.

La leyenda de la Hera Samia presenta un fascinante paralelismo con otros ritos de culto. La estatua de Hera desaparecía anualmente de su templo para ser encontrada atada a un árbol Lygos en la orilla del mar, envuelta en sus ramas, donde se le ofrecía un pastel nupcial como parte de las celebraciones. Este evento era un matrimonio sagrado (ἱερὸς γάμος), reflejando la leyenda samia de un amor secreto y prolongado entre Zeus y

Hera. Los rituales en Plataea y Argos, que incluían procesiones nupciales, banquetes y otras festividades, simbolizaban el matrimonio divino y un acto mágico de rejuvenecimiento, indicado por la ocultación y posterior hallazgo de Hera en lugares simbólicos de muerte y renacimiento, como bosques, cuevas o la orilla del mar.

La idea de rejuvenecimiento se complementa con el ritual de baño anual de la Hera argiva en el manantial de Canathos, donde se le devolvía la virginidad, y en Plataea, las ninfas tritonias como portadoras de agua en el culto a Hera Teleia, subrayando la importancia del agua en estos rituales de renovación. La descripción homérica del lecho conyugal de Zeus y Hera en el monte Ida evoca la fecundidad y la unión eterna, con la Tierra prodigando sus hierbas más frescas bajo la pareja divina y una nube dorada vertiendo rocío brillante sobre ellos, aludiendo al jardín de los dioses y la inmortalidad alcanzada en la tierra del sol poniente, donde el sol y el mar se unen rejuveneciendo eternamente.

El concepto de Hierosgamos ligado al renacimiento se ve confirmado por el mito de Artemisa Orthia, llamada Lygodesma (atada con sauces), enfatizando la conexión entre el matrimonio sagrado y los ritos de renacimiento en la mitología griega. El tema de la "devoración", como elemento constante en los mitos solares, representa metafóricamente el renacimiento a través de la muerte. Ejemplos de este motivo se encuentran en sueños contemporáneos de pacientes, reflejando la lucha entre la atracción y el temor a la regeneración.

La etimología de la raíz indoeuropea vélu-, relacionada con envolver o rodear, conecta con la idea de renacimiento y fecundidad a través de términos que aluden a serpientes, plantas rastreras y el vientre, todos simbolizando la continuidad y la renovación de la vida. La capacidad de la serpiente para mudar su piel se convierte en un poderoso símbolo de regeneración, mientras que las referencias a campos cultivados y la personificación de la tierra fértil refuerzan esta asociación con el crecimiento y la renovación vital.

El simbolismo del enroscamiento y el abrazo maternal se ve reflejado en numerosas tradiciones culturales, donde los árboles juegan un papel central en la representación del renacimiento y la creación. En la mitología griega, las ninfas Melíades, asociadas a los fresnos, son consideradas madres de la humanidad de la Edad de Hierro. En la mitología nórdica, Askr, un fresno, es visto como el progenitor de la humanidad, junto a su compañera Embla. Esta narrativa sugiere una interpretación fálica en el uso del fresno como símbolo de la lanza.

El concepto de unión para la creación de la vida se extiende a otros mitos, como el Bundehesh persa, donde los primeros seres, Meschia y Meschiane, son simbolizados por el árbol Reivas, reflejando la idea de fertilización a través de la unión de sus partes. La madera o el árbol se asocian directamente con la materia prima de la creación en varias tradiciones, destacando el vínculo entre la naturaleza y la creación de vida.

Ygdrasil, el "mundo-ceniza" en la mitología nórdica, encapsula la idea de un refugio maternal al final de los tiempos, sirviendo como el árbol de la muerte y de la vida, protegiendo a una pareja humana que dará origen a una nueva era. Este simbolismo se refleja en el Libro de los Muertos egipcio, donde el ascenso de Râ desde el árbol esmeralda simboliza el renacimiento. La conexión entre el árbol y el agua en los relatos de nacimiento, como el de Mitra o el primer rey sajón, Aschanes, subraya la unión de los elementos madre: tierra, madera y agua, como fundamentos de la vida. En la Edad Media, el árbol era venerado como una "señora", resaltando su importancia vital.

El cristianismo transformó el árbol de la muerte, la cruz, en un árbol de la vida, integrando este símbolo precristiano de vida y renacimiento. La presencia de la cruz tanto en el culto al sol como en el culto a la diosa del amor refleja la adopción y adaptación de simbolismos antiguos para expresar conceptos centrales de vida, muerte y renacimiento, demostrando la persistencia y evolución del simbolismo del árbol como un emblema de la vida y la regeneración espiritual.

Cristo En El Árbol De La Vida

La narrativa de la cruz que surge de la tumba de Adán en el Gólgota, donde se plantó una rama del "árbol del paraíso", entrelaza la historia del pecado original con la redención ofrecida por Cristo. Este relato simboliza el ciclo de la vida, la muerte y el renacimiento, en el cual la muerte de Cristo en la cruz, brotando de este árbol sagrado, ofrece la redención del pecado introducido por Adán.

La leyenda oriental que describe el Paraíso después de la caída de Adán, mostrando el árbol marchito con un niño entre sus ramas, sugiere una continuidad y renovación a pesar de la desolación inicial. Esta historia se relaciona con la tradición talmúdica sobre Lilith, la primera esposa demoníaca de Adán, quien se convirtió en una figura que aterroriza a las mujeres embarazadas y a los recién nacidos, representando el miedo y la destrucción asociados con lo femenino en ciertas narrativas.

Las leyendas de Lamia y Lilith, junto con el cuento de Hansel y Gretel, ilustran la persistente imagen de la "madre terrible" en el folclore y la mitología. Este motivo de devoración y destrucción se repite en el mito del héroe-sol devorado por un monstruo marino, simbolizando la muerte y el renacimiento, así como la lucha eterna contra las fuerzas destructivas.

La asociación entre las pesadillas y figuras como las Lamias y los caballos espectrales refleja antiguos temores y ansiedades humanas, donde el acto de "cabalgar" sobre las víctimas simboliza opresión y terror. La etimología de "pesadilla" y su relación con el caballo (marah en alto alemán antiguo, merr en nórdico antiguo) revela una profunda conexión entre el miedo, la muerte (la raíz aria común mar significa "morir") y el destino (μόρος en griego), temas recurrentes en la mitología y el folclore.

Estos relatos y símbolos, desde la cruz en la tumba de Adán hasta las representaciones de Lamias y la ceniza del mundo Ygdrasil, muestran cómo las culturas antiguas intentaron comprender y narrar la complejidad de la vida, la muerte, el renacimiento y el destino humano. Las historias de redención, miedo y la lucha contra las fuerzas oscuras reflejan las profundas ansiedades y esperanzas humanas, vinculando simbólicamente la muerte y la resurrección con el renacimiento y la renovación eterna.

La asociación sonora entre "mar" y "madre" en diferentes idiomas, aunque etimológicamente accidental, evoca una profunda conexión simbólica con la noción de la "gran madre" primordial. Esta idea resuena a través de culturas y mitologías, donde el mar y figuras maternas como María y Maya representan fuentes de vida, protección, y a veces, misterio y peligro. La repetición fonética de "ma-ma" en diversas lenguas subraya el vínculo universal con la maternidad, simbolizado también por la tradición de llevar a los niños en la espalda o la cadera, reflejando la dependencia y el cariño maternal.

La narrativa de Isis en la mitología egipcia ilustra la dualidad de la madre protectora y la "madre terrible". La liberación de Tifón por parte de Isis, seguida de la rebelión de Horus, destaca el conflicto entre las fuerzas de la vida y la muerte, la luz y la oscuridad. La transformación de Isis, representada por la cabeza de vaca, y la victoria de Horus sobre Tifón, reflejan la superación de adversidades y el triunfo de la renovación y el renacimiento.

El combate contra la serpiente o el dragón en numerosas mitologías simboliza la lucha contra la "madre espantosa", un viaje al "vientre del monstruo" que representa un rito de paso hacia el renacimiento o la iluminación espiritual. Esta batalla, interpretada como la superación de los aspectos destructivos y consumidores de la maternidad, conduce a una nueva juventud o resurrección, simbolizando la transmutación de la muerte en vida.

La epopeya babilónica de la creación, con Ea enfrentándose a Apsû y Tiâmat, ilustra esta dinámica cósmica. La preparación de Tiâmat para la batalla contra los dioses, creando monstruos y seres terroríficos, encarna la lucha primordial entre el orden divino y el caos primigenio. La venganza de Tiâmat contra los dioses, incluido su hijo Ea, refleja el conflicto eterno entre generaciones y la tensión entre la creación y la destrucción.

Estos relatos mitológicos, que entrelazan la maternidad con el mar y la creación con el caos, revelan la complejidad de la figura materna en el imaginario colectivo. Representan la vida y la muerte, el origen y el fin, y el ciclo eterno de destrucción y renacimiento que rige el universo y la experiencia humana.

En la batalla final entre los dioses y las fuerzas de Tiâmat, Marduk, el dios de la primavera y el sol victorioso, se enfrentó a la formidable hueste de Tiâmat. Preparándose para el combate, Marduk empuñó su arma principal, la cual él mismo había forjado. Los antiguos textos describen cómo creó vientos malignos, tormentas y huracanes, desencadenándolos contra

Tiâmat para sembrar confusión. Montado en su carro, Marduk tomó el ciclón, su gran arma, y avanzó hacia la batalla.

Al encontrarse con Tiâmat, Marduk extendió su red y la atrapó, lanzando el Imḫullu hacia su rostro. Cuando Tiâmat abrió su boca tan ampliamente como pudo, dejó que el Imḫullu fluyera, impidiendo que sus labios se cerraran. Con los vientos furiosos llenando su vientre, Marduk la alcanzó con su lanza, desmembrando su cuerpo, cortando sus entrañas y arrancándole el corazón, sometiéndola y poniendo fin a su vida. Arrojó su cuerpo y lo pisoteó.

Después de la victoria sobre la madre, Marduk ideó la creación del mundo. Dividió el cuerpo de Tiâmat en dos partes, usando una mitad para cubrir los cielos. De esta manera, Marduk creó el universo a partir de la madre. Resulta evidente que la matanza de la madre-dragón tiene lugar aquí bajo la idea de una fecundación eólica con consecuencias negativas.

El mundo se crea a partir de la madre, es decir, a partir de la libido arrebatada a la madre mediante el sacrificio. Será necesario analizar más a fondo esta significativa fórmula en el último capítulo. Los paralelos más interesantes de este mito primitivo se encuentran en la literatura del Antiguo Testamento, como ha señalado brillantemente Gunkel. Merece la pena explorar la psicología de estos paralelismos.

En Isaías 51:9, se invoca al brazo del Señor para que despierte y se vista de poder, como en los días antiguos, cuando cortó a Rahab y perforó al dragón. Se pregunta si no es el mismo brazo que secó el mar y las aguas del gran abismo, convirtiendo las profundidades del mar en un camino para que pasaran los redimidos.

El nombre Rahab se utiliza frecuentemente para referirse a Egipto en el Antiguo Testamento, también como dragón. En

Isaías 30:7, Egipto es llamado "la silenciosa Rahab", lo que indica algo maligno y hostil. Rahab también es conocida como la ramera de Jericó, quien más tarde, como esposa del príncipe Salma, se convirtió en la antepasada de Cristo. Aquí, Rahab se presenta como el antiguo dragón, similar a Tiâmat, contra cuyo poder maligno luchó Marduk, o Jehová. La expresión "los redimidos" se refiere a los judíos liberados de la esclavitud, pero también tiene un significado mitológico, ya que el héroe rescata a aquellos que antes fueron devorados por la ballena.

En el Salmo 89:10, se describe cómo Dios ha aplastado a Rahab como a un cadáver. En Job 26:12-13, se menciona cómo Dios divide el mar con su poder y hiere a los soberbios con su inteligencia, adornando los cielos con su aliento y formando la serpiente retorcida con su mano.

Gunkel identifica a Rahab como equivalente al Caos, es decir, lo mismo que Tiâmat. Gunkel traduce "la ruptura en pedazos" como "violación". Tiâmat o Rahab, como madre, también se la representa como la ramera. Gilgamesh trata así a Ishtar cuando la acusa de prostitución. Este insulto hacia la madre resulta muy familiar por el análisis de los sueños. El dragón Rahab también aparece como Leviatán, el monstruo acuático (mar materno).

En el Salmo 74, se describe cómo Dios dividió el mar con su fuerza, quebrando las cabezas de los dragones en las aguas, haciendo pedazos las cabezas de Leviatán y dándolo por alimento a los habitantes del desierto, abriendo manantiales y arroyos, y secando ríos caudalosos.

Mientras que en la primera parte de este trabajo se enfatizó el significado fálico del Leviatán, ahora descubrimos también su significado materno. Otro paralelo se encuentra en Isaías 27:1, donde se menciona que el Señor castigará con su espada cruel, grande y fuerte a Leviatán, la serpiente huidiza y retorcida, matando al dragón que está en el mar.

Un motivo especial se encuentra en Job 41:1, donde se pregunta si es posible sacar con un anzuelo a Leviatán o con una cuerda que se le ponga en la lengua. Numerosos paralelismos con este motivo se encuentran en los mitos exóticos, donde también se pesca al monstruo marino materno. La comparación de la libido materna con los poderes elementales del mar y los poderosos monstruos que habitan la tierra muestran cuán poderosa es esa libido que designamos como materna.

Ya hemos visto que la prohibición del incesto impide al hijo reproducirse a través de la madre. Pero esta tarea recae en el dios, como se muestra con notable claridad y candor en la piadosa mitología egipcia, que ha conservado los conceptos más antiguos y sencillos. Así, Chnum, el "modelador", el "alfarero", el "arquitecto", da forma a su huevo en el torno del alfarero, pues él es "el crecimiento inmortal", "la reproducción de sí mismo y su propio renacimiento, el creador del huevo, que surgió de las aguas primitivas". En el Libro de los Muertos se dice: "Yo soy el sublime halcón (el dios Sol), que ha salido de su huevo".

Otro pasaje del Libro de los Muertos menciona al creador de Nun, que ha ocupado su lugar en el inframundo, cuyo nido no se ve y cuyo huevo no se rompe. Otra sección relata sobre ese magnífico y majestuoso dios dentro de su huevo, el cual es el creador de cuanto ha emanado de él.

De esta manera, el dios Nagaga-uer recibe también el apelativo de "el gran emisor de sonidos". Se critica a la madre por imponer el tabú del incesto, considerándolo una maldad intencionada que priva al hijo de alcanzar la inmortalidad. Por lo tanto, se espera que un dios se insubordine, domine y castigue a la madre. Aquí, "dominar" implica la comisión de un acto de violación incestuosa. Herodoto nos ha dejado un testimonio precioso sobre esta creencia religiosa.

Herodoto describe cómo se celebraba la fiesta en honor a Isis en la ciudad de Busiris, donde después del sacrificio, todos los participantes se azotaban entre sí. Sin embargo, considera irreverente divulgar el motivo de estos azotes.

En Papremis, el sacrificio se acompañaba de rituales sagrados similares a otros lugares. Al atardecer, algunos sacerdotes se ocupaban de la imagen divina, mientras que la mayoría se posicionaba en la entrada armados con palos de madera. Aquellos que deseaban cumplir una promesa, más de mil hombres, se agrupaban también con palos de madera frente a sí.

La víspera de la festividad, transportaban la imagen desde un pequeño templo dorado hacia otro recinto sagrado. Los que acompañaban la imagen la colocaban en un carro de cuatro ruedas sobre el cual reposaba el templo que albergaba la imagen. Pero a los demás, situados en las antecámaras, se les negaba el acceso. Los que estaban al lado de la divinidad, juramentados, los repelían. Esto desencadenaba una violenta batalla con palos, resultando en cuerpos contusionados y, según la opinión de Herodoto, muchos morían por las heridas, aunque los egipcios consideraban que nadie fallecía.

Los lugareños justificaban esta violenta tradición diciendo que en el templo residía la madre de Ares. Ares, criado en el extranjero y ya adulto, mantuvo relaciones con su madre. Al verlo, los sirvientes de su madre intentaron impedírselo, ante lo cual, Ares reunió a gente de otra ciudad, agredió a los sirvientes y logró estar con su madre. Así explicaban la incorporación de esta matanza en la festividad de Ares.

Aquí, se sugiere que los devotos luchan por su derecho a participar en el misterio de la violación maternal, considerado su prerrogativa, mientras que la hazaña heroica es atribuida al dios. Por Ares, se entiende al Tifón egipcio, como hay razones para creer. Tifón simboliza el deseo maligno hacia la madre, un reproche que otras versiones del mito hacen a la madre, siguiendo el conocido ejemplo. La muerte de Balder, similar a la de Osiris (enfermedad provocada por Rê) a causa de una herida por una rama de muérdago, parece requerir una interpretación parecida. El mito relata cómo todas las criaturas prometieron no dañar a Balder, excepto el muérdago, olvidado por ser muy joven. Esto condujo a la muerte de Balder. El muérdago es un parásito. La madera femenina usada en el ritual de encender fuego proviene de una planta parásita o trepadora, simbolizando la madre del fuego. La "yegua" descansa sobre "Marentak", donde Grimm ve una conexión con el muérdago. El muérdago se usaba contra la infertilidad. En Galia, solo el druida podía, tras un sacrificio y acompañado de ceremonias solemnes, subir al roble sagrado para cortar el muérdago. Este acto representa un incesto santificado y organizado. Lo que crece en el árbol es el hijo que el hombre podría tener con la madre; entonces, el hombre mismo sería renacido o rejuvenecido, algo prohibido por el tabú del incesto. Como demuestra la tradición celta, solo el sacerdote, siguiendo ciertos rituales, puede llevar a cabo este acto; sin embargo, el dios héroe y el salvador del mundo realizan lo prohibido, lo sobrehumano, obteniendo así la inmortalidad. El dragón, que debe ser derrotado para lograr este fin, representa la resistencia contra el incesto. Dragones y serpientes, especialmente cuando acumulan atributos temibles, simbolizan el miedo vinculado al deseo incestuoso reprimido. Son símbolos de la libido sexual neutra (o bisexual), es decir, la libido enfrentada. Esto se refleja en la antigua canción persa Tishtriya, donde el caballo negro Apaosha obstruye las fuentes del lago de lluvia, y el caballo blanco Tishtriya, tras dos intentos fallidos, logra vencerlo con ayuda de Ahuramazda, provocando una lluvia que fertiliza la tierra. Este mito ilustra bellamente cómo la libido se enfrenta a sí misma, la voluntad contra la voluntad, mostrando la discordia del ser humano primitivo consigo mismo, algo que se proyecta en todas las adversidades y contrastes de la naturaleza.

El simbolismo del árbol rodeado por una serpiente puede interpretarse también como la defensa de la madre contra el incesto gracias a la resistencia. Este símbolo es bastante común en los monumentos relacionados con el mitraísmo. De manera similar, se debe entender la roca rodeada por una serpiente, ya que Mitra nace de una roca. El peligro que la serpiente representa para el recién nacido (Mitra, Hércules) se refleja en las leyendas de Lilith y Lamia. Pitón, el dragón de Leto, y Poine, que asola la tierra de Crotopus, son enviados por el padre del recién nacido. Esta narrativa sugiere, como es bien sabido en el psicoanálisis, que el temor al incesto se origina en el padre. El padre simboliza el rechazo activo del deseo incestuoso del hijo. El delito que el hijo desea inconscientemente se atribuye al padre, como si este tuviera intenciones asesinas, lo que explica el profundo temor del hijo hacia el padre, un síntoma neurótico común. Siguiendo esta lógica, el monstruo que el joven héroe debe derrotar suele ser un gigante, el guardián de un tesoro o de una mujer. Un ejemplo destacado es el gigante Chumbaba en la epopeya de Gilgamesh, guardián del jardín de Ishtar; Gilgamesh lo vence y, por ende, conquista a Ishtar, quien luego se le acerca con deseos eróticos. Esto debería ser suficiente para entender el papel de Horus en Plutarco, especialmente en lo que respecta al trato violento hacia Isis. Al someter a la madre, el héroe se equipara al sol; se reproduce a sí mismo. Adquiere la fuerza del sol invencible, el poder del rejuvenecimiento eterno. De esta forma, entendemos las representaciones del mito mitraico en el relieve de Heddernheim. Ahí, vemos primero el nacimiento de Mitra desde la cima del árbol; luego, le muestra llevando el toro vencido (similar al toro monstruoso vencido por Gilgamesh). Este toro simboliza el monstruo, el padre, que como un animal gigante y peligroso, encarna la prohibición del incesto, y se enfrenta a la libido individual del héroe-sol, quien lo vence mediante el autosacrificio. La tercera imagen muestra a Mitra tomando el nimbo, el adorno de la cabeza del sol. Este acto recuerda primero la violencia de Horus hacia Isis y, segundo, la idea cristiana de que aquellos que han vencido obtienen la corona de la vida eterna. En la cuarta imagen, Sol se arrodilla ante Mitra, demostrando que Mitra ha asumido la fuerza del sol, convirtiéndose en el señor del sol. Ha conquistado "su naturaleza animal", el toro. El animal desconoce la prohibición del incesto; por tanto, el ser humano se define por conquistar este deseo, es decir, la naturaleza animal. Mitra, entonces, sacrifica su naturaleza animal, el deseo incestuoso, superando así a la madre, a "la terrible madre portadora de muerte". La epopeya de Gilgamesh ya sugería una solución a través de la renuncia formal del héroe a la temible Ishtar. La superación de la madre en el sacrificio mitraico, casi de carácter ascético, ya no se logra mediante la dominación, sino a través de la renuncia, el sacrificio del deseo. La idea primitiva de la reproducción incestuosa mediante el retorno al vientre materno había sido desplazada, dado que el ser humano había avanzado en su domesticación hasta creer que la vida eterna del sol se alcanza, no a través del incesto, sino mediante el sacrificio del deseo incestuoso. Este cambio significativo, expresado en el misterio mitraico, encuentra su máxima expresión en el símbolo del Dios crucificado. Por los pecados de Adán, un sacrificio humano sangriento fue colgado en el árbol de la vida. El primogénito sacrifica su vida a la madre al sufrir, colgado de la rama, una muerte vergonzosa y dolorosa, una forma de muerte entre las más deshonrosas que la antigua Roma reservaba solo para el criminal más vil. Así muere el héroe, como si hubiese cometido el crimen más infame; lo hace volviendo a la rama del árbol de la vida que da nacimiento, redimiendo su culpa con los dolores de la muerte. La naturaleza animal es reprimida de manera aún más poderosa en este acto de máxima valentía y renuncia; por lo tanto, se espera

CARL JUNG Y LOS SUEÑOS

una salvación aún mayor para la humanidad, ya que solo un acto de tal magnitud parece adecuado para expiar la culpa de Adán.

El Sacrificio Del Toro De Mitra

La tradición de colgar sacrificios en árboles se encuentra ampliamente extendida, siendo particularmente destacada entre los pueblos germánicos. Este ritual implica atravesar a la víctima con una lanza, como se describe en la Edda, específicamente en los versos de Havamal referidos a Odín, donde el dios se ofrenda a sí mismo colgado de un árbol, herido por una lanza, durante nueve noches.

En el continente americano, antes de la llegada de los europeos, también existía la práctica de colgar sacrificios en cruces. Se hace mención de un manuscrito jeroglífico mexicano que presenta una imponente cruz con una deidad ensangrentada en su centro. Asimismo, la cruz de Palenque es notable, mostrando un pájaro en la parte superior y dos figuras humanas a los lados sosteniendo a un niño frente a la cruz, posiblemente en un acto de sacrificio o bautismo. Los antiguos mexicanos rendían culto a una diosa del cielo y del trigo, crucificando a jóvenes en primavera y disparándoles flechas. En este contexto, la cruz simbolizaba el "árbol de nuestra vida o carne".

En Philae, se representa a Osiris como un dios crucificado, llorado por Isis y Neftis. Este simbolismo trasciende el mero concepto del árbol de la vida, incorporando significados de fertilidad y protección, como lo evidencia su uso entre los pueblos indios como amuleto de fertilidad y su papel en el culto solar. Además, la cruz, al igual que los amuletos fálicos, era considerada un poderoso talismán contra el mal. La Crux Ansata, un ejemplo de esta simbología, se encuentra frecuentemente en colecciones de antigüedades.

Es interesante observar cómo la cruz imita la forma del cuerpo humano con los brazos extendidos. En las primeras representaciones cristianas, Cristo aparece de pie frente a la cruz, no clavado, con los brazos abiertos. Se señala que los druidas veneraban árboles majestuosos, modificados para asemejarse a una cruz con dos grandes ramas a los lados, simbolizando los brazos de un hombre.

En la secta hindú Dschaina, el "árbol del conocimiento" se visualiza con forma humana, con ramas que simulan los brazos y una cabeza. Se apunta a representaciones similares en la mitología asiria, donde la divinidad se muestra en forma de cruz, combinando elementos humanos y alados. Los antiguos ídolos griegos, hallados en lugares como Egina, muestran una apariencia similar, con cabezas alargadas y brazos en posición de alas.

Si bien la relación entre el símbolo de la cruz y las técnicas antiguas para generar fuego mediante dos piezas de madera sigue siendo un tema abierto a debate, el simbolismo de la cruz parece evocar una noción de "unión". Esta idea, vinculada al encanto de la fertilidad y la noción de renacimiento eterno, se refleja en la cruz. En su obra "Timaios", Platón describe el alma del mundo extendida entre el cielo y la tierra en forma de una X, sugiriendo así una "cruz de San Andrés", simbolizando la interconexión cósmica.

Platón conceptualiza el mundo como un ente divino y autónomo, cuya alma, dispersa por todo el cosmos, lo convierte en una entidad capaz de autocontemplación y autosuficiencia. Esta visión del cosmos refleja una forma de bienaventuranza divina, comparándose al estado prenatal o a la íntima unión con la madre, desde la que todo ser procede. Además, afirma que el alma precede al cuerpo en jerarquía y existencia, siendo la gobernante de este último. Esta idea podría sugerir que la noción del alma deriva metafóricamente de la imagen materna, simbolizando la energía vital ligada a esta figura. En la cultura cristiana, esta relación se observa en la representación del alma como consorte de Cristo.

El "Timaios" también aborda el tema de la creación del alma y del cuerpo del mundo mediante un proceso místico, representado por la división y unión de estos en forma de una X, evocando imágenes de la fertilidad y la unión primordial.

Entre los indios Muskhogean, se practicaba un ritual de sacrificio sobre el agua, utilizando dos cuerdas cruzadas para marcar el lugar sagrado. Este acto simbolizaba la fertilidad y la vida, reforzando la idea de la cruz como un amuleto primitivo de fecundidad, especialmente asociado con deidades femeninas y la figura de la madre en diversas culturas.

En el antiguo Egipto, la cruz (Crux Ansata o Tau) era un símbolo prominente en la iconografía religiosa, vinculado a la vida y la regeneración. Tum, la deidad suprema, era adorado como "el padre de su madre", reflejando complejas relaciones familiares y divinas. La celebración del equinoccio de otoño en Heliópolis enfatizaba la renovación cíclica y la fertilidad, con la diosa Isis jugando un papel central en la concepción y renacimiento de Horus.

La simbología de la cruz, así como la serpiente que muda su piel, representan la renovación y la inmortalidad, elementos centrales en el culto y la mitología antiguos, destacando la perpetua búsqueda humana de comprensión y conexión con lo divino a través de la naturaleza y el cosmos.

El término Chnum (también conocido como Tum, representando siempre al dios sol) deriva del verbo χnum, que significa "ligar, unir". Chnum se manifiesta principalmente como el alfarero, el creador de su propio huevo. En este contexto, la cruz emerge como un símbolo de extraordinaria profundidad; su esencia más elevada es la del árbol de la vida, convirtiéndose así en una representación de la maternidad. La representación humana de este concepto se vuelve entonces comprensible. Los aspectos fálicos de la Crux Ansata se asocian con las nociones abstractas de "vida" y "fertilidad", así como con la idea de "unión", que podemos interpretar acertadamente como la coexistencia con la madre con propósitos de renovación.

En un antiguo texto inglés, se narra el lamento de María, donde acusa a la cruz de ser un árbol engañoso que, sin justificación, destruyó "el fruto puro de su vientre, su delicado pajarillo", con un veneno letal, destinado solo para los descendientes culpables de Adán. Su hijo estaba exento de tal culpa. En una expresión de dolor, se narra cómo Isis enfrenta la traición amorosa, acusando a la cruz de ser una cruel madrastra que colgó a su hijo tan alto que no puede ni besar sus pies, asesinando a su preciado pajarillo azul.

Ante esto, la sagrada cruz responde, revelando la conexión entre ambas madres (Isis de la mañana e Isis de la tarde). El hijo que María ha traído al mundo la ha coronado Reina del Cielo, y la cruz se manifestará como una reliquia brillante en el día del juicio, elevando su lamento por el divino hijo injustamente sacrificado sobre ella.

De este modo, la madre asesina se une a la madre de la vida para concebir un hijo. En su duelo por el Dios que muere, y como símbolo de su unión, María besa la cruz, reconciliándose con ella. La antigua sabiduría egipcia ha legado la fusión de estos contrastes en la figura materna de Isis. Esta imagen simboliza el deseo inconsciente del hijo hacia la madre, ilustrando el conflicto entre el amor y la resistencia al incesto. La ambición incestuosa del hijo se proyecta como una astucia maligna en la figura materna. La separación del hijo de la madre simboliza el alejamiento del hombre de la consciencia colectiva animal, de aquel pensamiento primitivo e infantil caracterizado por la ausencia de individualidad.

Fue la imposición de la prohibición del incesto lo que dio origen al individuo consciente, anteriormente fusionado de manera indistinta con la tribu, permitiendo así la concepción de la muerte individual como un final absoluto. De esta forma, a través del pecado de Adán, se introdujo la muerte en el mundo. Este concepto se expresa de manera figurada, como un contraste. La oposición materna al incesto se percibe por el hijo como un acto de maldad, que lo condena al temor a la muerte. Este dilema se presenta con toda su intensidad original en la epopeya de Gilgamesh, donde el deseo incestuoso también se proyecta sobre la madre.

El neurótico, incapaz de desprenderse de la figura materna, tiene motivos fundamentados; el temor a la muerte lo ancla a ese lugar. Parece que ni las ideas ni las palabras son suficientes para expresar la magnitud de este significado. Se han fundado religiones enteras para verbalizar este vasto conflicto. Esta búsqueda de expresión, que se ha extendido a lo largo de los siglos, no puede originarse en la simple noción del incesto. La ley conocida como "prohibición del incesto" debe interpretarse como una fuerza civilizadora, y los sistemas religiosos, como entidades que acogen, estructuran y finalmente subliman las impulsiones animales hacia fines culturales.

Retomando las visiones de un paciente, las siguientes no requieren una exploración tan profunda. Se encuentra la imagen de una "bahía púrpura", cuyo simbolismo marítimo se enlaza delicadamente con los temas previos. Aquí, también cabe recordar las reminiscencias de la bahía de Nápoles mencionadas anteriormente. Sin embargo, en este flujo de ideas, es crucial no pasar por alto el significado de "bahía". Resulta interesante investigar el origen etimológico de esta palabra, que se asocia generalmente con lo que está abierto. Otro término para lo mismo es Meerbusen, que se traduce como "bahía" o "golfo"; el latín sinus, y una tercera palabra sería golfo, que guarda una relación más directa con gouffre, que significa "abismo". Golfo viene de "κόλπος", que también significa "seno" y "matriz", "vientre materno", así como "vagina". También puede referirse a un pliegue de una prenda o a un bolsillo; o incluso a un valle profundo entre montañas elevadas. Estas expresiones evidencian las ideas primigenias que subyacen a estos conceptos.

Hacen comprensible la elección de palabras de Goethe cuando Fausto expresa su deseo de seguir al sol en su eterna jornada para "beber su luz eterna", anhelando los misterios del renacimiento y la inmortalidad. Por ello, su trayectoria lo lleva hacia el mar, y desciende hacia las temibles fauces de la muerte, cuyo terror y confinamiento simbolizan al mismo tiempo el amanecer de un nuevo día.

La secuencia de visiones del paciente recibe una especie de confirmación con la aparición de una imagen muy gráfica: un acantilado abrupto y precipitado. Esta imagen invoca una sensación similar a la de un abismo. La serie completa de visiones individuales culmina, según señala el autor, en una amalgama de sonidos, algo que se asemeja a "wa-ma, wa-ma". Este sonido evoca una sensación primitiva y rudimentaria. Dado que el autor no proporciona detalles sobre el origen subjetivo de este sonido, solo se puede especular que, en el contexto de la serie completa de visiones, este sonido podría interpretarse como una variación o deformación de la llamada universal ma-ma.

Enfrentando la Sombra: La Lucha por la Individuación

Tras un breve intervalo en el que uno de los pacientes no produjo visiones, la actividad de su inconsciente se reactivó con notable intensidad. La imagen que surgió fue la de un bosque repleto de árboles y arbustos.

Considerando lo discutido anteriormente, basta con señalar que el simbolismo del bosque se alinea estrechamente con el significado del árbol sagrado. Comúnmente, el árbol sagrado se halla dentro de un enclave boscoso sagrado o en el jardín del Edén. El bosque sagrado a menudo sustituye al árbol tabú, adoptando todos sus atributos. El simbolismo erótico asociado al jardín es ampliamente reconocido. Al igual que el árbol, el bosque posee un significado maternal en el ámbito mitológico. En la visión subsiguiente, el bosque se convierte en el escenario de una dramática representación del destino de un personaje, desarrollándose así cerca o dentro de la "madre".

A continuación, se describe el inicio del drama tal como se presenta en el texto original del paciente, hasta el primer intento de sacrificio. En el comienzo del siguiente capítulo, se encontrará la continuación, incluyendo el monólogo y la escena del sacrificio. El drama se inicia de la siguiente manera:

"Un personaje, llegando desde el sur a caballo, está envuelto en un manto de vivos colores: rojo, azul y blanco. Un individuo ataviado con una vestimenta de piel de ciervo, engalanada con cuentas y plumas, se acerca, se agacha y prepara su arco para lanzar una flecha hacia el jinete. Este, desafiante, expone su pecho, y el arquero, cautivado por la escena, retrocede y se esfuma entre los árboles del bosque".

El protagonista se presenta montando a caballo, un detalle que cobra importancia ya que, como se revela en el desarrollo posterior del drama, el caballo no solo desempeña un papel crucial, sino que comparte el mismo destino trágico que el héroe, llegando a ser denominado "hermano fiel" por este. Esta relación destaca una similitud notable entre el caballo y su jinete, sugiriendo una conexión profunda que los conduce hacia un destino compartido. Ya se ha observado cómo la representación de "la libido en resistencia" a través de la "madre terrible" en algunos casos se equipara con la del caballo. Sin embargo, sería inexacto afirmar que el caballo representa o simboliza a la madre. La noción de la madre es un símbolo de la libido, y el caballo también lo es, cruzándose ambos símbolos en ciertos puntos de su significado. La conexión entre estas dos ideas radica en la libido, en particular, en la libido reprimida relacionada con el incesto.

En este contexto, tanto el héroe como el caballo emergen como representaciones artísticas de la humanidad y su libido reprimida, lo que otorga al caballo un significado ligado al inconsciente animal, domado y sometido a la voluntad humana. Figuras como Agni montando un carnero, Wotan sobre Sleipneir, Ahuramazda sobre Angromainyu, Jahwe sobre un serafín monstruoso, Cristo sobre un asno, Dioniso también sobre un asno, Mitra sobre un caballo, y Freir sobre un jabalí de cerdas doradas, entre otros, son representaciones paralelas en diversas mitologías, donde los equinos y otros animales montados adquieren un profundo simbolismo, a menudo antropomorfizados.

Por ejemplo, el caballo de Men posee extremidades delanteras humanas; el asno de Balaam habla; y según una leyenda persa, el toro que Mitra derriba es en realidad el propio dios. Incluso existen representaciones que muestran al crucificado con cabeza de asno, posiblemente haciendo referencia a antiguas leyendas sobre la adoración de un asno en el templo de Jerusalén. La figura de Wotan, como Drosselbart (crin de caballo), combina elementos humanos y equinos.

El caballo, dotado de propiedades psicológicas que se atribuyen al inconsciente humano, como la clarividencia, la capacidad de encontrar el camino en situaciones de pérdida, o incluso predecir eventos futuros, refleja manifestaciones típicas del inconsciente. Este vínculo con lo profundo y primitivo también conecta al caballo con representaciones del diablo, que a menudo toma formas equinas o caprinas, subrayando la asociación del caballo con aspectos fálicos y sexuales en diversas culturas y mitologías.

Así, el caballo en estas narrativas no solo simboliza el aspecto animal y primitivo del hombre sino que también se entrelaza con conceptos de muerte, renacimiento y lo diabólico, reflejando complejas capas de significado en la psique humana y en la simbología cultural a lo largo de la historia.

Pegaso, con su golpe, hace surgir la fuente Hipocrene de la tierra. En una estatua corintia de Belerofonte, que también era una fuente, el agua brotaba del casco del caballo. De manera similar, el caballo de Balder origina un manantial con su patada. Así, el pie del caballo se convierte en un símbolo dispensador de humedad fecunda. Según una leyenda de la Baja Austria, la aparición de un hombre gigante montando un caballo blanco sobre las montañas presagia una lluvia inminente. En la mitología alemana, la diosa del nacimiento, Frau Holle, se manifiesta a caballo, y es tradición que las mujeres embarazadas, deseando un parto veloz, ofrezcan avena a un caballo blanco desde sus delantales. Originalmente, el rito implicaba que el caballo se restregara contra los genitales de la mujer, subrayando el papel del caballo (y del asno) como símbolos priápicos.

Las huellas de caballo, veneradas como ídolos que proporcionan bendiciones y fertilidad, establecían derechos y demarcaciones territoriales, al igual que los priaps en la antigua Roma. El caballo, al abrir con su pezuña los minerales de los montes Harz, recuerda al fálico Dactyli. La herradura, equivalente a la pata de caballo, es considerada un amuleto de buena suerte y protección. En los Países Bajos, colgar una pata de caballo completa en el establo se cree que protege de la brujería, un efecto similar al del falo, empleado tradicionalmente para alejar el mal.

El caballo, simbolizando el viento y, por extensión, la libido, se asocia con el cazador salvaje persiguiendo a la doncella en leyendas alemanas. Los centauros, representados por artistas como Böcklin, son dioses del viento. El fuego y la luz también se atribuyen a los caballos, como los caballos solares de Helios. Los nombres de los caballos de Héctor evocan brillo, rapidez y ardor, reflejando un fuerte simbolismo del fuego.

La cuadriga mística, con su representación del fuego celeste y los cuatro elementos, simboliza la conflagración y el diluvio mundiales, eventos que restauran la unidad divina. Este simbolismo se extiende al tiempo, relacionando el destino con el fuego en filosofías como el estoicismo. El Brihadâranyaka-Upanishad describe el caballo del sacrificio como una metáfora del tiempo y el cosmos, integrando diversos elementos naturales y cósmicos en su simbolismo.

En la religión mitraica, Aion (Kronos o Deus Leontocephalus), dios del tiempo, se representa con cabeza de león, simbolizando el deseo intenso, y enroscado por una serpiente, que enfrenta al león en la batalla solar contra el dragón. Este complejo simbolismo del caballo abarca la fertilidad, protección, elementos naturales y el tiempo, reflejando la profunda interconexión entre estos conceptos en la mitología y la psique humana.

En el contexto del Libro de los Muertos egipcio, Tum es descrito como un gato macho, lo cual es relevante por su lucha contra la serpiente Apofis. Esta imagen alude no solo al combate sino también al simbolismo de ser engullido, representando una vuelta al vientre materno. De este modo, el tiempo se conceptualiza a través de los ciclos de nacimiento y muerte, o más específicamente, la muerte y renovación de la libido. La inclusión del gallo refuerza la noción de tiempo, mientras que la presencia de herramientas sugiere la creación a lo largo del tiempo, tal como lo concibe Bergson con su idea de la "Durée créatrice". Oromazdes y Ahriman emergen de Zrwanakarana, la "duración infinitamente larga", ejemplificando cómo el tiempo, una entidad abstracta y formal, se manifiesta en los misterios a través de transformaciones de la libido, la energía creativa.

Macrobio y Filón de Alejandría destacan cómo el tiempo, a menudo malinterpretado por los seres humanos, oculta la verdadera esencia del ser, siendo para algunos la causa del cosmos, mientras que para los sabios y virtuosos, es Dios mismo quien se manifiesta. En Firdusi, el tiempo frecuentemente simboliza el destino, cuya relación con la libido ya se ha reconocido. El texto hindú mencionado amplía esta simbología al representar al caballo como un microcosmos; su relación con el mar evoca la imagen de la madre o el alma del mundo, una fuente de vida y renovación constantes, similar al símbolo cristiano de Cristo moribundo y resucitado.

El caballo, vinculado al simbolismo del árbol Ygdrasil, se convierte tanto en un "árbol de la muerte" como en un psicopompo, guiando las almas hacia el más allá. El caballo de Troya, como medio de conquista, subraya la idea de que solo renaciendo del útero materno se alcanza la verdadera invencibilidad. Este concepto se refleja en amuletos y rituales mágicos que sugieren la superación de dificultades a través del retorno simbólico al útero.

Además, la figura del diablo o la diosa de la muerte Hel montando caballos trípodes, junto con el asno trípode en el lago Vourukasha, enfatiza el simbolismo fálico y la dualidad de la libido como fuente de vida y muerte. Estos elementos, en su conjunto, ilustran la complejidad del caballo como símbolo, abarcando aspectos tanto fálicos como maternos, y su papel en representar la libido restringida por la prohibición del incesto.

En la obra del paciente, un individuo se aproxima al protagonista listo para dispararle una flecha. Sin embargo, este, con gesto orgulloso, expone su pecho al enemigo. Este episodio evoca a una escena entre Casio y Bruto en "Julio César" de Shakespeare. Se produce un malentendido entre los dos amigos cuando Bruto reprocha a Casio por haberle negado dinero para las legiones. Casio, irritado y furioso, estalla en queja:

"Venid, Antonio, y joven Octavio, venid, vengaos vosotros solos de Casio, Porque Casio está harto del mundo: Odiado por quien ama, desafiado por su hermano: Tratado como un sirviente; todas sus faltas observadas: anotadas en un cuaderno, aprendidas y memorizadas, Para lanzárselas en la cara. O podría llorar Mi espíritu de mis ojos. Aquí está mi daga, y aquí está mi pecho desnudo; dentro, un corazón más querido que el mío por Plutón, más rico que el oro: Si eres romano, tómalo: Yo, que te negué el oro, te daré mi corazón. Golpea, como hiciste con César, porque sé que mientras más le odiabas, más le amabas que a Casio".

Este pasaje no estaría completo sin mencionar que el discurso de Casio tiene muchas similitudes con el delirio agonizante de Cyrano, aunque Casio es mucho más teatral y exagerado. Hay algo infantil e histérico en su comportamiento.

Bruto no piensa en matarlo, pero le da una reprimenda escalofriante en el siguiente diálogo:

Bruto: Envaina tu daga: Enójate cuando quieras, tendrá efecto: Haz lo que quieras, la deshonra se desvanecerá. Oh Casio, estás emparentado con un cordero... que lleva la ira como el pedernal lleva el fuego: Que, forzado, muestra una chispa rápida, y enseguida se enfría.

Casio: ¿Casio ha vivido para ser motivo de alegría y risa para su Bruto cuando el dolor y la sangre lo irritan?

Bruto: Cuando dije eso, yo también estaba de mal humor.

Casio: ¿Tanto confiesas? Dame la mano.

Bruto: Y también mi corazón.

Casio: ¡Oh, Bruto!

Bruto: ¿Qué ocurre?

Casio: ¿No tienes suficiente amor para soportarme Cuando ese humor temerario que me dio mi madre me hace olvidar?

Bruto: Sí, Casio, y de ahora en adelante Cuando te enfades con tu Bruto, Pensaré que tu madre te reprende y así te dejaré.

La interpretación analítica de la irritabilidad de Casio revela claramente que en esos momentos se identifica con la figura materna, y su comportamiento, por ende, es genuinamente femenino, como lo evidencia su discurso. Su búsqueda de afecto maternal y su desesperado sometimiento a la voluntad orgullosa de Bruto sugieren la observación amistosa de este último de que Casio está ligado a un cordero, lo que implica una debilidad en su carácter que proviene de la madre. Esto se reconoce fácilmente como los rasgos analíticos de una disposición infantil, la cual se caracteriza por un predominio del imago materno en lugar del imago paterno.

Un individuo con una disposición infantil actúa de manera similar a un niño frente a sus padres, exigiendo constantemente amor y gratificación inmediata por sus emociones, y se identifica estrechamente con ellos debido a su conexión. Estos individuos no pueden vivir independientemente ni encontrar su propio lugar en el mundo, comportándose tanto como el padre como la madre. Por lo tanto, Bruto acertadamente asume que es la "madre" en Casio quien le reprende, no él mismo. El aspecto psicológicamente relevante que se destaca aquí es la revelación de que Casio es infantil y se identifica con la figura materna. Su comportamiento histérico se debe al hecho de que sigue siendo, en parte, un cordero, un niño inocente y completamente inofensivo. En términos de sus emociones, aún no ha alcanzado su plena madurez. Este fenómeno es común entre personas que, aunque aparentemente dominan la vida y a los demás, todavía mantienen actitudes infantiles en lo que respecta a sus necesidades emocionales.

Las figuras en las obras de los pacientes, al ser proyecciones de su fantasía, naturalmente representan aquellos rasgos de carácter que les pertenecen. El héroe, como figura del deseo, es retratado como el más destacado, ya que combina en sí mismo todos los ideales anhelados. La actitud de Cyrano es hermosa e impresionante; mientras que el comportamiento de Casio tiene un efecto teatral. Ambos héroes se preparan eficazmente para morir, un intento en el que Cyrano triunfa. Esta actitud revela un deseo de muerte en el inconsciente del paciente, cuyo significado ya se ha explorado ampliamente como un motivo en su poema sobre la polilla. El deseo de morir de los jóvenes es simplemente una expresión indirecta, que incluso en la muerte real sigue siendo una pose, ya que la muerte misma puede ser vista como una pose. Este desenlace solo agrega belleza y valor a la pose en circunstancias específicas.

Es bien sabido que la cima más alta de la vida se expresa a través del simbolismo de la muerte, ya que la creación más allá de uno mismo implica la muerte personal. La generación venidera es el fin de la anterior. Este simbolismo es frecuente en el discurso erótico. El diálogo lascivo en Apuleyo ("Metamorfosis", libro ii: 32) es un claro ejemplo de esto.

Este simbolismo es sumamente significativo, ya que muestra cómo una expresión contrastante puede surgir fácilmente y ser igualmente comprensible y característica. El gesto orgulloso con el que el héroe se ofrece a la muerte puede ser fácilmente una expresión indirecta que desafía la compasión o simpatía del otro, y por lo tanto está sujeto a la tranquila reducción analítica a la que procede Bruto. El comportamiento del protagonista también es sospechoso, ya que la escena de Casio que le sirve de modelo revela indiscretamente que todo el asunto es meramente infantil y que su origen se debe a una hiperactiva imago materna.

Si se compara esta pieza con la serie de símbolos maternos descubiertos anteriormente, debe decirse que la escena de Casio solo confirma una vez más lo que ya se había supuesto hace tiempo, es decir, que la fuerza motriz detrás de estas visiones simbólicas surge de una transferencia materna infantil, es decir, de un vínculo no desligado con la madre.

En el drama, la libido, en contradicción con la naturaleza pasiva de los símbolos anteriores, asume una actividad amenazante, evidenciándose un conflicto en el que una parte amenaza a la otra con el asesinato. El héroe, como imagen ideal del paciente, está inclinado a morir; no teme a la muerte. Dada la naturaleza infantil de este héroe, lo más probable es que llegue el momento de que abandone el escenario, o en términos infantiles, que muera. La muerte llega en forma de flecha. Considerando que los propios héroes a menudo son grandes arqueros o sucumben a una flecha (como San Sebastián, por ejemplo), no está de más investigar el significado de la muerte por flecha.

En la biografía de la monja estigmatizada Catalina Emmerich se encuentra una descripción de una afección cardíaca evidentemente neurótica:

Durante su noviciado, como regalo de Navidad del santo Cristo, Catalina desarrolló una enfermedad cardíaca que la atormentaría a lo largo de su vida como religiosa. De acuerdo a su percepción interna, Dios le reveló que esta dolencia era consecuencia de la decadencia espiritual dentro de la orden, especialmente por los pecados de sus compañeras. Sin embargo, lo que volvía aún más dolorosa esta condición era una facultad que poseía desde joven: la habilidad de ver la verdadera naturaleza interior de las personas. Sentía físicamente el problema cardíaco como si el corazón estuviera siendo constantemente atravesado por flechas. Estas flechas representaban un sufrimiento mental todavía mayor, pues Catalina reconocía en ellas los pensamientos, las conspiraciones, las palabras secretas, los malentendidos, los escándalos y la falta de caridad en los que sus hermanas, sin razón ni escrúpulos, estaban involucradas en su contra y en contra de su vida dedicada a Dios.

La santidad es una tarea ardua, pues incluso una naturaleza paciente y sufrida no soporta fácilmente semejante transgresión y busca defenderse de algún modo. La tentación es una compañera inseparable de la santidad, ya que ningún verdadero santo puede vivir sin ella. La experiencia analítica demuestra que estas tentaciones pueden manifestarse inconscientemente, de manera que sólo sus equivalentes se hacen evidentes en la conciencia en forma de síntomas. Es bien conocida la rima entre "corazón" y "dolor" en varios idiomas, así como la tendencia de los histéricos a convertir el dolor mental en dolor físico. La biógrafa de Emmerich comprendió esto correctamente, aunque su interpretación del dolor está proyectada, como suele suceder. Según su relato, siempre son los demás quienes secretamente proyectan todo tipo de maldades sobre Catalina, lo que ella interpreta como la causa de sus dolores. Sin embargo, la situación tiene un matiz algo diferente.

La renuncia extremadamente difícil a todos los placeres de la vida, esta "muerte antes de florecer", suele ser dolorosa, y especialmente dolorosos son los deseos no satisfechos y los intentos de la naturaleza animal de superar el poder de la represión. Los cotilleos y burlas de las hermanas naturalmente se centran en estas cuestiones tan sensibles, por lo que Catalina podría haber atribuido sus síntomas a esto. Por supuesto, ella no podía saber que los chismes tienden a desempeñar el papel del inconsciente, que siempre, como un adversario astuto, apunta a las verdaderas vulnerabilidades de nuestra armadura.

Esta idea se resume en un pasaje del Buda Gautama:

"Un deseo sinceramente anhelado,

Producido por la voluntad y alimentado,

Cuando gradualmente debe ser frustrado,

Se clava como una flecha en la carne".

Las flechas hirientes y dolorosas no provienen del exterior a través de habladurías que sólo atacan desde afuera, sino que proceden de una emboscada dentro del propio inconsciente. Esto, más que cualquier factor externo, es lo que causa el indefenso sufrimiento. Son los propios deseos reprimidos y no reconocidos los que supuran como flechas en la carne. En este sentido, la monja comprendió esta idea de manera literal. Es bien sabido, y no requiere mayor confirmación para quienes comprenden, que estas escenas místicas de unión con el Salvador con frecuencia se entremezclan con una cantidad considerable de libido sexual. Por lo tanto, no sorprende que la escena de la estigmatización no sea más que una incubación a través del Salvador, ligeramente modificada metafóricamente en comparación con la antigua concepción de la "unio mystica" como cohabitación con Dios. Catalina Emmerich relata lo siguiente sobre su experiencia de estigmatización:

"Tuve una contemplación de los sufrimientos de Cristo y le imploré que me permitiera sentir sus dolores junto con él. Rezando cinco Padrenuestros en honor a las cinco llagas sagradas, me tendí en mi lecho con los brazos extendidos y entré en un gran éxtasis, con una sed infinita de los tormentos de Jesús. Entonces vi una luz que descendía sobre mí oblicuamente desde arriba. Era un cuerpo crucificado, vivo y transparente, con los brazos extendidos pero sin cruz. Las heridas brillaban más que el cuerpo; eran cinco círculos de gloria que surgían de toda la gloria. Quedé arrobada y mi corazón se conmovió con un gran dolor y, sin embargo, con la dulzura del deseo de participar en los sufrimientos de mi Salvador. Y mi anhelo por los dolores del Redentor aumentaba más y más al contemplar sus llagas. Pasaba de mi pecho a mis manos, costados y pies, hacia sus sagradas llagas: primero de las manos, luego de los costados, luego de los pies de la figura surgían tres haces rojos resplandecientes que terminaban en una flecha".

Los rayos, siguiendo el pensamiento fundamental fálico, son triples y terminan en puntas de flecha. Como Cupido, el sol también tiene su carcaj lleno de flechas destructoras o fecundadoras - los rayos solares, que poseen un significado fálico. En este contexto, se entiende por qué en culturas orientales se designa a los hijos valientes como flechas y jabalinas de los padres. "Hacer flechas afiladas" es una expresión árabe para "engendrar hijos valientes". Los Salmos declaran (127:4):

"Como flechas en la mano del guerrero,

Así son los hijos nacidos en la juventud".

Debido a este significado de la flecha, se comprende por qué el rey escita Ariantes, cuando quiso preparar un censo, exigió una punta de flecha de cada hombre. Se atribuye un significado similar a la lanza. Se dice que los hombres descienden de la lanza, ya que el fresno es la madre de las lanzas, y por lo tanto, los hombres de la Edad de Hierro provienen de ella. Ya se ha mencionado la costumbre matrimonial que alude Ovidio ("Comat virgineas hasta recurva comas" - Fastorum, libro ii: 560). Kaineus ordenó que se honrara su lanza. Píndaro relata en la leyenda de este Kaineus:

"Descendió a las profundidades, hendiendo la tierra con un pie recto".

Se dice que originalmente fue una doncella llamada Kainis, quien, debido a su complacencia, fue transformada en un hombre invulnerable por Poseidón. Ovidio describe la batalla de los lapitas contra el invulnerable Kaineus; cómo al final lo cubrieron completamente con árboles, porque no podían herirlo de otro modo. Ovidio dice en este lugar:

"El resultado es dudoso: algunos dicen que su cuerpo fue sepultado bajo una masa de árboles en las profundidades del bosque.

Pero Ampicidas exclamó que vio al ave dorada salir con sus alas líquidas hacia el aire".

Roscher considera que esta ave es el chorlito dorado (Charadrius pluvialis), que toma su nombre del hecho de que vive en la χαράδρα, una grieta en la tierra. Con su canto anuncia la proximidad de la lluvia. Kaineus se transformó en este pájaro.

En este pequeño mito, se encuentran nuevamente los elementos típicos del mito de la libido: la bisexualidad original, la inmortalidad (representada por la invulnerabilidad), el ingreso en la madre (hendiendo a la madre con el pie y al cubrirse), y la resurrección como pájaro del alma y portador de fertilidad (representado por el sol ascendente). Cuando este tipo de héroe hace que se adore su lanza, probablemente significa que su lanza es una expresión válida y equivalente de sí mismo.

Desde esta perspectiva, se entiende en un nuevo sentido aquel pasaje de Job mencionado anteriormente:

"Me ha puesto por su blanco,

Sus flecheros me rodean,

No perdona,

Rompe mis riendas, y me derriba,

Arremete contra mí como un gigante".

Ahora se comprende este simbolismo como una expresión del tormento del alma causado por el ataque de los deseos inconscientes. La libido supura en la carne, un dios cruel se ha apoderado del individuo y lo atraviesa con sus dolorosos proyectiles libidinosos, con pensamientos que lo atraviesan abrumadoramente. Como expresó una vez un paciente con demencia precoz durante su recuperación: "Hoy un pensamiento me ha atravesado de repente". Esta misma idea la vuelve a encontrar Nietzsche en Zaratustra:

El mago

Estirado, temblando

Como un medio muerto al que calientan los pies,

Sacudido, ¡ay! por fiebres desconocidas,

Temblando por las puntiagudas flechas heladas de la escarcha,

Cazado por ti, ¡oh pensamiento!

¡Inenarrable! ¡Velado! ¡Horrible!

¡Tú, cazador detrás de las nubes!

Golpeado en el suelo por ti,

¡Ojo burlón que me miras desde la oscuridad!

Así yazgo

Doblado, retorciéndome, torturado

Con todas las torturas eternas,

Golpeado

Por ti, tosco cazador,

Tú, Dios desconocido.

¡Hiere más profundo!

Golpea una vez más:

¡Atraviesa y desgarra mi corazón!

¿Qué significa esta tortura

con flechas de dientes romos?

¿Por qué miras de nuevo?

Nunca cansado del dolor humano,

Con ojos maliciosos que iluminan a Dios,

No matarás,

sino torturar, torturar?

No es necesario profundizar mucho para reconocer en esta comparación la antigua y universal idea del sacrificio martirizado de Dios, evidente en el sacrificio mexicano de la cruz y en el sacrificio de Odín. Esta misma concepción se presenta en el martirio tan repetido de San Sebastián, donde, en la figura delicadamente resplandeciente del joven dios, se ha representado todo el dolor de la renuncia que ha sentido el artista. Un artista siempre encarna en su obra una parte de los misterios de su tiempo. Lo mismo ocurre, en gran medida, con el principal símbolo cristiano, el crucificado atravesado por la lanza, la concepción del hombre de la era cristiana atormentado por sus deseos, crucificado y moribundo en Cristo.

No se trata del tormento que viene de fuera y que se abate sobre el hombre, sino que él mismo es el cazador, el asesino, el sacrificador y el cuchillo del sacrificio, como muestra otro de los poemas de Nietzsche, donde el aparente dualismo se transforma en el conflicto anímico mediante el uso del mismo simbolismo:

"Oh, Zaratustra,

Cruel Nimrod,

Antaño cazador de Dios,

La trampa de toda virtud,

Flecha del mal.

Ahora,

Cazado por ti mismo,

Tu propia presa,

Atravesada por ti mismo,

Ahora,

A solas contigo,

Doble en tu propio conocimiento,

En medio de cien espejos falsos para ti mismo,

Entre cien recuerdos incierto,

Enfermo con cada herida,

Temblando con cada helada,

Atrapado en tus propias trampas,

¡Conocedor de ti mismo!

¡Auto verdugo!

¿Por qué te estrangulas a ti mismo

Con el lazo de tu sabiduría?

¿Por qué te has atraído a ti mismo

Al paraíso de la vieja serpiente?

¿Por qué te has arrastrado

En ti mismo, en ti mismo?".

Las flechas mortales no alcanzan al héroe desde el exterior, sino que es él mismo quien, en conflicto consigo mismo, se persigue, combate y atormenta. En su interior, la voluntad se ha vuelto contra sí misma, la energía vital contra la energía vital; por eso, el poeta dice: "Atravesado por ti mismo", es decir, herido por su propia flecha. Dado que se ha comprendido que la flecha es un símbolo de la energía vital, la noción de "penetrar o atravesar" se aclara. Es un acto fálico de unión con uno mismo, una suerte de auto-fecundación (introversión); también una auto-agresión, un auto-asesinato; por lo tanto, Zaratustra puede considerarse a sí mismo su propio verdugo, al igual que Odín, que se sacrifica a sí mismo.

La herida causada por la propia flecha representa, en primer lugar, el estado de introversión. Ya se entiende lo que esto implica: la energía vital se sumerge en sus "propias profundidades" (una comparación conocida de Nietzsche) y encuentra allí abajo, en las sombras del inconsciente, el reemplazo del mundo superior que ha abandonado: el mundo de los recuerdos ("en medio de cien memorias"), siendo las más poderosas e influyentes las primeras imágenes de la memoria infantil. Es el mundo del niño, este estado paradisíaco de la primera infancia, del cual el individuo está separado por una ley severa. En este reino subterráneo yacen los dulces sentimientos del hogar y las inagotables esperanzas de todo lo que está por venir.

Sin embargo, como advierte Mefistófeles, "El peligro es grande". Estas profundidades son tentadoras; son la madre y la muerte. Cuando la energía vital abandona el brillante mundo superior, ya sea por elección del individuo o por debilitamiento de la fuerza vital, entonces se sumerge nuevamente en sus propias profundidades, en la fuente de la cual brotó, y regresa a ese punto de escisión, el ombligo, por donde una vez entró en este cuerpo. Este punto de escisión se llama la madre, porque de ella proviene la fuente de la energía vital.

Por lo tanto, cuando se debe llevar a cabo alguna gran tarea, ante la cual el hombre débil retrocede, dudoso de sus fuerzas, su energía vital vuelve a esa fuente, y este es el momento peligroso, en el que tiene lugar la elección entre la aniquilación y la nueva vida. Si la energía vital permanece atrapada en el maravilloso reino del mundo interior, entonces el hombre se ha convertido para el mundo superior en un fantasma, entonces está prácticamente muerto o desesperadamente enfermo. Pero si la energía vital logra liberarse y empujar hacia el mundo superior, entonces ocurre el milagro. Este viaje a los infiernos ha sido una fuente de juventud, y una nueva fertilidad brota de su aparente muerte.

Esta línea de pensamiento está bien representada en un mito hindú: Una vez, Vishnu se sumió en un éxtasis (introversión) y durante este estado de sueño dio a luz a Brahma, quien, sentado sobre la flor de loto, emergió del ombligo de Vishnu, trayendo consigo los Vedas, que leyó diligentemente. (Nacimiento del pensamiento creativo a partir de la introversión.) Pero a través del éxtasis de Vishnu, un diluvio devorador llegó sobre el mundo. (Devoración a través de la introversión, que simboliza el peligro de entrar en la madre de la muerte). Un demonio, aprovechando el peligro, robó los Vedas a Brahma y los escondió en las profundidades. (Devoración de la energía vital.) Brahma despertó a Vishnu, y este, transformándose en pez, se sumergió en la inundación, luchó contra el demonio (batalla con el dragón), lo venció y recuperó los Vedas. (Tesoro obtenido con dificultad).

En resumen, la biografía de la monja estigmatizada Catalina Emmerich y el análisis de sus experiencias místicas y dolencias físicas y mentales, junto con la exploración de simbolismos como las flechas, las lanzas y los mitos relacionados con la introversión y la lucha interna, ilustran el concepto junguiano del conflicto entre la consciencia y el inconsciente, y cómo la confrontación con las profundidades del inconsciente puede llevar tanto a la aniquilación como a la renovación y la creatividad.

La herida causada por la propia flecha, que representa la introversión y la inmersión en el inconsciente, es un tema recurrente en la literatura y la mitología, como se ve en los poemas de Nietzsche y en el mito hindú de Vishnu y Brahma. Este viaje a las profundidades del ser puede ser peligroso y tentador, pero si se logra superar, puede conducir a una nueva vida y a una mayor creatividad.

A través de estos ejemplos, Jung explora la idea de que el sufrimiento y el conflicto interno no siempre provienen de fuentes externas, sino que a menudo son el resultado de la lucha entre la consciencia y el inconsciente, y que enfrentar y superar estos conflictos es esencial para el crecimiento y la individuación psicológica.

La autoconcentración y la fuerza que deriva de ella corresponden a una corriente primordial del pensamiento. Este concepto también explica numerosos ritos mágicos y de sacrificio que ya se han discutido extensamente. Un ejemplo es la caída de la inexpugnable Troya, que sucede porque los sitiadores se ocultan dentro del vientre de un caballo de madera; dado que solo aquel que renace de la madre, como el sol, es un verdadero héroe. Sin embargo, el peligro de esta empresa se evidencia en la historia de Filoctetes, el único en la expedición troyana que conocía el santuario oculto de Crise, donde los argonautas ya habían realizado sacrificios y donde los griegos planeaban sacrificar para asegurar un final seguro a su empresa.

Según el relato de los eruditos en "Filoctetes" de Sófocles, Crise era una ninfa de la isla homónima que amaba a Filoctetes y lo maldijo por despreciar su amor. Esta proyección característica, también presente en la epopeya de Gilgamesh, debe remitirse al deseo incestuoso reprimido del hijo, que se representa a través de la proyección como si la madre tuviera un deseo maligno, por cuyo rechazo el hijo fue entregado a la muerte. En realidad, no obstante, el hijo se vuelve mortal al separarse de la madre. Por lo tanto, su miedo a la muerte corresponde al deseo reprimido de regresar a ella, haciéndole creer que la madre lo amenaza o persigue. El significado teleológico de este miedo a la persecución es claro: se trata de mantener separados al hijo y a la madre.

La maldición de Crise se cumple cuando Filoctetes, según una versión, se hiere en el pie con una de sus propias flechas venenosas mortales al aproximarse al altar de la ninfa. Otra versión, mejor documentada, relata que es mordido en el pie por una serpiente venenosa. A partir de entonces, Filoctetes queda enfermo.

Esta herida tan característica, que también afectó a Rê, se describe en un antiguo himno egipcio. En él se narra cómo Isis creó un gusano venenoso a partir de la saliva escupida por Rê sobre la tierra. Cuando el dios salió a pasear por sus dominios, el gusano lo picó, causándole un terrible dolor y debilidad. Los dioses se congregaron para deliberar, e Isis llegó portando sabiduría y prometiendo disipar el sufrimiento si Rê revelaba su verdadero nombre. Al final, ante la persistencia del veneno, el dios accedió a revelarlo. Aunque se recuperó parcialmente, perdió su poder y terminó retirándose a la vaca celestial.

El concepto del gusano venenoso puede interpretarse, en sentido figurado, como un "falo negativo", una representación letal y no vitalizante de la libido que simboliza un deseo de muerte en contraposición a un deseo de vida. El "verdadero nombre" representa el alma y un poder mágico, simbolizando así la libido. Lo que Isis busca es redirigir la libido hacia la diosa madre, acto que se cumple literalmente cuando el dios envejecido regresa a la vaca divina, un emblema materno.

La libido activa, que domina la conciencia del hijo, requiere una separación de la madre. El anhelo del hijo por ella se convierte en un obstáculo para esta separación, manifestándose como resistencia psicológica. En la neurosis, esta resistencia se expresa a través de diversos miedos, es decir, el temor a la vida. La ansiedad crece cuando hay una desconexión de la adaptación a la realidad, volviéndose omnipresente como un impedimento.

El miedo se origina en la madre, o más precisamente, en el deseo de regresar a ella, oponiéndose a la adaptación a la realidad. De esta forma, la madre se transforma en una figura aparentemente malévola. Sin embargo, no se trata de la madre real, aunque ésta, mediante un afecto anormal que extiende la dependencia infantil del hijo hasta la adultez, puede causar un daño significativo. Se refiere más bien a la imagen materna internalizada, que asume el papel de una figura amenazante.

La nostalgia por el pasado actúa como un veneno que paraliza la energía y el emprendimiento, comparable a una serpiente venenosa que se interpone en nuestro camino. Lo que parece ser una fuerza hostil que nos drena la energía es, en realidad, el inconsciente individual, cuya inclinación regresiva empieza a predominar sobre el esfuerzo consciente de avanzar. Esto puede ser causado por el envejecimiento natural, dificultades externas significativas, o más comúnmente, por relaciones en las que la mujer asume un rol dominante, haciendo que el hombre se sienta incapaz de liberarse y regrese a un estado infantil.

En el relato egipcio, Isis, como la hermana-esposa del dios-sol, utiliza la saliva de este último, posiblemente un sustituto simbólico del esperma y, por ende, de la libido, para crear al ser venenoso. Al hacerlo, ella adquiere poder sobre él, debilitándolo y haciéndolo dependiente, asumiendo así un rol maternal dominante. Este tema también se refleja en la leyenda de Sansón y Dalila, donde Dalila corta el cabello de Sansón, su fuente de fuerza, simbolizando así el robo de su vigor. Cualquier debilitamiento del hombre adulto intensifica los anhelos inconscientes, presentándose la disminución de la fuerza como un retroceso hacia la madre.

Existe otra vía a través de la cual se revitaliza la imagen materna. Ya la hemos encontrado al analizar la escena de la madre en "Fausto", donde se muestra la introversión deliberada de una mente creativa. Esta mente, al enfrentarse a un desafío, se retrae y concentra sus energías internamente, sumergiéndose, aunque sea momentáneamente, en la fuente vital para extraer de ella más fuerza materna con el fin de completar su obra. Se trata de un juego de rol materno-filial consigo mismo, marcado por una sutil autoadmiración y autocomplacencia, como se refleja en el pasaje de Nietzsche "Entre cien espejos"; una especie de estado narcisista, que puede resultar extraño a ojos ajenos.

La distanciación de la imagen materna, el nacimiento fuera de uno mismo, resuelve todos los conflictos a través del sufrimiento. Esto es a lo que Nietzsche alude en su verso, donde describe a un hombre enfermo, envenenado por la serpiente, prisionero en su propia trampa, confinado en sí mismo, excavando en su ser, impotente e inmóvil como un cadáver.

Sobrecargado y oprimido por sí mismo, un sabio autoconocedor que buscó la carga más pesada y se encontró a sí mismo.

Esta reflexión captura la introspección profunda, el enfrentamiento con uno mismo que lleva, paradójicamente, a una reanimación creativa a través del reencuentro con la fuente materna interna, simbolizada por la introspección y la autoindagación. Se describe a uno mismo como enterrado en las profundidades de su ser, como si regresara a la madre tierra, como un Kaineus aplastado bajo innumerables cargas hasta la muerte; alguien que soporta, con gemidos, el pesado fardo de su propia libido, esa fuerza que lo reconduce hacia la madre.

Esto evoca la Tauroforia de Mitra, quien cargó con su toro, según el himno egipcio "el toro de su madre", es decir, su amor maternal como la carga más pesada, y con ello emprendió el doloroso camino del llamado Tránsito. Este sendero de pasión lo llevó a la cueva donde el toro fue sacrificado. De igual manera, Cristo tuvo que soportar la cruz, símbolo de su amor materno, hasta el lugar de sacrificio, donde el cordero, en figura del Dios niño, un "autoejecutor", fue llevado a la tumba en la cripta subterránea.

Lo que para Nietzsche se manifiesta como una expresión poética, en realidad hunde sus raíces en un mito ancestral. Pareciera que el poeta aún conserva una noción vaga, una capacidad para sentir y reavivar esos inmortales espectros de antiguos sistemas de pensamiento mediante las palabras de nuestro lenguaje actual y las imágenes que surgen en su imaginación. Como señaló Hauptmann, "La representación poética es aquella que deja resonar el eco de la palabra primitiva a través de su forma".

El sacrificio, con su profundo y complejo significado, más insinuado que explícito, permanece oculto en el inconsciente del autor. La flecha no ha sido disparada; el héroe Chiwantopel aún no está fatalmente envenenado y listo para el autosacrificio. A partir de lo anterior, se puede concluir que este sacrificio simboliza el desprendimiento de la madre, es decir, la renuncia a todos los lazos y limitaciones que el alma ha acarreado desde la infancia hasta la adultez.

A través de varias alusiones de un paciente, se deduce que durante estas fantasías aún vivía en el entorno familiar, claramente en una época en que anhelaba vehementemente su independencia. Esto significa que permanecer demasiado tiempo en un entorno infantil o en el seno familiar representa un verdadero peligro para la salud mental del individuo. La vida llama a la independencia, y aquellos que no atienden esta severa llamada por pereza infantil y miedo se ven amenazados por la neurosis. Una vez desatada, la neurosis se convierte cada vez más en una excusa válida para huir de los desafíos de la vida y permanecer eternamente en un ambiente infantil tóxicamente confortable.

La fantasía de la herida de flecha se asocia con esta lucha por la independencia personal. La idea de esta resolución todavía no ha calado en el soñador; de hecho, tiende a rechazarla. Tras lo discutido, es evidente que el simbolismo de la flecha herida debe interpretarse directamente como un símbolo de coito. El "Occide moriturus" adquiere así un significado sexual inherente. Chiwantopel representa al soñador, pero no se logra nada ni se comprende mediante una simplificación a lo puramente sexual, ya que es bien sabido que el inconsciente alberga deseos de coito, cuyo descubrimiento no aporta nada nuevo.

El anhelo de coito, en este contexto, es realmente un símbolo de la manifestación individual de la libido separada de los padres, de la conquista de una vida autónoma. Este paso hacia una nueva existencia significa, al mismo tiempo, la muerte de la vida anterior. Así, Chiwantopel es el héroe infantil (el hijo, el niño, el cordero, el pez) todavía atado por las cadenas de la infancia y que debe morir como símbolo de la libido incestuosa, rompiendo así el vínculo retrógrado. Toda la libido se necesita para la batalla de la vida, no puede quedarse atrás. El soñador aún no puede tomar esta decisión, que rompería todos los lazos sentimentales con el padre y la madre, pero es necesaria para seguir el llamado del destino individual.

La Madre Arquetípica

Después de que el adversario desaparece, el protagonista se sumerge en un profundo monólogo:

"Desde los confines de estos continentes, desde las más remotas extensiones, habiendo dejado atrás el palacio de mi padre, me he encontrado vagando sin destino por cien lunas, siempre impulsado por mi ferviente deseo de hallar a 'aquella que me entenderá'. He cortejado a muchas damas con joyas, he buscado desentrañar el misterio de sus corazones con besos, y he ganado su admiración con actos de valentía". Al rememorar a las mujeres que ha conocido, recuerda a una princesa de su linaje, vanidosa y superficial; a una joven campesina, preocupada solo por los placeres mundanos; y a una sacerdotisa, mera repetidora de frases vacías aprendidas, sin auténtica cultura ni honestidad. Con pesar, concluye: "No hay nadie que me comprenda, nadie similar a mí, nadie con un alma gemela a la mía. No hay nadie entre ellos que haya visto mi alma, nadie capaz de leer mis pensamientos; mucho menos alguien que pueda ascender conmigo a las cumbres iluminadas, o deletrear conmigo esa palabra trascendental, amor".

En este pasaje, el protagonista revela que su errancia y búsqueda son un anhelo por esa otra persona, y por el significado de la vida que encuentra en la unión con ella. Que el buscador sea masculino y lo buscado femenino no sorprende, dado que el principal objeto de la transferencia inconsciente suele ser la figura materna, como probablemente se haya deducido de lo discutido anteriormente. La hija adopta un rol masculino frente a la madre. La génesis de esta disposición es especulativa en este caso, debido a la ausencia de pruebas concretas, por lo que nos conformaremos con deducciones. "Aquella que entenderá" se refiere a la madre en un lenguaje infantil, y al mismo tiempo, simboliza a la compañera de vida. Como es bien sabido, la diferencia de sexo tiene una importancia menor para la libido. El género del objeto es sorprendentemente irrelevante para el inconsciente. El objeto en sí, como realidad objetiva, tiene poca relevancia. (Sin embargo, es crucial si la libido es transferida o introvertida). El significado original concreto de términos como "asir" y "tocar" permite identificar el aspecto básico del deseo: hallar a alguien afín. Pero la dimensión intelectual "superior" también forma parte de este deseo y debe ser considerada.

Se podría reconocer esta tendencia si no fuera porque nuestra cultura la ha exagerado, hasta el punto de que la imagen de la persona incomprendida se ha vuelto casi un cliché, lo cual solo puede ser el resultado de una valoración enormemente distorsionada. Por un lado, nuestra cultura subestima extraordinariamente la importancia de la sexualidad; por otro, la sexualidad emerge con fuerza como resultado directo de la represión a la que está sometida, manifestándose de manera tan indirecta que uno podría esperar encontrarla casi en cualquier lugar. Así, la idea de un entendimiento íntimo del alma humana, que en esencia es algo muy hermoso y puro, se ve manchada y distorsionada por la introducción de un significado sexual indirecto. El mal uso que la sexualidad reprimida y negada hace de las funciones anímicas superiores permite, por ejemplo, que algunos críticos perciban en el psicoanálisis confesiones eróticas veladas. Estos son meros delirios subjetivos de deseos cumplidos que no requieren refutación. Este mal uso hace que el deseo de ser "comprendido" resulte sospechoso, si no se han satisfecho las demandas naturales de la vida. La naturaleza reclama atención primero; mucho después viene el lujo del intelecto.

El ideal medieval de vivir para la muerte debe ser reemplazado gradualmente por una visión natural de la vida, en la que se reconozcan plenamente las necesidades normales del ser humano, de modo que los deseos del plano animal no necesiten usurpar los dones superiores del plano intelectual para hallar una vía de escape. Por lo tanto, se tiende a interpretar el anhelo de comprensión del soñador, en primer lugar, como un impulso reprimido hacia el destino natural. Esta interpretación coincide plenamente con la experiencia psicoanalítica, que muestra que hay incontables personas neuróticas a quienes, aparentemente, se les impide vivir plenamente debido a una aversión inconsciente, y a menudo consciente, hacia el destino sexual, el cual imaginan lleno de aspectos negativos. Hay una inclinación excesiva a sucumbir a esta presión de la sexualidad inconsciente y a experimentar la temida (e inconscientemente anticipada) experiencia sexual desagradable, para así adquirir un fundamento legítimo de repulsión que las asegure más firmemente en su estado infantil. Esta es la razón por la cual muchas personas terminan en la misma situación que más aborrecen.

Un paciente asoció la partida del héroe del hogar paterno con el destino de Buda, quien renunció a todos los lujos de su nacimiento para aventurarse en el mundo y vivir su destino hasta el final, lo que confirma la suposición de que se está frente a una lucha por la independencia. Buda, al igual que Cristo, ofreció un ejemplo heroico de separación, incluso llegando a pronunciar palabras de confrontación según se recoge en los evangelios, advirtiendo que no vino a traer paz sino división, colocando al individuo en conflicto directo con las obligaciones familiares.

En la misma línea, en la mitología egipcia, Horus despojó a su madre del adorno de su cabeza, simbolizando la lucha por el poder. Este tema también se refleja en la lucha de Adán contra Lilith. Nietzsche, en su obra, captura con belleza este proceso de desprendimiento y maduración, describiendo cómo las obligaciones, el respeto y la gratitud hacia lo antiguo y lo familiar, pueden convertirse en cadenas para el espíritu. El "gran desprendimiento" se presenta como un acto de rebelión contra lo que antes se amaba, un cuestionamiento de los "deberes", y un impulso hacia la autoafirmación, a pesar de los riesgos de desorientación y desengaño que conlleva.

Esta ruptura, este deseo de morir antes que vivir en la complacencia, marca el comienzo de una crisis decisiva, un desdén hacia el deber, un deseo volcánico de explorar lo desconocido, de experimentar el desamor, incluso de mirar con desprecio lo que una vez se adoró. Es una victoria enigmática sobre las expectativas y las limitaciones impuestas, un paso hacia la autoafirmación y la independencia personal.

Este proceso, descrito por Nietzsche como una mezcla de dolor, desdicha, y eventual triunfo, ilustra la complejidad de alcanzar la independencia personal. Es una "enfermedad" que puede destruir o fortalecer, la erupción de una fuerza y voluntad hacia la autoafirmación, un camino lleno de desafíos, pero esencial para el crecimiento y la maduración del individuo.

Nietzsche advierte magistralmente sobre el peligro del aislamiento, describiendo cómo la soledad se convierte en una presencia cada vez más amenazante, asfixiante, una fuerza que oprime el corazón, simbolizada por la "terrible diosa y Mater sæva cupidinum". La libido, arrancada de la madre y reacia a abandonarla, se vuelve peligrosa, similar a una serpiente, un emblema de muerte. La relación con la madre debe terminar, debe "morir", lo que por sí mismo casi resulta en la muerte del hombre. En "Mater sæva cupidinum", la idea alcanza una perfección casi consciente.

Sería difícil expresar mejor que Nietzsche la psicología del desapego infantil.

Un paciente compartió material que ha influenciado su creación de manera más general: la gran epopeya india "La canción de Hiawatha", de Longfellow.

Si se reflexiona pacientemente sobre lo presentado, seguramente surgirán cuestionamientos sobre la pertinencia de comparar materiales aparentemente ajenos y la extensión de la base sobre la cual se asientan estas creaciones. Podría cuestionarse la validez de discutir los fundamentos psicológicos de mitos, religiones y cultura en general basándose en evidencias tan limitadas. A pesar de las dudas, la lectura de "Hiawatha" durante la investigación proporcionó justificación para todas las reflexiones anteriores. Esta epopeya, una compilación poética de mitos indios, contiene un número inusual de problemas mitológicos que son probablemente significativos para la riqueza de sugerencias en las fantasías analizadas. Por lo tanto, es esencial explorar esta epopeya.

Nawadaha canta sobre Hiawatha, el héroe y amigo de la humanidad:

"Allí cantó de Hiawatha,

Cantó las canciones de Hiawatha,

Cantó su maravilloso nacimiento y su ser,

Cómo rezó y cómo ayunó,

Cómo vivió y trabajó y sufrió,

Para que las tribus prosperaran,

Para que su pueblo progresara".

Aquí se anticipa la importancia teleológica del héroe, como la figura simbólica que encarna la libido en forma de admiración y adoración, para dirigir hacia sublimaciones más elevadas a través de los puentes simbólicos de los mitos. Hiawatha se presenta rápidamente como un salvador, preparando al lector para escuchar todo acerca de un salvador, desde su nacimiento milagroso hasta sus primeras grandes proezas y su sacrificio por sus semejantes.

La primera canción narra cómo Gitche Manito, el "dueño de la vida", cansado de las disputas entre sus hijos humanos, convoca a su pueblo y anuncia la llegada de un profeta, un Libertador de las naciones, que los guiará, enseñará, trabajará y sufrirá con ellos. Si siguen sus consejos, prosperarán; si ignoran sus advertencias, desaparecerán.

Gitche Manito, el poderoso "creador de las naciones", se presenta majestuosamente sobre la gran cantera de Pipestone Rojo, desde donde sus pasos generan ríos que brotan hacia la luz del día, simbolizando la vitalidad y la fecundidad inherentes a su ser divino. La imagen del agua que fluye de sus huellas se asocia simbólicamente con la potencia fálica, aludiendo a la capacidad de fertilización y creación. Esta representación encuentra paralelismos en mitologías y textos antiguos, donde la acción de pisar tiene una connotación fecundante, reforzada por pasajes bíblicos que celebran la generosidad divina en la fertilidad de la tierra.

La narrativa de Gitche Manito prosigue con la historia de Mudjekeewis, el gran guerrero y padre de Hiawatha, destacando su astucia al vencer al temible oso y arrebatarle el mágico "cinturón de wampum", un tesoro de gran valor y significado. La victoria sobre el oso y el desprecio posterior de Mudjekeewis hacia la debilidad de su adversario subrayan el tema recurrente del "tesoro alcanzado con dificultad", un motivo central en muchas epopeyas y mitologías que simboliza la superación de obstáculos casi insuperables para alcanzar un bien precioso.

La transformación del oso, que gime "como una mujer", y la burla de Mudjekeewis, que lo compara despectivamente con "una miserable mujer", reflejan no solo la masculinidad triunfante sino también la desvalorización de lo femenino, presentando un arquetipo de valentía y dominio en contraposición a la debilidad y la vulnerabilidad. Estos elementos narrativos subrayan la complejidad de las dinámicas de poder y género presentes en las tradiciones mitológicas, donde la conquista, el valor y la superación personal se entrelazan con percepciones culturales de la fortaleza y la debilidad, la masculinidad y la feminidad.

La epopeya de Hiawatha, con sus ricos simbolismos y su profundo significado cultural, ofrece una ventana a la comprensión de las narrativas mitológicas como vehículos para explorar y expresar las dimensiones más profundas de la psique humana, la lucha por la autoafirmación, y la búsqueda constante de significado en la interacción con lo divino, lo natural, y lo social.

Estas tres comparaciones con una mujer se encuentran cerca una de la otra en la misma página. Mudjekeewis, como verdadero héroe, ha salvado una vez más la vida de las fauces de la muerte, de la "terrible madre" que todo lo devora. Esta hazaña, que, como se ha visto, también se representa como un viaje al infierno, "viaje nocturno a través del mar", la conquista del monstruo desde dentro, significa al mismo tiempo la entrada en el vientre de la madre, un renacimiento, cuyos resultados son perceptibles también para Mudjekeewis. Como en la visión de Zosimos, aquí también el que entra se convierte en el aliento del viento o del espíritu. Mudjekeewis se convierte en el viento del oeste, el aliento fecundador, el padre de los vientos. Sus hijos se convierten en los otros vientos. Un interludio habla de ellos y de sus historias de amor, de las que solo se mencionará el cortejo de Wabuns, el Viento del Este, porque aquí el cortejo erótico del viento se representa de una manera especialmente bella. Todas las mañanas ve a una hermosa muchacha en un prado, a la que corteja ansiosamente:

"Cada mañana, mirando hacia la tierra,

lo primero que veía

Sus ojos azules le miraban,

Dos lagos azules entre los juncos".

La comparación con el agua no es una cuestión secundaria, porque "del viento y del agua" nacerá de nuevo el hombre.

"Y la cortejó con caricias,

la cortejó con su sonrisa de sol,

Con sus palabras halagadoras la cortejó,

Con sus suspiros y sus cantos,

Susurros suaves en las ramas,

La música más suave, los olores más dulces", etc.

En estos versos onomatopéyicos se expresa de forma excelente el cortejo acariciador del viento.

La tercera canción presenta la historia anterior de la madre de Hiawatha. Su abuela, cuando era doncella, vivía en la luna. Allí se balanceó una vez sobre una liana, pero un amante celoso cortó la liana, y Nokomis, la abuela de Hiawatha, cayó a tierra. La gente, que la vio caer hacia abajo, pensó que era una estrella fugaz. Este maravilloso descenso de Nokomis se ilustra más claramente en un pasaje posterior de esta misma canción; en él, el pequeño Hiawatha pregunta a la abuela qué es la luna. Nokomis se lo enseña de la siguiente manera: La luna es el cuerpo de una abuela, a la que un nieto guerrero ha arrojado allí con ira. Por lo tanto, la luna es la abuela. En las creencias antiguas, la luna es también el lugar de reunión de las almas difuntas, la guardiana de las semillas; por lo tanto, una vez más un lugar del origen de la vida de significado predominantemente femenino. Lo notable es que Nokomis, al caer sobre la tierra, dio a luz a una hija, Wenonah, posteriormente madre de Hiawatha. El lanzamiento hacia arriba de la madre, y su caída y alumbramiento, parece contener algo típico en sí mismo.

Un paciente relató una historia del siglo XVII que cuenta que un toro loco arrojó a una mujer embarazada tan alto como una casa, le abrió el vientre y el niño cayó sin daño alguno sobre la tierra. Debido a su maravilloso nacimiento, este niño fue considerado un héroe o hacedor de milagros, pero murió a una edad temprana. Entre algunos pueblos primitivos está muy extendida la creencia de que el sol es femenino y la luna masculina. Entre los namaqua, una tribu hotentote, prevalece la opinión de que el sol está formado por tocino transparente.

"La gente, que viaja en barcas, lo baja por arte de magia cada noche, corta un trozo adecuado y luego le da una patada para que vuelva a volar hacia el cielo" -Waitz: "Antropología", II, 342.

El alimento infantil proviene de la madre. En las fantasías gnósticas se encuentra una leyenda sobre el origen del hombre que posiblemente pertenezca a esta categoría: las arcontes femeninas atadas a la bóveda celeste son incapaces, debido a su rápida rotación, de mantener a sus crías en su interior, sino que las dejan caer sobre la tierra, de donde surgen los hombres. Posiblemente haya aquí una conexión con la partería bárbara, el dejar caer a la parturienta. El asalto a la madre se introduce ya con la aventura de Mudjekeewis, y continúa en el violento manejo de la "abuela", Nokomis, quien, como resultado del corte de la liana y la caída hacia abajo, parece de alguna manera haber quedado embarazada. El "corte de la rama", el desplume, ya se ha reconocido como incesto materno (véase más arriba). Ese verso tan conocido, "Saxonland, where beautiful maidens grow upon trees", y frases como "recogiendo cerezas en el jardín del vecino", aluden a una idea similar. La caída hacia abajo de Nokomis merece ser comparada con una figura poética de Heine.

"Una estrella, una estrella está cayendo

¡Del cielo resplandeciente!

La estrella del amor. La veo

Hundirse en las profundidades y morir.

"Caen las hojas y los brotes

De muchos manzanos;

Veo las alegres brisas

abrazándolas desenfrenadamente..."

Más tarde, Wenonah es cortejada por el acariciador Viento del Oeste y queda embarazada. Wenonah, como joven diosa lunar, tiene la belleza de la luz de la luna. Nokomis le advierte del peligroso cortejo de Mudjekeewis, el Viento del Oeste. Pero Wenonah se deja encaprichar, y concibe del aliento del viento, de la πνεῦμα, un hijo, el héroe de la epopeya.

"Y el Viento del Oeste llegó al atardecer,

\- - - - -

Encontró a la hermosa Wenonah,

tendida entre los lirios,

La cortejó con sus dulces palabras,

La cortejó con sus suaves caricias,

Hasta que dio a luz un hijo con dolor,

Dio a luz un hijo de amor y dolor".

La fecundación por el soplo del espíritu es ya un precedente bien conocido. La estrella o el cometa pertenecen claramente a la escena del nacimiento como símbolo de la libido; también Nokomis viene a la tierra como estrella fugaz. La dulce fantasía poética de Mörike ha ideado un origen divino similar.

"Y ella que me llevó en su vientre,

y me dio comida y ropa.

Era una doncella, una doncella salvaje y morena,

que miraba a los hombres con odio.

"Les huía y se reía a carcajadas,

y no dejaba que ningún pretendiente se quedara;

'Prefiero ser la novia del viento

que tener un hombre y casarme'.

"Entonces llegó el Viento y la retuvo

Su cautiva, encantada de amor;

Y he aquí que un niño feliz

dentro de su vientre".

La maravillosa historia del nacimiento de Buda, contada por Sir Edwin Arnold, también muestra rastros de esto.

"Maya, la Reina...

Soñó un sueño extraño, soñó que una estrella del cielo-

Espléndida, de seis rayos, de color perla rosada,

cuyo símbolo era un elefante

...de seis colmillos y blanco como la leche de Kamadhuk...

...atravesó el vacío y brillando en ella..,

Entró en su vientre por la derecha".

Durante la concepción de Maya un viento sopla sobre la tierra:

"Un viento sopló

Con frescura desconocida sobre tierras y mares".

Tras el nacimiento, los cuatro genios cardinales acuden a prestar servicio como portadores del palanquín, una clara referencia a los "cuatro vientos". Para completar el simbolismo, en los mitos de Buda y Cristo, además de la impregnación por la estrella y el viento, se encuentra también la fecundación por un animal, como el elefante con su trompa fálica en la tradición maya o el unicornio como símbolo procreador del Logos en la cristiana.

Surge la cuestión de por qué el nacimiento de un héroe debe ocurrir siempre en circunstancias simbólicas extraordinarias. Podría imaginarse que un héroe emergiera de un entorno ordinario y creciera gradualmente superando su entorno inferior, quizás enfrentando innumerables dificultades y peligros, un motivo no ajeno al mito heroico. Sin embargo, generalmente el nacimiento del héroe no es el de un mortal ordinario, sino un renacimiento de la madre-esposa, de ahí las misteriosas ceremonias que lo acompañan. Este principio fundamenta el motivo de las dos madres del héroe, ejemplificado en numerosos casos donde el héroe, expuesto, es criado por padres adoptivos, adquiriendo así dos madres.

La doble maternidad puede sustituirse por el motivo del doble nacimiento, de gran relevancia en la mitología cristiana a través del bautismo como renacimiento. Así, el hombre no solo nace de manera vulgar, sino que renace misteriosamente, participando del reino de Dios y la inmortalidad, convirtiéndose en héroe al renacer a través de su propia madre y participar de la inmortalidad solo a través de ella. Por eso la muerte redentora de Cristo en la cruz se entendió como un "bautismo", un renacimiento a través de la segunda madre, el misterioso árbol de la muerte, interpretando simbólicamente su agonía como dolores de parto.

El motivo de las dos madres sugiere la idea de auto-rejuvenecimiento, expresando el deseo de que la madre pueda dar a luz nuevamente al hijo, aplicado a los héroes, significa que uno es un héroe renacido por quien previamente fue su madre, es decir, un héroe es aquel capaz de autoengendrarse a través de su madre.

Las insinuaciones en las historias de procreación heroica apuntan a estas formulaciones. El padre de Hiawatha primero dominó a la madre bajo el símbolo del oso, luego, divinizado, procrea al héroe. La tarea heroica de Hiawatha, insinuada por Nokomis en la leyenda lunar, implica arrojar por la fuerza a su madre hacia arriba (¿o abajo?), dejándola embarazada por este acto violento para engendrar una hija. Esta madre rejuvenecida sería asignada, según el rito egipcio, como hija-esposa al dios-sol, padre de su madre, para su autorreproducción.

El comportamiento de los dioses preasiáticos relacionados con Cristo evidencia ideas similares. El Evangelio de San Juan está impregnado del pensamiento de la preexistencia de Cristo, como en el discurso del Bautista y el profundo significado mitológico de su comienzo, anunciando la luz que reaparece, el sol renacido, que antes era y volverá a ser. En el bautisterio de Pisa, Cristo, con un halo solar, lleva el árbol de la vida al hombre, sobre un relieve con las palabras Introitus Solis.

El nacido siendo su propio procreador, su historia de procreación se oculta bajo acontecimientos simbólicos que pretenden negarla, de ahí la extraordinaria afirmación de la concepción virginal para ocultar la impregnación incestuosa. Sin embargo, esta ingenua afirmación desempeña un papel crucial en el ingenioso puente simbólico que guía la libido fuera del vínculo incestuoso hacia aplicaciones más elevadas, indicando un nuevo tipo de inmortalidad, el trabajo imperecedero.

El entorno juvenil de Hiawatha es significativo, criado por Nokomis a orillas del Gran Mar, donde aprendió no solo el lenguaje humano, sino también el de la Naturaleza, percibiendo la voz materna en los sonidos del bosque y el agua. Este resurgimiento de impresiones naturales evoca una regresión a las poderosas impresiones infantiles recibidas de la madre, cuyo encanto se transfiere a objetos del entorno infantil, de los que emanan sentimientos mágicos y felices característicos de los primeros recuerdos de la infancia.

La fusión panteísta-filosófica o estética del hombre sentimental y educado con la naturaleza es, en retrospectiva, una reconexión con la madre, nuestro objeto primordial con quien una vez fuimos verdaderamente uno. No sorprende, pues, que resurjan en el discurso poético de un filósofo moderno las antiguas imágenes que simbolizan la unidad con la madre, ilustrada por la convergencia de sujeto y objeto, como en el pasaje de Karl Joël describiendo su experiencia primigenia a orillas del mar, donde la distancia y la cercanía, lo externo y lo interno se confunden, el mundo exhala en el alma y el alma se disuelve en el mundo, la pequeña vida rodeada del gran sueño de la cuna, el hogar y la tumba, un breve viaje entre la salida de la unidad original y el retorno a ella, el mar infinito donde sueña la medusa de la vida primitiva, hacia la cual los pensamientos se remontan vagamente a través de eones de existencia, pues cada acontecimiento implica un cambio y una garantía de la unidad vital, y en el momento de la separación en que la unidad de la vida, sorprendida, desprende el Cambio y lo aleja como algo ajeno, los aspectos de la experiencia se sustancializan en sujeto y objeto, naciendo así la conciencia.

Joël describe, con un simbolismo claro, la convergencia de sujeto y objeto como el reencuentro de madre e hijo, con símbolos coincidentes con los de la mitología, incluso en detalles como el motivo envolvente y devorador. El mar, que devora y engendra de nuevo al sol, es ya un viejo conocido. El momento del surgimiento de la conciencia, la separación de sujeto y objeto, es un nacimiento; el pensamiento verdaderamente filosófico pende con alas cojas de las pocas grandes imágenes primitivas del habla humana, sobre cuya grandeza simple y superadora ningún pensamiento puede elevarse. La idea de la medusa no es "accidental", como ilustra el caso de una paciente que, al explicarle el significado maternal del agua en contacto con el complejo materno, experimentó una sensación desagradable, como si tocara una medusa, la misma idea que surge en Joël. El bendito estado de sueño antes del nacimiento y después de la muerte evoca vagos recuerdos de aquel estado desprevenido e irreflexivo de la primera infancia, en el que ninguna oposición perturbaba el tranquilo fluir de la vida naciente, al que el anhelo interior siempre nos hace volver, y del que la vida activa debe liberarse de nuevo con la lucha y la muerte para no verse abocada a la destrucción.

Mucho antes que Joël, un jefe indio había expresado lo mismo a uno de los inquietos sabios occidentales: "Ah, hermano mío, nunca aprenderás a conocer la felicidad de no pensar nada y no hacer nada: esto es junto al sueño; esto es lo más delicioso que hay. Así éramos antes de nacer, así seremos después de la muerte".

En el destino posterior de Hiawatha, veremos la importancia de sus primeras impresiones en la elección de su esposa. Su primera hazaña fue matar a un corzo mágico con su flecha, que yacía cerca o en el agua, a veces mitad en el agua y mitad en la tierra, por una razón que las aventuras posteriores revelarán. Al envolverse en la piel del corzo se convirtió en un gigante, revelando que se trata de los padres, cuyas proporciones gigantescas en comparación con el niño tienen un gran significado inconsciente, una inversión del deseo de fantasía infantil.

Hiawatha ha conquistado, pues, a sus padres, principalmente a la madre, aunque en forma de animal macho, y de ahí le viene su fuerza de gigante. Ha asumido la piel de sus padres y se ha convertido él mismo en un gran hombre. Ahora parte hacia su primera gran batalla para luchar con el padre Mudjekeewis y vengar a su madre muerta Wenonah, ocultando bajo esta figura retórica el pensamiento de que mata al padre para apoderarse de la madre. El padre, psicológicamente, solo representa la personificación de la prohibición del incesto, la resistencia que defiende a la madre, pudiendo ser sustituido por un animal temible al que hay que combatir y vencer.

La batalla tiene lugar en el oeste, de donde vino la vida (impregnación de Wenonah) y la muerte (su fallecimiento). Hiawatha libra así la típica batalla del héroe por renacer en el mar occidental, la batalla con la terrible madre devoradora, esta vez en forma de padre. Mudjekeewis, divinizado por su conquista del oso, es ahora dominado por su hijo en una lucha de tres días (representación simbólica de la estancia en la prisión marina durante la noche del 21 al 24 de diciembre, como los tres días de Cristo en los infiernos), donde el héroe logra capturar "El tesoro, difícil de alcanzar". El padre realiza una importante concesión al hijo al otorgarle la naturaleza divina del viento que lo protegía de la muerte, convirtiéndolo en gobernante del viento del hogar, similar a cómo Gilgamesh recibe la hierba mágica de Utnapishtim en el Oeste, llevándolo de regreso a salvo a través del mar hasta su hogar, aunque una vez allí, una serpiente la arrebata.

En algunas culturas, matar al padre otorga la posesión de su esposa, y conquistar a la madre permite liberarse a uno mismo. Durante su viaje de regreso, Hiawatha hace una parada en la casa del astuto fabricante de flechas, que tiene una hija encantadora a quien nombra Minnehaha, "Agua que Ríe", en honor a un río. Desde sus primeros sueños infantiles, Hiawatha asociaba los sonidos del agua y el viento con la voz de su madre, evocando recuerdos de su infancia en una mujer a través de la cual reconoce a la madre y finalmente encuentra respuestas sobre la inmortalidad.

Al regresar a Nokomis, Hiawatha no revela lo que vio ni hace más intentos por conquistar a Minnehaha, experimentando una intensa resistencia contra los deseos sexuales reales al introvertir su libido. Se retira a una cabaña en el bosque para ayunar, experimentar sueños y visiones, reflexionando durante tres días sobre la dependencia de la vida en las cosas materiales.

La pregunta sobre si nuestras vidas deben depender de "estas cosas" parece extraña a primera vista, como si la vida se originara de la naturaleza en general, que adquiere un significado peculiar explicable por la liberación de una gran cantidad de libido canalizada hacia ella. Incluso las mentes más prosaicas, durante la primavera del amor, se vuelven conscientes de la naturaleza y hasta escriben poemas sobre ella. Sin embargo, la libido, si no puede expresarse de una manera determinada, siempre encuentra su camino de regreso a una forma anterior de expresión. La figura de Minnehaha, el agua que ríe, es una referencia tan clara a la madre que el deseo oculto del héroe por ella se ve intensamente estimulado. Por esta razón, sin haber tomado ninguna acción, regresa a su hogar en Nokomis, enfrentándose a un nuevo obstáculo en Minnehaha.

El héroe se aleja aún más, retornando a un período de su juventud donde los recuerdos de Minnehaha están más vivos y donde aprendió a escuchar la voz materna en los sonidos de la naturaleza, buscando el regazo de su madre. Antes de explorar esta nueva creación surgida de la introversión, es importante considerar otro significado de la pregunta anterior sobre la dependencia de la vida en "estas cosas", en la medida en que proveen alimento, volviéndose central la cuestión de la nutrición para el héroe. Este aspecto se vuelve relevante porque la regresión a la madre reactiva la vía de transferencia especial que es la nutrición a través de ella. Cuando la libido retrocede al estadio presexual, la función de nutrición y sus símbolos ocupan el lugar de la función sexual, resultando en un desplazamiento desde abajo hacia arriba, donde en el estadio presexual el valor principal se atribuye a la boca en lugar de los genitales. Además, durante su ayuno, el hambre del héroe se vuelve predominante, utilizándose para suprimir la sexualidad y expresar simbólicamente la resistencia contra ella, traducida al lenguaje del estadio presexual.

Tras cuatro días de ayuno, el héroe deja de buscar en la naturaleza; exhausto, se recuesta en su diván, con los ojos entreabiertos, sumergiéndose en un sueño profundo, en una introspección extrema. Como resultado, aparece un equivalente interno infantil de la realidad en lugar de la realidad externa, encontrándose con una figura extraordinaria vestida con ropas verdes y amarillas, caminando a través del crepúsculo púrpura, con plumas verdes adornando su frente y cabello suave y dorado.

Esta notable aparición se revela como Mondamin, el maíz, un dios comestible surgido de la introversión de Hiawatha, descendiendo como el Maestro de la Vida para instruirlo y guiarlo sobre cómo lograr lo que busca a través de la lucha y el esfuerzo. El hambre de Hiawatha, interpretada en un sentido doble como anhelo de la madre nutricia, da origen a otro héroe, el maíz, como hijo de la madre tierra. Hiawatha se levanta al atardecer, simbolizando su entrada en la madre, y comienza la lucha mística con el dios surgido de su anhelo por la madre nutricia, representando el intento de dominar y fertilizar a la madre.

Esta interpretación se respalda por un mito Cherokee que llama al maíz "La Vieja Mujer", relacionándolo con una historia donde brotó de la sangre de una vieja mujer asesinada por sus hijos desobedientes. La batalla con el dios del maíz le otorga a Hiawatha nueva fuerza, reflejando cómo la lucha contra el anhelo paralizante de la madre puede ser creativa, ya que allí yace la fuente de toda creación, aunque requiere valor heroico luchar contra estas fuerzas para obtener el "tesoro difícil de alcanzar".

La lucha dura tres días encantados, pero al cuarto día, tal como Mondamin había predicho, Hiawatha lo conquista, y Mondamin se hunde en la tierra, simbolizando la muerte. Como Mondamin había deseado, Hiawatha cava su tumba en la tierra madre, y poco después crece el joven y fresco maíz para alimentar a la humanidad.

Este fragmento presenta un paralelismo interesante con el misterio de Mitra, donde se produce una batalla del héroe con un toro, seguida de un sacrificio que da origen a la fertilidad, similar a los misterios cristianos, donde la lucha del alma de Cristo y su sacrificio simbolizan la fertilidad y la renovación. En ambos casos, el símbolo del alimento desempeña un papel importante, señalando la relación con otros mitos y cultos que comparten temas similares de creación, sacrificio y renovación, como los misterios eleusinos.

En el gran festival de Eleusis, la figura de Iakchos era prominente, posiblemente un niño o un hijo recién nacido, similar al etrusco Tages, apodado "el niño recién arado", porque, según el mito, surgió del surco del campo detrás del campesino mientras araba, reflejando claramente el motivo de Mondamin. El arado tiene un simbolismo fálico bien conocido; el surco del campo es personificado como una figura femenina por los hindúes. Psicológicamente, esta idea se interpreta como un acto de coito, remitiéndose al estadio presexual de nutrición. El hijo es el fruto comestible del campo. Iakchos a veces es considerado hijo de Deméter o Perséfone, y a menudo se le asocia como esposo de Deméter. También se le identifica con Dioniso, especialmente con el Dioniso-Tracio Zagreus, cuyo destino de renacimiento es típico, asesinado y desmembrado por los Titanes cuando se transformó en un toro, pero Zeus devoró su corazón palpitante, devolviéndole la vida y renaciendo como Iakchos.

Iakchos porta la antorcha, un símbolo fálico de la procreación, y durante el festival, se llevaba una gavilla de maíz, la cuna de Iakchos, criado por Perséfone tras tres años de letargo, recordando al motivo de Mondamin. El festival de Iakchos representaba la búsqueda y el lamento de Deméter, cuyo papel, deambulando por la tierra en busca de su hija sin comida ni bebida, es asumido por Hiawatha. Así como Deméter conoce a su hija a través de Hécate, Hiawatha encuentra a Mondamin en su profunda introversión, creándolo como la madre produce al hijo. El deseo de la madre también incluye a la madre productora, que primero devora y luego da a luz.

Los misterios eleusinos involucraban un ritual de matrimonio celebrado bajo tierra, con la sacerdotisa de Deméter representando a la diosa de la tierra, quizás personificando el surco del campo. El descenso a la tierra simboliza el vientre materno y era una concepción común en los cultos de las cavernas. Otras prácticas ritualísticas incluían la preparación de cofres místicos con pasteles, sal y frutas, así como el simbolismo de la serpiente, representando una conquista religiosa del incesto y asociada al falo. Estas prácticas se relacionan con los motivos de fertilidad, sacrificio y renacimiento presentes en varios cultos antiguos.

Arnobio relata que "un coluber aureus desciende en el regazo de los iniciados y es nuevamente extraído de las partes más bajas y profundas", sugiriendo que el dios penetra en el ser humano como a través de los genitales femeninos. Durante el misterio, el hierofante exclamaba que la venerada había dado a luz a un santo niño, Brimos de Brimo, ilustrado por la tradición ateniense de que durante la Epoptia, el misterio epoptico más grande y perfecto, los participantes recibían secretamente un tallo de trigo segado.

El motivo de perder y encontrar es un paralelo al de la muerte y resurrección, apareciendo en ritos religiosos, particularmente en festividades primaverales similares al Hierosgamos, donde la imagen del dios se oculta y luego se redescubre. Moisés y Cristo son perdidos por sus padres y luego encontrados como maestros de sabiduría. En la leyenda islámica, Moisés y Josué pierden un pez, y en su lugar aparece Chidher, el maestro de sabiduría. De manera análoga, el dios del maíz, perdido y creído muerto, emerge repentinamente de su madre en una juventud renovada. La presencia del pesebre donde fue depositado Cristo sugiere la presencia de forraje, estableciendo un paralelismo con el liknon.

Estos relatos revelan por qué los misterios eleusinos eran tan reconfortantes y llenos de esperanza para los iniciados, ofreciendo la promesa de un mundo mejor, como expresa un hermoso epitafio eleusino: "¡Verdaderamente, un hermoso secreto es proclamado por los dioses benditos! La mortalidad no es una maldición, sino que la muerte es una bendición". El himno a Deméter también expresa esta idea: "¡Bendito el hombre nacido en la tierra que ha visto esto! Quien no ha participado en estas ceremonias divinas, tiene un destino desigual en la oscura oscuridad de la muerte".

La inmortalidad está intrínsecamente ligada al simbolismo eleusino, como lo expresa un canto eclesiástico del siglo XIX de Samuel Preiswerk, comparando al Señor Jesús con el trigo que, antes de llegar a la luz en su fertilidad, debe morir en el seno de la tierra, liberado de su propia naturaleza, guiando al que cree en él por el mismo camino, compartiendo sus penas y reinos, a través de la puerta de la muerte, trayendo su mundo a la luz.

Firmicus nos habla sobre los enigmas de Attis, donde durante una noche, se coloca una imagen reclinada en una litera y se la lamenta profusamente, siguiendo un orden en los sollozos; luego, cuando se han saciado de la lamentación fingida, se introduce una luz y el sacerdote unge las gargantas de todos los presentes, susurrando con un murmullo lento: "Alegraos, iniciados, el dios está salvado, pues para nosotros habrá liberación de las penas".

Estos paralelos revelan cuán escasa es la personalidad humana y cuán abundante la divinidad, es decir, lo universalmente humano, en el misterio de Cristo. Ningún ser humano es, o ha sido jamás, un héroe, puesto que el héroe es un dios, y por tanto, impersonal y aplicable a todos de manera general. Cristo es un "espíritu", tal como lo evidencia una interpretación cristiana muy temprana. En distintos lugares del mundo, bajo las formas más diversas y en el color de diferentes épocas, el héroe salvador emerge como resultado de la penetración de la libido en las profundidades maternas personales.

Las consagraciones dionisíacas representadas en el relieve Farnesio muestran una escena en la que un místico, envuelto en un manto sobre su cabeza, es llevado ante Sileno, quien sostiene el cáliz, cubierto con un paño. Cubrirse la cabeza simboliza la muerte. El místico muere, en sentido figurado, como la semilla del maíz, que luego renace y fructifica. Proclo nos cuenta que los místicos eran enterrados hasta el cuello. La iglesia cristiana, como escenario de ceremonias religiosas, no es más que la tumba de un héroe. El creyente desciende a la tumba para resurgir con el héroe. Que el significado subyacente en la iglesia sea el del vientre materno es algo que apenas admite dudas. Los símbolos de la misa son tan variados que la mitología del acto sagrado se filtra por todas partes. Es el encanto mágico del renacimiento. La veneración del Santo Sepulcro es un claro ejemplo de ello. Un caso notable es el Santo Sepulcro de San Stefano en Bolonia, una iglesia poligonal que ocupa los restos de un templo de Isis, conteniendo un spelæum artificial, conocido como el Santo Sepulcro, al que se accede a través de una pequeña puerta. Después de una larga estancia, el creyente emerge renacido del vientre de esta madre.

Un osario etrusco en el museo arqueológico de Florencia sirve simultáneamente como una estatua de Matuta, la diosa de la muerte; la figura de arcilla de la diosa tiene un hueco en su interior para albergar las cenizas. Las imágenes muestran que Matuta es la madre, cuyo trono está adornado con esfinges, un símbolo adecuado para la madre de la muerte.

Solo ciertos episodios posteriores de Hiawatha capturan nuestro interés aquí, como su batalla contra Mishe-Nahma, el rey-pez, un enfrentamiento típico del héroe solar. Mishe-Nahma es un monstruoso pez que reside en las profundidades acuáticas y, al ser desafiado por Hiawatha a combatir, devora al héroe junto con su canoa, sumergiéndolo en total oscuridad, palpando con sorpresa e impotencia, hasta que siente un gran corazón palpitando, que golpea con su puño en su furia, haciendo temblar al poderoso rey de los peces en cada nervio y fibra. Hiawatha arrastra su canoa de abedul a la seguridad, para no ser vomitado por Nahma en el tumulto y la confusión, y perecer.

Este relato es un ejemplo clásico del viaje del héroe, quien se embarca en un viaje, se enfrenta a un monstruo marino, es tragado, lucha para no ser mordido o aplastado; una vez dentro de la "ballena dragón", busca el órgano vital, al cual corta o destruye de alguna manera. Frecuentemente, la muerte del monstruo se debe a un fuego que el héroe enciende secretamente dentro de él; de manera misteriosa, genera vida dentro del seno de la muerte, el sol naciente. Así, el pez muere y es llevado a la deriva hasta la orilla, donde, con la ayuda de los "pájaros", el héroe emerge nuevamente a la luz del día. El pájaro, en este contexto, simboliza probablemente el renacimiento del sol, el deseo de la libido, el renacer del fénix. Este acto representa el renacimiento, el surgimiento de la vida desde la madre, y por lo tanto, la destrucción definitiva de la muerte, que según un mito africano, llegó al mundo por el error de una anciana.

Sin embargo, el impacto de tal acto no podía ser permanente. Los desafíos del héroe se renuevan una y otra vez, siempre bajo el símbolo de la liberación de la madre. Así como Hera, en su papel de madre perseguidora, es la fuente de las grandes hazañas de Hércules, Nokomis no deja de retar a Hiawatha y le presenta nuevos desafíos en forma de aventuras peligrosas donde el héroe puede triunfar o, posiblemente, perecer. La libido de la humanidad siempre precede a su conciencia; a menos que esta libido lo impulse hacia nuevos peligros, cae en un letargo de inactividad o, por otro lado, el deseo infantil por la madre lo supera en el apogeo de su existencia, y se vuelve lamentablemente débil en lugar de esforzarse con desesperado valor hacia la grandeza. La madre se transforma en el demonio que invita al héroe a la aventura y que también coloca en su camino la serpiente venenosa que lo atacará.

De esta manera, Nokomis llama a Hiawatha, señalándole hacia el oeste, donde el sol se pone majestuosamente en tonos púrpura, y le dice que allí vive la gran Pluma de Perla, Megissogwon, el Mago, Espíritu de la Riqueza y el Wampum, protegido por sus serpientes llameantes, resguardado por las oscuras aguas de alquitrán, cuyas serpientes llameantes, las Kenabeek, las grandes serpientes, se retuercen y juegan en el agua.

Este peligro que se cierne en el oeste simboliza la muerte, de la cual nadie, ni siquiera el más poderoso, puede escapar. Este mago, como descubrimos, también mató al padre de Nokomis. Ahora, envía a su hijo a vengar al padre. A través de los símbolos asociados con el mago, podemos reconocer fácilmente lo que representa. La serpiente y el agua están vinculadas a la madre; la serpiente, como símbolo del deseo reprimido por la madre o de la resistencia, protege y defiende la roca maternal, habita en la caverna, se enrosca alrededor del árbol madre y custodia el preciado tesoro, el "tesoro misterioso". Las aguas negras del Estigia son, como el manantial negro y fangoso de Dhulqarnein, el lugar donde el sol muere y renace, el mar materno de la muerte y la noche.

En su viaje hacia allí, Hiawatha lleva consigo el aceite mágico de Mishe-Nahma, que facilita el paso de su canoa a través de las aguas de la muerte, una especie de talismán para la inmortalidad, al igual que la sangre de dragón para Sigfrido. En primer lugar, Hiawatha derrota a la gran serpiente. Acerca de su "viaje nocturno en el mar" sobre las aguas estigias se dice que durante toda la noche navegó en ella, a través de esas aguas sombrías, cubiertas de un musgo de siglos, oscuras con juncos podridos, tapizadas con banderas y hojas de lirios, estancadas, sin vida, lúgubres, iluminadas por la brillante luz lunar y por los destellos de duendes, fuegos encendidos por los espectros de hombres fallecidos, en sus campamentos nocturnos fatigados. Esta descripción retrata claramente el carácter mortífero del agua, sugiriendo un motivo recurrente: el de engullir y devorar. Como se menciona en la "Clave de los Sueños de Jagaddeva", aquel que en sueños se envuelve el cuerpo con enredaderas, lianas, cuerdas, pieles de serpiente, hilos o tejidos, perece.

Tras llegar a la tierra del oeste, el héroe desafía al mago a un combate, dando inicio a una feroz batalla. Hiawatha se ve impotente, ya que Megissogwon es invulnerable. Al caer la noche, Hiawatha se retira herido y, desesperado por un tiempo, busca descanso, deteniéndose bajo un pino cuyas ramas estaban cubiertas de musgo y cuyo tronco se hallaba envuelto en la piel de mocasín del hombre fallecido, junto al hongo blanco y amarillo. Este árbol protector se describe con la piel del mocasín del difunto y el hongo, un revestimiento con características humanas que también es un ritual importante donde prevalece el culto a los árboles, como en la India, donde cada aldea tiene su árbol sagrado, al que se viste y trata como a un ser humano. Los árboles son ungidos con aguas perfumadas, rociados con polvo, adornados con guirnaldas y paños. Al igual que se perforaban las orejas como amuleto apotropaico contra la muerte, lo mismo se hacía con el árbol sagrado. Ningún árbol es más sagrado para los hindúes que el Aswatha, conocido como el rey de los árboles, donde Brahma, Vishnu y Mahesvar residen, y adorarlo es adorar a la tríada. Casi todas las aldeas indias tienen un Aswatha. Este "tilo del pueblo" se caracteriza claramente como el símbolo de la madre, conteniendo a los tres dioses.

Cuando Hiawatha se retira a descansar bajo el pino, es un momento crucial, ya que se entrega a la madre, cuya vestimenta es la de la muerte (la madre devoradora). Al igual que en la ballena-dragón, el héroe necesita un "ave asistente", es decir, animales que representan a los padres benevolentes. De repente, desde las ramas sobre él, cantó la Mamá, el pájaro carpintero, aconsejándole apuntar sus flechas a la cabeza de Megissogwon, golpeando el mechón de cabello en ella, enraizado en sus largas hebras negras, único punto donde puede ser herido.

En un giro divertido, la madre acude en su auxilio. Es notable el hecho peculiar de que el pájaro carpintero fuera también la "Mamá" de Rómulo y Remo, alimentándolos con su pico, comparado con el papel del buitre en el sueño de Leonardo, siendo sagrado para Marte, como el pájaro carpintero. El significado maternal del pájaro carpintero coincide con una antigua superstición popular italiana: se creía que cualquier clavo clavado en el árbol donde anida este pájaro, pronto volvería a salir. El pájaro carpintero adquiere un significado especial por su habilidad para hacer agujeros en los árboles, similar a "clavar clavos". Por lo tanto, era comprensible que en la leyenda romana se le considerara un antiguo rey del país, vinculado al árbol sagrado, la imagen primordial del Paterfamilias. Según una antigua fábula, Circe, esposa del rey Picus, lo transformó en Picus Martius, el pájaro carpintero. La hechicera simboliza la "madre creadora" con influencia mágica sobre el esposo solar, quien es transformado en el pájaro-alma, el deseo incumplido. Picus también se asociaba con el demonio de la madera y el íncubo, así como con el adivino, aspectos que sugieren la libido materna. Los antiguos solían equiparar a Picus con Picumnus, quien junto a Pilumnus, eran considerados dioses protectores de los niños pequeños. Se decía que Pilumnus defendía a los recién nacidos de los ataques del demonio de la madera, Silvanus. Esta dualidad maternal, representada por la buena y la mala madre, es un motivo recurrente.

El pájaro benévolo, como símbolo de liberación proveniente de la introversión, aconseja al héroe que ataque al mago bajo su cabello, el único punto vulnerable. Este punto se puede considerar "fálico", ubicado en la parte superior de la cabeza donde tiene lugar el nacimiento místico, un concepto presente en las teorías sexuales infantiles. Hiawatha, de manera natural, dispara tres flechas (símbolo fálico conocido) y así mata a Megissogwon. Luego, se apodera de la armadura mágica de wampum, que lo hace invulnerable, un medio de inmortalidad. Es significativo que deje el cuerpo del mago en el agua, mitad en tierra y mitad en el agua, sus pies enterrados en la arena, y su rostro sumergido, ya que este representa el miedo materno.

Así, la situación es similar a la del rey pez, donde el monstruo personifica el agua de la muerte, a su vez representando a la madre devoradora. Tras esta gran hazaña, donde Hiawatha triunfa sobre la madre como demonio portador de muerte, sigue su matrimonio con Minnehaha.

Una pequeña fábula que el poeta incluye en la última canción es digna de mención: un anciano se transforma en joven al arrastrarse por un roble hueco. En la decimocuarta canción se describe cómo Hiawatha descubre la escritura. Me limito a describir dos símbolos jeroglíficos: Gitche Manito el Poderoso, el Maestro de la Vida, fue representado como un huevo, con puntas que se extienden en las cuatro direcciones del cielo. En todas partes está el Gran Espíritu, ese era el significado de este símbolo. El mundo está contenido en el huevo, abarcándolo en todos sus puntos; es la mujer cósmica con su hijo, un símbolo utilizado tanto por Platón como por los Vedas. Esta madre es como el aire, que está presente en todas partes. Pero el aire es espíritu; la madre del mundo es un espíritu. Gitche Manito el Poderoso, el terrible Espíritu del Mal, fue representado como una serpiente, como Kenabeek, la gran serpiente.

Pero el espíritu del mal es el miedo, el deseo prohibido, el adversario que se opone no solo a cada acto heroico individual, sino también a la vida misma en su lucha por la eterna duración. Este espíritu introduce en nuestro ser el veneno de la debilidad y la vejez a través de la traicionera mordedura de la serpiente. Representa todo lo que es regresivo, y dado que nuestra primera experiencia del mundo es a través de nuestra madre, todas las tendencias regresivas se dirigen hacia ella y, por ende, se disfrazan bajo la imagen del incesto.

El poeta ha representado estas ideas en símbolos mitológicos, retratando la libido que surge de la madre y la libido que anhela regresar a ella. En la decimoquinta canción se narra cómo Chibiabos, el mejor amigo de Hiawatha, conocido por su amabilidad, habilidad para el juego y el canto, encarnación de la alegría de vivir, es atraído por espíritus malignos hacia una emboscada, cayendo a través del hielo y ahogándose. Hiawatha llora su pérdida durante tanto tiempo que, con la ayuda de un mago, logra llamarlo de vuelta. Sin embargo, el amigo resucitado no es más que un espíritu y se convierte en señor del país de los espíritus, similar a Osiris, señor del inframundo, o a los Dioscuros. Siguen más batallas, seguidas de la pérdida de otro amigo, Kwasind, personificación de la fuerza física.

En la vigésima canción, llega la hambruna y la muerte de Minnehaha, predichas por dos taciturnos visitantes del país de la muerte. Y en la vigésima segunda canción, Hiawatha se prepara para un último viaje hacia la tierra del oeste, partiendo en la gloria del ocaso, en las brumas púrpuras del atardecer, hacia las regiones del viento hogareño, del Viento del Noroeste, Keewaydin, hacia las Islas de los Bienaventurados, al reino de Ponemah, la tierra del Más Allá.

El sol, emergiendo victorioso, se libera del abrazo y la presión, del vientre envolvente del mar, solo para sumergirse nuevamente en el seno materno del mar, en la noche que todo lo envuelve y todo lo regenera. Deja atrás las alturas del mediodía y todas sus magníficas obras. Esta imagen, la primera de todas, estaba destinada a convertirse en el símbolo arquetípico del destino humano: al amanecer de la vida, el ser humano se separa dolorosamente de la madre y del hogar familiar, para ascender a través de la batalla hacia las alturas. No enfrenta a su peor enemigo fuera de sí mismo, sino que lo lleva consigo como un anhelo mortal surgido de las profundidades interiores, un deseo de sumergirse en su propia fuente, de ser absorbido por la madre. Su vida es una lucha constante contra la muerte, una entrega violenta y transitoria a la noche siempre acechante. Esta muerte no es un enemigo externo, sino un profundo anhelo personal de quietud y la profunda paz de la no existencia, un sueño sin sueños en el flujo y reflujo del mar de la vida.

Incluso en su búsqueda de armonía y equilibrio, de profundidad filosófica y entusiasmo artístico, el ser humano anhela la muerte, la inmovilidad, la saciedad y el descanso. Si se detiene demasiado tiempo en este lugar de reposo y paz, como Peirithoos, la torpeza lo invade y el veneno de la serpiente lo paraliza para siempre. Si quiere vivir, debe luchar y sacrificar su añoranza del pasado para elevarse a sus propias alturas. Y una vez alcanzadas las alturas del mediodía, también debe sacrificar el amor por su propio logro, porque no puede descansar. El sol mismo sacrifica su mayor fuerza para precipitarse hacia los frutos del otoño, que son las semillas de la inmortalidad; cumplida en hijos, en obras, en fama póstuma, en un nuevo orden de cosas, todo lo cual, a su vez, reinicia el ciclo del sol.

La "Canción de Hiawatha" contiene, como se puede ver en estos fragmentos, un material muy adecuado para invocar la riqueza de antiguas posibilidades simbólicas latentes en la mente humana, y así estimular la creación de figuras mitológicas. Sin embargo, estos productos siempre enfrentan los mismos antiguos problemas de la humanidad, que resurgen una y otra vez con nuevos disfraces simbólicos en el oscuro mundo del inconsciente. Por ejemplo, un paciente observó que el anhelo de Chiwantopel evoca otro ciclo mítico que apareció en la forma de "Sigfrido" de Wagner. Esto se hace evidente en el monólogo de Chiwantopel, donde exclama: "No hay nadie que me comprenda, ni nadie que se me parezca, ni nadie que tenga un alma gemela". Se señala que este sentimiento guarda una gran analogía con los sentimientos que Siegfried experimenta por Brunilda.

Esta analogía nos lleva a considerar la canción de Sigfrido, especialmente la relación entre Sigfrido y Brunilda. Es bien sabido que Brunilda, la Valkiria, protege el nacimiento (incestuoso) de Sigfrido, pero mientras Sieglinde es la madre humana, Brunilda desempeña el papel de "madre espiritual" (madre-imago); sin embargo, a diferencia de Hera con Hércules, Brunilda no es perseguidora, sino benévola. Esta complicidad en el pecado, a través de la ayuda prestada, es el motivo de su destierro por parte de Wotan. El nacimiento peculiar de Sigfrido, nacido de su hermana-esposa, lo distingue como Horus, como un hijo renacido, una reencarnación de Osiris-Wotan en retirada. El nacimiento del joven héroe surge de la humanidad, pero esta humanidad es simplemente la portadora del simbolismo cósmico. Así, el nacimiento es protegido por la madre espiritual: ella envía a Sieglinde con el niño en su vientre en un "viaje nocturno por el mar" hacia el este, albergando al héroe más sublime del mundo en su vientre protector.

El motivo del desmembramiento también aparece en la espada rota de Siegmund, que se guarda para Sigfrido. A partir del desmembramiento, se recompone la vida, como el prodigio de Medea. Al igual que un herrero forja las piezas, así también los muertos desmembrados se recomponen, una comparación que se encuentra también en el "Timaios" de Platón: las partes del mundo se unen con clavijas. En el Rigveda, el creador del mundo, Brahmanaspati, es un herrero que soldó el mundo.

La espada tiene el significado del poder fálico del sol; por eso, una espada sale de la boca del Cristo apocalíptico; es decir, el fuego procreador, la palabra o el Logos procreador. En el Rigveda, Brahmanaspati también es una palabra-oración, que poseía un antiguo significado creador, transformándose en vaca, simbolizando así a la madre, preñada de divinidades. En textos apócrifos del cristianismo, donde el Espíritu Santo adquiere un matiz femenino, emerge el tema de las dos progenitoras: María, la madre terrenal, y el Espíritu Santo, la madre espiritual. La metamorfosis del Logos en figura materna no sorprende, dado que el origen del fenómeno fuego-palabra parece residir en la madre-libido. La espiritualidad es equivalente a la madre-libido. El simbolismo de la espada, en el contexto sánscrito de têjas, se asocia parcialmente a su filo, en relación con la noción de la libido.

La saga de la persecución (Sieglinde persiguiendo, análoga a Leto) no se vincula aquí con la madre espiritual, sino con Wotan, asimilándose así a la leyenda de Linos, donde el suegro es también el perseguidor. Wotan es, además, el padre de Brunilda, con quien mantiene una relación singular, expresando sus deseos y conversando consigo mismo a través de ella. Brunilda encarna también al "ángel del rostro", esa palabra o voluntad creadora, emanada de Dios, también el Logos, que se materializa en la mujer fecunda. Dios creó el mundo mediante su palabra; es decir, a través de su madre, la mujer encargada de darle vida nuevamente. Esta peculiar interpretación sugiere que la libido, al fluir en la palabra (pensamiento), ha mantenido su carácter sexual de manera notable debido a una inercia intrínseca. Así, la "palabra" debía cumplir con todo aquello que se le negaba al deseo sexual; esto es, regresar a la madre, en búsqueda de la eternidad. La "palabra" realiza este deseo convirtiéndose en hija, esposa y madre del Dios que renace.

Wagner refleja vagamente esta noción en el lamento de Wotan por Brunilda, considerándola el vientre creador de su deseo y una sagrada unión que se ha deshecho. El traspié de Brunilda, su favoritismo hacia Siegmund, encubre un incesto: proyectado en la relación fraterna de Siegmund y Sieglinde, en esencia, Wotan, el padre, se rejuvenece a sí mismo al unirse con su hija autocreada. Sin embargo, esta verdad debe permanecer oculta. La indignación de Wotan hacia Brunilda es justa, pues ella ha asumido el papel de Isis y, con el nacimiento del hijo, ha despojado al anciano de su poder. Wotan contrarresta el primer embate de la serpiente mortal en la figura de Siegmund, destruyendo su espada, pero Siegmund resurge en un nieto. Este destino ineludible siempre cuenta con el auxilio femenino, de ahí el enojo de Wotan.

Con el nacimiento de Sigfrido, Sieglinde fallece, como corresponde. La figura de la madre adoptiva no es una mujer, sino un dios ctónico, un enano lisiado, miembro de aquellos que reniegan del amor. La deidad egipcia del inframundo, reflejo lisiado de Osiris (quien experimenta una resurrección melancólica en el andrógino Harpócrates), funge como protector de Horus, encargado de vengar a su padre.

Entretanto, Brunilda yace en un sueño encantado, como un Hierosgamos, sobre una montaña, adormecida por Wotan con una espina mágica, custodiada por las llamas del fuego de Wotan (equivalente a libido), que disuade a cualquiera. No obstante, Mime, convertido en adversario de Sigfrido, anhela su muerte a manos de Fafner. Este punto revela la naturaleza dinámica de Mime; representa una faceta masculina de la madre temible, también madre adoptiva de naturaleza demoníaca, que coloca al gusano venenoso (Tifón) en el sendero de su hijo (Horus). El deseo de Sigfrido por su madre lo aleja de Mime, iniciando así sus aventuras con la madre de la muerte, que lo llevan a vencer a la "madre temible" y finalmente a encontrar a la mujer.

Sigfrido, decidido a distanciarse de la figura materna que se tornó en un ente demoníaco, se adentra en el mundo con un anhelo profundo hacia la figura materna. La naturaleza se le revela cargada de un significado materno oculto, identificando en ella una especie de maternalidad simbolizada por la "cierva". En los sonidos del bosque, cree encontrar ecos de la voz y las palabras de su madre, como si el canto del pajarillo encantador hablara de su querida madre.

Esta dinámica psicológica ya la vimos en Hiawatha. A través de su interacción con el ave (que, al igual que el viento y la flecha, simboliza el deseo, el anhelo con alas), Sigfrido logra atraer a Fafner fuera de su guarida. Su deseo se orienta hacia la figura materna, y así se manifiesta el demonio ctónico, la terrorífica amenaza oculta en los bosques. Fafner, custodio del tesoro, encierra en su cueva el objeto de poder y vida. La madre, simbólicamente, retiene la libido del hijo, protegiéndola con celo. En términos psicológicos, esto indica que la transferencia positiva solo se logra liberando la libido de la imago materna, del objeto incestuoso por excelencia. La conquista de la propia libido, el tesoro sin par, demanda un enfrentamiento monumental, la lucha por la adaptación.

La saga de Sigfrido narra detalladamente su victoria sobre Fafner. De acuerdo con la Edda, Sigfrido consume el corazón de Fafner, fuente de vida, obteniendo así el casco mágico, que permitió a Alberich transformarse en serpiente. Este elemento sugiere la idea de renovación, de rejuvenecimiento. Con el casco, uno puede volverse invisible y asumir diversas formas, aludiendo probablemente a la muerte y a la presencia no visible, es decir, a la existencia en el útero materno. Tradicionalmente, el recién nacido lleva a veces sobre la cabeza un "gorro de suerte", una membrana amniótica (el calafate). Además, al beber la sangre del dragón, Sigfrido adquiere la capacidad de entender el lenguaje de los pájaros, entrando así en una relación especial con la naturaleza, obteniendo una posición de dominio gracias a su conocimiento, y finalmente, conquistando el tesoro.

"Hort" es un término del alemán medieval y antiguo que significa "tesoro acumulado y resguardado", con equivalentes en el gótico "huzd", el antiguo escandinavo "hodd", y el germánico "hozda", derivado del proto-germánico "kuzdhó", relacionado con "kudtho-", que significa "lo oculto". Kluge relaciona esto con el griego κεύθω, ἔκυθον = "esconder, ocultar". También se asocia con "hut" (cabaña, resguardar; en inglés, "hide"), de raíz germánica "hud", del proto-indoeuropeo "kuth", relacionado con el griego κεύθω y κύσθος, "cavidad", genitales femeninos. Prellwitz y Whitley Stokes también relacionan "huzd", el anglosajón "hyde", el inglés "hide" y "hoard", con el griego κεύθω.

La hipótesis de Kluge encuentra apoyo en el concepto primitivo de un lugar sagrado en Atenas, un Temenos de Ge, apodada Olimpia. Allí, el suelo se abre aproximadamente una yarda de ancho; se dice que tras el diluvio en tiempos de Deucalión, el agua retrocedió en este lugar. Anualmente, se arroja trigo molido mezclado con miel en la fisura, similar a las ceremonias de fertilización de la tierra donde se lanzaban figuras de serpientes y fálicos en una grieta.

Este acto se relaciona con el sacrificio en la grieta de la tierra entre los Watschandies, simbolizando el retorno a la madre tras la gran muerte universal. El diluvio representa la contraparte del agua vivificante, el origen de toda creación. La ofrenda de la torta de miel busca la protección maternal contra la muerte. En Roma, un sacrificio de oro se arrojaba anualmente al lacus

Curtius, sobre una antigua fisura terrenal, cerrada simbólicamente mediante el sacrificio de Curtius, el héroe que descendió a los infiernos para salvar al estado romano de un peligro. Este acto de arrojar dones de oro al pozo sagrado, practicado por aquellos curados mediante la incubación en el templo de Amphiaraos, refleja la costumbre de ofrecer gracias por la sanación recibida a través de los oráculos, marcando una comunión profunda con lo divino y lo oculto.

Este pozo en Oropos podría ser igualmente el escenario de su "Katabasis" o descenso al inframundo. En la antigüedad, se creía en múltiples accesos al Hades. Por ejemplo, cerca de Eleusis se encontraba un abismo utilizado por Aidoneus para su ascenso y descenso durante el secuestro de Cora, simbolizando la libido conquistada por la resistencia y la sustitución de la vida por la muerte. Existían fisuras en las rocas por donde las almas podían escalar hacia el mundo superior. Detrás del templo de Chthonia en Hermione, se hallaba un dominio sagrado dedicado a Plutón, marcado por un barranco por el cual Hércules extrajo a Cerbero, así como por un "lago Aquerusia". Este barranco representaba, entonces, una entrada hacia la conquista sobre la muerte.

El lago también se integra como otro símbolo maternal, dado que los símbolos se acumulan como sustitutos y, por ende, no satisfacen el deseo de la misma forma que la realidad, obligando al remanente insatisfecho de la libido a buscar nuevas salidas simbólicas. El barranco del Areópago en Atenas se consideraba la morada de los seres del inframundo. Una antigua tradición griega enviaba a las jóvenes a una cueva con una serpiente venenosa como prueba de virginidad; si eran mordidas, se consideraba una señal de que habían perdido su castidad.

Este motivo se repite en la leyenda romana de San Silvestre a finales del siglo V, donde había un dragón enorme en el monte

Tarpeo, al cual magos con vírgenes sacrílegas descendían una vez al mes por 365 escalones, como si fuera al infierno, con sacrificios y rituales, para alimentar al dragón. Este dragón emergía súbitamente y, aunque no entraba en las zonas vecinas, contaminaba el aire con su aliento, provocando mortandad. San Silvestre, desafiado por los paganos, se enfrenta al dragón y lo hace cesar, en el nombre de su Dios, de causar la muerte entre los humanos por al menos un año, sellando la entrada al inframundo con cadenas, siguiendo el modelo del Apocalipsis, donde un ángel captura al dragón, la antigua serpiente, que es el diablo y Satanás, y lo ata por mil años, arrojándolo al abismo, encerrándolo y sellándolo.

Una leyenda similar es relatada por el autor anónimo del "De Promissionibus" del siglo V, donde en la ciudad de Roma, había una cueva con un dragón de enorme tamaño, creado artificialmente, con una espada en la boca y ojos centelleantes con gemas, temible y aterrador. Anualmente, vírgenes adornadas con flores eran sacrificadas, acercándose sin saberlo a la escalera donde pendía el dragón, creado por arte diabólica, siendo asesinadas por el golpe de la espada que derramaba sangre inocente. Un monje desmanteló este engaño, palpando cada escalón con un bastón, descubriendo el engaño diabólico, descendiendo, despedazando al dragón y dividiéndolo, demostrando así que los dioses hechos por manos no son verdaderos.

El héroe que lucha contra el dragón comparte muchas cualidades con este, incluyendo la invulnerabilidad, una conexión que se extiende aún más, simbolizada por características como los ojos brillantes y la espada en la boca. Desde una perspectiva psicológica, el dragón representa el deseo reprimido del hijo hacia la madre; por tanto, el hijo y el dragón se identifican, similar a cómo el héroe del sol y el dragón son, en el fondo, uno solo. Esto explica su afinidad: el dragón es simplemente el aspecto oscuro del héroe mismo, el hijo anhelante de la madre que ha sido apartado de ella. La batalla del héroe solar contra el dragón probablemente representa la separación del hijo de la madre. Mediante la victoria, el héroe vence a su animal interno, liberándose de su poder. Por eso en los mitos, el dragón suele custodiar tesoros, vírgenes, etc. Estos son los bienes preciosos que pertenecen a la madre y que el dragón, como símbolo del vínculo incestuoso, retiene y defiende. La separación, interpretada como un "sacrificio", conduce al héroe a renunciar a su madre. El mito de la Gran Madre representa este pensamiento como la castración del hijo.

El héroe solar, cuyo mito se encuentra en diversas culturas, es un símbolo arquetípico profundamente arraigado en la psique humana. Representa la lucha del individuo por liberarse del vínculo materno y alcanzar la autonomía y la madurez psicológica. En este sentido, el dragón simboliza los aspectos negativos y regresivos de la relación con la madre, que deben ser superados para lograr un desarrollo psicológico saludable.

La batalla del héroe contra el dragón puede interpretarse como un proceso de individuación, en el cual el individuo se enfrenta a sus propios aspectos oscuros y destructivos, representados por el dragón, para integrarlos y transformarlos en energía creativa. Este proceso implica un sacrificio simbólico, una renuncia a los aspectos infantiles y regresivos del vínculo materno, para poder alcanzar un nivel superior de conciencia y madurez.

En la mitología, este sacrificio suele representarse como la castración del hijo por parte de la Gran Madre. Este motivo simboliza la necesidad de renunciar a la identificación con la madre y a los aspectos femeninos de la psique, para poder desarrollar una identidad masculina madura y autónoma. Sin embargo, este proceso no implica un rechazo total de lo femenino, sino una integración armoniosa de los aspectos masculinos y femeninos de la psique.

El mito del héroe solar también puede interpretarse como una representación simbólica del ciclo de la vida y la muerte, y de la regeneración de la naturaleza. El héroe, al igual que el sol, nace cada día, lucha contra las tinieblas de la noche y finalmente muere, para volver a renacer al día siguiente. Este ciclo eterno de muerte y renacimiento simboliza la capacidad de la vida para renovarse y transformarse continuamente, superando los obstáculos y las adversidades.

En el caso de Sigfrido, su lucha contra el dragón Fafner representa su enfrentamiento con los aspectos oscuros y regresivos de su propia psique, simbolizados por el vínculo incestuoso con su madre. Al vencer al dragón y apoderarse del tesoro, Sigfrido logra liberarse de este vínculo y alcanzar un nivel superior de conciencia y madurez. Sin embargo, este proceso no está exento de dificultades y peligros, ya que implica enfrentarse a los propios miedos y resistencias internas.

La serpiente, como representación de la lucha contra las tentaciones y peligros, se asocia estrechamente con Cristo. Al igual que la serpiente, Cristo debe ser crucificado, simbolizando el esfuerzo por regresar a la madre, muriendo suspendido en el árbol maternal. El dragón del Anticristo y Cristo comparten una relación profunda en sus historias y significados cósmicos, reflejando el eterno mito del héroe. La racionalización del dragón como un simple truco es un reflejo significativo de la visión racionalista de la época, efectivamente desmitificando a las deidades amenazantes. Este mecanismo también se observa en individuos con esquizofrenia, quienes pueden depreciar figuras impactantes negando su autenticidad y describiéndolas como artificiales o fabricadas. Un sueño relatado por un paciente con esquizofrenia ilustra esta negación, donde el sol y la luna son percibidos como meras creaciones de papel, simbolizando la negación de los efectos dañinos del incesto.

El descenso a través de los trescientos sesenta y cinco escalones representa el ciclo solar, adentrándose en la cueva de la muerte y el renacimiento, vinculada directamente con la figura materna subterránea de la muerte. Según Malalas, historiador de Antioquía, Diocleciano dedicó una cripta a Hécate en este lugar, accesible mediante trescientos sesenta y cinco escalones, sugiriendo una conexión con los misterios de Hécate celebrados también en Samotracia, donde la serpiente juega un papel crucial en estos rituales. Hacia finales del siglo IV, el culto a Hécate experimentó un auge en Roma, relacionando las leyendas mencionadas con sus prácticas devocionales.

Hécate, deidad nocturna y espectral, se asocia frecuentemente con lo macabro y lo fantasmal. A veces se la representa montando y es considerada protectora de los jinetes por Hesíodo. Ella invoca a Empusa, un terror nocturno descrito por Aristófanes como encerrado en una vejiga llena de sangre. Tanto Empusa como Hécate comparten características distintivas, como pies inusuales; Empusa con un pie de bronce y otro de estiércol de asno, mientras que Hécate tiene pies de serpiente, destacando su naturaleza libidinal y fálica.

En Tralles, Hécate se muestra al lado de Príapo, existiendo incluso una versión de Hécate Afrodisias. Sus símbolos incluyen la llave, el látigo, la serpiente, la daga y la antorcha, y a menudo está acompañada por perros, reflejando su papel como guardiana de la entrada al Hades y su identificación con Cerbero en su forma triple. Hércules, al traer a Cerbero al mundo superior, simboliza la conquista sobre la madre de la muerte.

Como deidad lunar, Hécate se asocia con la locura y la demencia, sugiriendo una conexión mítica con el material de fantasía incestuosa dominante en muchos casos de locura.

Durante los misterios de Cerbero, se partía una vara llamada λευκόφυλλος, que resguardaba la pureza de las vírgenes y provocaba locura en quienes la tocaban, remitiendo al motivo del árbol sagrado, intocable bajo pena de locura.

Hécate también se manifiesta como pesadilla bajo las formas de Empusa, en un papel vampírico, o como Lamia, devoradora de hombres, y posiblemente en la más bella figura de "La Novia de Corinto". Ella es la madre de todos los hechizos y brujerías, patrona de Medea, reflejando el poder mágico e irresistible de la "madre terrible" emanando desde el inconsciente.

En el sincretismo griego, Hécate juega un rol fundamental, a menudo confundida con Artemisa, quien también lleva el epíteto de ἑκάτη, reflejando su capacidad para impactar a distancia o según su voluntad, reconociendo su poder supremo. Artemisa, la cazadora con perros, se fusiona con Hécate como la cazadora nocturna salvaje, destacando la polivalencia de estas figuras divinas en la mitología y el culto griego.

Desde la perspectiva de la teoría de la libido, resulta comprensible esta conexión, ya que Apolo simplemente representa el aspecto más positivo de la misma energía vital. Es entendible la asociación de Hécate con Brimo como una figura materna subterránea, así como con Perséfone y Rea, la primitiva madre universal. También se puede comprender a través del significado maternal su confusión con Ilithyia, la partera.

Hécate está directamente relacionada con los nacimientos, la multiplicación del ganado y es la diosa del matrimonio. Orfológicamente, Hécate ocupa un lugar central en el mundo, al igual que Afrodita y Gea, e incluso se la considera como el alma del mundo en general. En una gema tallada, se la representa llevando una cruz en la cabeza. La viga sobre la que se azotaba al criminal se llama "hekaté". Como la Trivia romana, a ella se le dedicaban los caminos triples o Scheideweg, es decir, los "caminos bifurcados" o transversales.

En estos lugares donde los caminos se bifurcan o se unen, se realizaban sacrificios de perros y se arrojaban los cuerpos de los ajusticiados, ya que el sacrificio se efectuaba en el punto de cruce. Etimológicamente, "scheide", que significa "vaina" (como en la vaina de una espada, en la vaina de un cobertizo de agua o en la vaina de la vagina), es idéntico a "scheiden", que significa "partir" o "separar". Por lo tanto, el significado de un sacrificio en este lugar sería ofrecer algo a la madre en el punto de unión o en la fisura.

Esto se compara con el sacrificio a los dioses ctónicos en el abismo. Los Temenos de Ge, el abismo y el pozo, se comprenden fácilmente como las puertas de la vida y de la muerte, "por las que todo el mundo se arrastra gustosamente" (como se menciona en Fausto), y allí se sacrifican su óbolo o sus "pelanoi", en lugar de sus cuerpos, de la misma manera que Hércules calma a Cerbero con las tortas de miel.

La grieta de Delfos, con el manantial Castalia, fue el lugar donde residía el dragón ctónico Pitón, vencido por el héroe-sol, Apolo. En Hierápolis (Edesa), el templo se erigió sobre la grieta por la que se había derramado el diluvio, y en Jerusalén, la primera piedra del templo cubría el gran abismo, al igual que muchas iglesias cristianas se construyen sobre cuevas, grutas y pozos.

Desde la gruta de Mitra hasta las catacumbas cristianas, cuyo significado no se debe a las persecuciones legendarias sino al culto de los muertos, encontramos el mismo motivo fundamental. El entierro de los muertos en un lugar sagrado (en el "jardín de los muertos", en claustros, criptas, etc.) es la devolución a la madre, con la esperanza cierta de la resurrección que recompensa adecuadamente tal entierro.

El animal de la muerte que habita en la cueva tuvo que ser apaciguado en los primeros tiempos mediante sacrificios humanos, y más tarde con ofrendas naturales. Así, la costumbre ática de ofrecer a los muertos el "melitoutta" para apaciguar al perro del infierno, el monstruo de tres cabezas a las puertas del inframundo, es un ejemplo. Una elaboración más reciente de las ofrendas naturales parece ser el óbolo para Caronte, quien, por tanto, es designado por Rohde como el segundo Cerbero, correspondiente al dios egipcio Anubis, con cabeza de perro.

Perro y serpiente del inframundo son igualmente identificados. En las tragedias, las Erinias son representadas también como serpientes además de perros; y las serpientes Tychon y Echidna son los progenitores de las serpientes-Hidra, el dragón de las Hespérides y Gorgona; mientras que Cerbero, Orthrus y Scylla son perros. Tanto las serpientes como los perros son protectores del tesoro.

Es probable que el dios ctónico siempre fuera representado como una serpiente que habitaba en una cueva y se alimentaba con "pelanoi". En el período posterior al de Asclepiades, las serpientes sagradas apenas eran visibles, lo que sugiere que probablemente solo existían de forma simbólica. Solo quedaba el agujero donde se decía que habitaba la serpiente, donde se colocaba el "pelanoi"; más tarde, se arrojaba el óbolo.

La caverna sagrada en el templo de Kos consistía en un pozo rectangular con una tapa de piedra, que tenía un agujero cuadrado; esta disposición funcionaba como una especie de tesoro. El agujero de la serpiente se convirtió en una rendija para el dinero, una "caja de sacrificios", y la caverna se asoció con un "tesoro". Este desarrollo, como señala Herzog, concuerda excelentemente con la realidad, como se demuestra por un hallazgo en el templo de Asclepio e Hygieia en Ptolemais:

"Se encontró una serpiente de granito enroscada, con el cuello arqueado. En el centro del enroscamiento se ve una estrecha hendidura, pulida por el uso, lo suficientemente grande como para que caiga por ella una moneda de cuatro centímetros de diámetro como máximo. A los lados hay agujeros para asas con las que levantar las pesadas piezas, cuya mitad inferior sirve de tapa" -Herzog, Ibídem, p. 212.

La serpiente, ahora convertida en protectora del tesoro, reposa sobre la casa del tesoro. El temor al vientre materno de la muerte ha sido transformado en el guardián del tesoro de la vida. Que la serpiente sea realmente un símbolo de la muerte en este sentido, es decir, de la libido inactiva, se deduce del hecho de que las almas de los muertos, al igual que los dioses ctónicos, se representan como serpientes, como habitantes del reino de la madre de la muerte.

Este desarrollo del símbolo permite entender fácilmente la transición desde el significado originalmente muy primitivo de la grieta en la tierra como madre al significado de la casa del tesoro, y puede respaldar la etimología de Hort, "acumular, tesoro", como sugiere Kluge. Según Kluge, κεύθω, derivado de κὲῦθος, significa el vientre más profundo de la tierra (Hades); κύσθος, que Kluge añade, tiene un significado similar, refiriéndose a una cavidad o vientre.

Prellwitz no menciona esta conexión. Sin embargo, Fick compara el alto alemán moderno "hort", el gótico "huzd", con el armenio "kust", que significa "abdomen"; el eslavo eclesiástico "čista", el sánscrito "kostha" que significa "abdomen", de la raíz indogermánica "koustho-s" que se refiere a "víscera, bajo vientre, habitación, almacén".

Prellwitz compara "κύσθος" con "κύστις", que significa "vejiga urinaria, bolsa, monedero"; sánscrito "kustha-s", que significa "cavidad de los lomos"; luego "κύτος", que significa "cavidad, bóveda"; "κύτις", que significa "pecho pequeño", de "κυέω", que significa "estar embarazada". Aquí, de "κύτος" = cueva, "κύυαρ" = agujero, "κύαθος" = copa, "κύλα" = depresión bajo el ojo, "κῦμα" = hinchazón, ola, oleaje, "κῦρος" = poder, fuerza, "κύριος" = señor, iranio antiguo "caur, cur" = héroe; sánscrito "çura-s" = fuerte, héroe. Las raíces indogermanas fundamentales son "kevo" = hincharse, ser fuerte. De ahí los citados "κυέω", "κύαρ", "κῦρος" y el latín "cavus" = hueco, abovedado, cavidad, agujero; "cavea" = cavidad, recinto, jaula, escena y asamblea; "caulæ" = cavidad, abertura, recinto, puesto; "kuéyô" = hincharse; participio, "kueyonts" = hinchazón; "en-kueyonts" = preñado, ἐγηυέων = latín "inciens" = preñado; compárese sánscrito "vi-çvá-yan" = hinchazón; "kûro-s" (kevaro-s), héroe fuerte, poderoso.

El tesoro que el héroe extrae de la oscura caverna es la vida que se hincha; es él mismo, el héroe, recién nacido de la ansiedad del embarazo y la agonía del parto. Por eso al portador del fuego hindú se le llama Mâtariçvan, que significa el que se hincha en la madre. El héroe que lucha hacia la madre es el dragón, y cuando se separa de la madre se convierte en el conquistador del dragón.

Esta línea de pensamiento, insinuada anteriormente en Cristo y el Anticristo, se puede rastrear incluso en los detalles de la imaginación cristiana. Hay una serie de imágenes medievales en las que la copa de la comunión contiene un dragón, una serpiente o algún tipo de animal pequeño. La copa es el recipiente, el vientre materno, del dios resucitado en el vino; la copa es la caverna donde habita la serpiente, el dios que muda de piel, en estado de metamorfosis; pues Cristo también es la serpiente.

Estos simbolismos se utilizan en una conexión oscura en I Corintios, versículo 10: Pablo escribe de los judíos que "fueron todos bautizados según Moisés en la nube y en el mar" (también renacidos) y "bebieron todos la misma bebida espiritual; porque bebieron de la roca espiritual que los seguía, y esa roca era Cristo." Bebieron de la madre (la roca generadora, el nacimiento de la roca) la leche del rejuvenecimiento, el hidromiel de la inmortalidad, y esta Roca era Cristo, aquí identificado con la madre, porque es el representante simbólico de la libido materna.

Cuando bebemos de la copa, entonces bebemos del pecho de la madre la inmortalidad y la salvación eterna. Pablo escribió de los judíos que comieron y luego se levantaron para bailar y entregarse a la fornicación, y luego veintitrés mil de ellos fueron barridos por la plaga de serpientes. Sin embargo, el remedio para los supervivientes fue la visión de una serpiente colgada en un poste. De ella se derivó la cura.

Un relato de un paciente ilustra estas ideas:

"Ahora que las hojas de higuera y la cubierta se han quitado, es porque has vuelto al Señor. Pues el Señor es el Espíritu, y donde está el espíritu del Señor, hay libertad; allí se refleja la claridad del Señor con el rostro descubierto. Esto es precioso delante de Dios, y esta es la gloria del Señor, y el adorno de nuestro Dios, cuando estás en la imagen y el honor de tu Dios, como Dios te creó, desnudo y sin vergüenza.

"¿Quién puede alabar suficientemente en los hijos e hijas del Dios viviente aquellas partes del cuerpo que están destinadas a procrear?

"En el regazo de las hijas de Jerusalén está la puerta del Señor, y allí entrarán los Justos al templo, al altar. Y en el regazo de los hijos del Dios viviente está el tubo de agua de la parte superior, que es un tubo, como una vara, para medir el templo y el altar. Y debajo del tubo de agua están colocadas las piedras sagradas, como señal y testimonio del Señor, que ha tomado para sí la descendencia de Abraham.

"De las semillas de la cámara de la madre, Dios crea un hombre con sus manos, como imagen de sí mismo. Entonces se abre la casa de la madre y la cámara de la madre en las hijas del Dios vivo, y Dios mismo engendra un hijo por medio de ellas. Así crea Dios hijos de las piedras, pues de las piedras sale la semilla".

La historia nos enseña en múltiples ejemplos cómo los misterios religiosos son susceptibles de transformarse súbitamente en orgías sexuales debido a que tienen su origen en una sobrevaloración de la orgía. Es característico que esta divinidad priápica vuelva al viejo símbolo de la serpiente, que en el misterio entra en los fieles, fecundándolos y espiritualizándolos, aunque originalmente poseyera un significado fálico.

En los misterios de los Ofitas, la fiesta se celebraba realmente con serpientes, y hasta se besaba a los animales. (En las orgías sexuales de ciertas sectas cristianas modernas, el beso fálico desempeña un papel muy importante. Un paciente campesino inculto y loco es poco probable que conociera las ceremonias religiosas ofíticas).

El significado fálico se expresa negativa o misteriosamente a través de la serpiente, que siempre apunta a un pensamiento secreto relacionado. Este pensamiento relacionado se conecta con la madre; así, en un sueño un paciente encontró la siguiente imaginería: "Una serpiente salió disparada de una cueva húmeda y mordió al soñante en la región de los genitales". Este sueño tuvo lugar en el instante en que el paciente se convenció de la verdad del análisis, y comenzó a liberarse de la atadura de su complejo materno. El significado es: Estoy convencido de que estoy inspirado y envenenado por la madre. La manera contraria de expresarse es característica del sueño.

En el momento en que el paciente sintió el impulso de seguir adelante, percibió el apego a la madre. Otro paciente tuvo el siguiente sueño durante una recaída, en la que la libido volvió a introvertirse por completo durante un tiempo: "Estaba completamente llena por dentro de una gran serpiente; sólo un extremo de la cola asomaba por su brazo. Quiso agarrarla, pero se le escapó". Un paciente con una introversión muy fuerte (estado catatónico) se quejó de que tenía una serpiente atascada en la garganta.

Este simbolismo también es utilizado por Nietzsche en la "visión" del pastor y la serpiente:

"Y en verdad, lo que vi no se parecía a nada que hubiera visto antes. Vi a un joven pastor, retorciéndose, ahogándose, retorciéndose con el rostro convulso, de cuya boca colgaba una serpiente negra y pesada.

"¿Había visto alguna vez tanta repugnancia y pálido temor en un semblante? ¿Acaso estaba durmiendo y la serpiente se le metió en la boca y allí lo mordió?

"Mi mano rasgaba la serpiente y rasgaba en vano; no conseguía arrancársela de la boca. Entonces grité: '¡Muerde! ¡Muerde! ¡Córtale la cabeza! ¡Muerde! exclamé; todo mi horror, mi odio, mi repugnancia, mi compasión, todo lo bueno y lo malo brotó de mí en una sola voz.

"¡Intrépidos que me rodeáis! Resolvedme el enigma que vi, aclaradme la visión del más solitario.

"Pues era una visión y una profecía; ¿qué contemplé entonces en parábola? ¿Y quién es el que aún ha de venir?

"¿Quién es el pastor en cuya boca se deslizó la serpiente? ¿Quién es el hombre en cuya garganta se arrastró toda la pesadez y lo más negro?

"Pero el pastor mordió, como le había dicho mi grito; ¡mordía con un mordisco enorme! Lejos escupió la cabeza de la serpiente y se levantó de un salto.

"¡Ya no pastor, ya no hombre, un ser transfigurado, un ser iluminado, que reía! ¡Jamás en la tierra un hombre rió como él rió!

"Oh hermanos míos, oí una risa que no era risa humana, y ahora me consume una sed, un anhelo que nunca se calma.

"Mi anhelo de esta risa me corroe. Oh, ¡cómo puedo sufrir aún para vivir! Y ahora, ¡cómo puedo soportar morir!"

La serpiente representa la libido introvertida, a través de la cual uno es fecundado, inspirado, regenerado y renace del Dios. En la filosofía hindú, esta idea de actividad creativa e intelectual tiene incluso un significado cosmogénico. El desconocido creador original de todas las cosas es, según el Rigveda 10, 121, Prajâpati, el "Señor de la Creación". En los diversos Brahmas, su actividad cosmogénica fue representada de la siguiente manera:

"Prajâpati deseó: 'Me procrearé, seré múltiple'. Realizó Tapas; después de haber realizado Tapas creó estos mundos".

La extraña concepción de Tapas debe traducirse, según Deussen, como "se calentó a sí mismo con su propio calor, con el sentido de 'empolló, incubó'". Aquí el incubador y lo incubado no son dos, sino uno y el mismo ser idéntico. Como Hiranyagarbha, Prajâpati es el huevo producido de sí mismo, el huevo-mundo, del que se empolla a sí mismo. Se arrastra dentro de sí mismo, se convierte en su propio útero, se embaraza de sí mismo, para dar a luz al mundo de la multiplicidad.

Así Prajâpati, por la vía de la introversión, se transformó en algo nuevo, la multiplicidad del mundo. Es de especial interés observar cómo las cosas más remotas entran en contacto. Deussen observa:

"En la medida en que la concepción de Tapas (calor) se convierte en la India caliente en símbolo de esfuerzo y angustia, el 'tapo atapyata' comenzó a asumir el significado de autocastigo y se relacionó con la idea de que la creación es un acto de autorrenuncia por parte del Creador".

Autoincubación, autocastigo e introversión son ideas muy estrechamente relacionadas. La visión de Zosimos antes mencionada traiciona la misma línea de pensamiento, donde se dice del lugar de la transformación: ὁ τόπος τῆς ἀσκήσεως. Ya hemos observado que el lugar de la transformación es realmente el útero.

La absorción en uno mismo (introversión) es una entrada en el propio útero y al mismo tiempo ascetismo. En la filosofía de los brahmanes, el mundo surgía de esta actividad; entre los gnósticos postcristianos producía el renacimiento y el renacimiento espiritual del individuo, que nacía en un nuevo mundo espiritual.

La filosofía hindú es considerablemente más atrevida y lógica, y supone que la creación resulta de la introversión en general, como en el maravilloso himno del Rigveda, 10, 29, se dice:

"Lo que estaba oculto en la cáscara

Nació a través del poder de tormentos ardientes.

De esto surgió primero el amor,

Como el germen del conocimiento,

El sabio encontró las raíces de la existencia en la no existencia,

Investigando los impulsos del corazón".

Este punto de vista filosófico interpreta el mundo como una emanación de la libido, y esto debe ser ampliamente aceptado tanto desde el punto de vista teórico como psicológico, pues la función de la realidad es una función instintiva que tiene el carácter de adaptación biológica. Cuando un paciente demente provocó el fin del mundo a través de su libido-introversión, expresó un punto de vista psicológico totalmente racional, del mismo modo que Schopenhauer deseaba abolir a través de la negación (santidad, ascetismo) el error de la voluntad primigenia, a través de la cual se creó el mundo.

Como dijo Goethe:

"Sigues una pista falsa;

No creas que no hablamos en serio;

¿No está el núcleo de la naturaleza

en el corazón de los hombres"?

El héroe, encargado de rejuvenecer el mundo y conquistar la muerte, es la libido misma. Rumia dentro de sí misma en la introversión, se enrosca como una serpiente alrededor de su propio huevo. Aparentemente amenaza la vida con una mordedura venenosa, llevándola hacia la muerte. Desde esa oscuridad, conquistándose a sí misma, vuelve a dar a luz. Nietzsche está familiarizado con esta concepción:

"Por cuánto tiempo has estado sentado sobre tu desdicha.

Presta atención, no sea que estés incubando un huevo,

Un huevo de basilisco

De tu largo trabajo".

El héroe mismo es una serpiente, es tanto el sacrificador como el sacrificado. Posee la naturaleza de una serpiente. Por eso, Cristo se compara con la serpiente. El principio redentor del mundo de la secta gnóstica conocida como Ofita era la serpiente. La serpiente es tanto Agatho como Kako, el bien y el mal.

Es comprensible cuando, en la mitología germánica, se dice que los héroes tenían ojos de serpiente. Recuerdo el paralelismo establecido anteriormente entre los ojos del Hijo del hombre y los del dragón Tarpeya. En los cuadros medievales mencionados anteriormente, el dragón, en lugar del Señor, aparecía en la copa; el dragón, con miradas cambiantes, de serpiente, custodiaba el misterio divino del renacimiento renovado en el seno materno.

En Nietzsche revive de nuevo la antigua idea, aparentemente extinguida hace mucho tiempo:

"Conmovido por la ternura, como el viento que se deshiela,

Zaratustra espera sentado en su colina,

endulzado y cocido en su propio jugo,

Bajo sus cumbres,

Bajo su hielo se sienta,

Cansado y feliz,

Un Creador en su séptimo día.

¡Silencio!

¡Es mi verdad!

De ojos vacilantes-

De sombras aterciopeladas

Su mirada se encuentra con la mía,

Encantadora, traviesa, la mirada de una muchacha.

Ella adivina la razón de mi felicidad,

Me adivina... ¡Ja! ¿Qué está tramando?

Un dragón púrpura acecha

En el abismo de su mirada de doncella.

Ay de ti, Zaratustra,

Pareces alguien

Que ha tragado oro,

Tu vientre será abierto en canal".

En este poema, se encapsula prácticamente todo el simbolismo que hemos desarrollado anteriormente a partir de otras conexiones. En el mito de Cecrops, aún se conservan rastros distintivos de la identidad primigenia de la serpiente y el héroe. Cecrops mismo es mitad serpiente, mitad hombre. Probablemente, originalmente era la serpiente ateniense de la propia ciudadela.

Como un dios enterrado, es como Erecteo, un dios serpiente ctónico. Sobre su morada subterránea se alza el Partenón, el templo de la diosa virgen (comparable a la idea de la iglesia cristiana). La muda de la piel del dios, que ya hemos mencionado brevemente, guarda una relación más estrecha con la naturaleza del héroe.

También hemos hablado del dios mexicano que cambia de piel. Se dice que Mani, el fundador de la secta maniquea, fue asesinado, desollado, disecado y colgado, como la muerte de Cristo pero bajo otra forma mitológica. Marsyas, que parece ser un sustituto de Atis, el hijo-amante de Cibeles, también fue desollado.

Cada vez que moría un rey escita, se sacrificaban esclavos y caballos, se les desollaba y disecaba, y luego se les volvía a colocar. En Frigia se sacrificaba y desollaba a los representantes del dios-padre. Lo mismo ocurría en Atenas con un buey, que era desollado y disecado y luego enganchado al arado. De este modo se celebraba el renacimiento de la fertilidad de la tierra.

Esto explica fácilmente el fragmento de los misterios de Sabazios que nos ha transmitido Firmicus: "El toro del dragón y el padre del toro, el dragón".

La forma activa fructificante (esfuerzo hacia arriba) de la libido se transforma en la fuerza negativa que se esfuerza hacia abajo, hacia la muerte. El héroe, como símbolo de la primavera (carnero, toro), conquista las profundidades del invierno; más allá del solsticio de verano, es atacado por el inconsciente anhelo de muerte y es mordido por la serpiente. Sin embargo, él mismo es la serpiente.

Pero está en conflicto consigo mismo y, por tanto, el descenso y el fin le parecen invenciones maliciosas de la madre de la muerte, que de este modo desea atraerlo hacia sí. Los misterios, sin embargo, prometen consuelo al afirmar que no hay contradicción ni desarmonía cuando la vida se transforma en muerte: "El toro del dragón y el padre del toro, el dragón".

Nietzsche también expresa este misterio:

"Aquí me siento ahora,

Es decir, estoy tragado

Por este el más pequeño oasis-

-Se abrió bostezando,

Sus hermosas fauces abiertas.

¡Salve! ¡Salve! a ese pez ballena,

Cuando por el bienestar de sus invitados

¡Proveyó así!

- - - - -

Salve a su vientre

Si también tuviera

Un vientre de oasis tan encantador

El desierto crece, ¡ay de aquel

Que esconde el desierto

Piedra muele sobre piedra, el desierto

engulle y estrangula.

La monstruosa muerte mira, marrón resplandeciente,

Y mastica-su vida es su masticar...

No olvides, oh hombre, quemado por la lujuria,

Tú eres la piedra, el desierto,

Tú eres la muerte".

El simbolismo de la serpiente en la Última Cena se interpreta a través de la conexión del héroe con este animal: el dios se fusiona con la madre tierra; como fruto del campo y sustento materno, se convierte en alimento y, al mismo tiempo, en elixir de inmortalidad para el iniciado, o se une a él en forma de serpiente. Estas imágenes simbolizan la emancipación del deseo prohibido, desencadenando una renovación vital. Esta emancipación se manifiesta a través de figuras que evocan el anhelo incestuoso.

En este contexto, resulta pertinente reflexionar sobre el psicoanálisis como herramienta terapéutica. Lo esencial del análisis reside en redescubrir el deseo oculto, esa libido que ha escapado del control consciente (recordando al pez de Moisés en la narrativa islámica, que emprende un camino misterioso hacia el mar). Freud, en su destacado ensayo "Sobre la dinámica de la transferencia", afirma:

"La libido ha regresado a un estado regresivo y reanima las fantasías de la infancia".

Esto se traduce, en términos mitológicos, en que el sol es devorado por la serpiente nocturna, el tesoro queda escondido y vigilado por el dragón: una sustitución de una adaptación actual por una infantil, reflejada en los síntomas neuróticos. Freud continúa diciendo:

"El análisis busca esa libido escondida para traerla a la conciencia y adaptarla a la realidad. Cada vez que se toca este deseo oculto, se desata una batalla; todas las fuerzas que promovieron su regresión se oponen para mantener su nuevo estado."

Mitológicamente, esto se interpreta como el héroe en busca del sol perdido, el fuego, el sacrificio de la virgen o el tesoro, enfrentándose al dragón, símbolo de la libido resistente. Estas analogías demuestran cómo el psicoanálisis activa aspectos cruciales de la vida, resaltando la importancia de este proceso.

Tras derrotar al dragón, Sigfrido se topa con un preocupado Wotan, quien lamenta que la madre primigenia, Erda, ha interpuesto la serpiente en su camino para mermar su luz. Le cuestiona a Erda:

Errante:

Sabia entre todas,

tu inquietud ha sembrado

en el valeroso corazón de Wotan

el temor a su ruina y caída.

Su mente se inunda con las visiones

que profetizaste.

¿Acaso eres la mujer más perspicaz del mundo?

Ilústrame

¿Cómo puede un dios superar sus temores?

Erda:

No eres

quien dices ser.

Este es un tema recurrente en Wagner: la madre despoja a su hijo, el dios-sol, del gozo de vivir mediante un aguijón venenoso, despojándolo de su poder, vinculado a su nombre. Isis exige conocer el nombre del dios; Erda responde: "No eres quien dices ser". Pero el "Errante" halla la forma de romper el hechizo materno, el miedo a la muerte:

"La caída de los inmortales

ya no me aflige,

pues he deseado su fin.

"Te entrego, querido Wälsung,

mi legado con júbilo.

Al eternamente joven

el dios cede con placer".

Estas reflexiones profundas revelan la verdadera fuente de nuestra lucha interna. No es una influencia externa la que coloca obstáculos venenosos en nuestro camino, sino nuestra propia fuerza vital, nuestra libido, que anhela completar su trayecto solar desde el amanecer hasta el mediodía, y más allá, hacia el ocaso, no en conflicto consigo misma, sino aspirando a la conclusión y al renacimiento.

Zaratustra, el personaje de Nietzsche, nos enseña:

"Te celebro, mi muerte, la muerte voluntaria, que me visita por mi propio deseo.

"¿Y cuándo desearé mi fin?

"Aquel que tiene un propósito y un legado anhela la muerte en el momento justo para su misión y su sucesor.

"Y ese es el gran mediodía, cuando el hombre, en pleno viaje, se encuentra entre su yo actual y el superhombre, y ve su avance hacia el crepúsculo como su esperanza más elevada: pues marca el camino hacia un nuevo amanecer.

"El que declina bendecirá su propio ocaso, visto como una transición, y el sol de su sabiduría alcanzará su zenit".

Sigfrido, tras vencer a Wotan, se encuentra con Brunilda. Lo primero que capta su atención es su caballo; después, cree ver a un hombre armado. Rompe la armadura que protege al durmiente. Al descubrir que es una mujer, el miedo lo invade:

"Mi corazón titubea, se debilita;

¿A quién llamar

para que me auxilie?

¡Madre! ¡Madre!

Recuérdame.

"¿Debería esto causarme miedo?

¡Oh, madre! ¡Madre!

¡Tu valiente hijo!

Ante mí yace una mujer dormida:-

¡Y ella me ha enseñado a temer!

"¡Despierta! ¡Despierta!

¡Noble doncella!

Entonces, la dulzura de sus labios

...será mía...

aunque en un beso encuentre la muerte".

En el dueto subsiguiente, se invoca a la madre:

"¡Oh madre, bendita seas!

por haberte dado a luz".

La confesión de Brunilda es particularmente reveladora:

"Oh, sabías que eras la luz del mundo,

¡cuánto te he amado siempre!

Eras mi dicha,

mi preocupación.

Velé por tu vida;

Incluso antes de ser tuyo,

antes de tu nacimiento,

mi protección te resguardaba".

Este fragmento subraya claramente la preexistencia del héroe y la de Brunilda como su compañera y figura materna. Sigfrido confirma diciendo:

"¿Entonces mi madre no ha sido arrebatada por la muerte?

¿Estaba sumida en un sueño profundo?"

La figura de la madre-imago, emblema de la libido que muere y renace, es descrita por Brunilda al héroe como la manifestación de su propio deseo:

"Soy tuya

si en tu amor hallo bendición".

Brunilda revela el profundo misterio del Logos, que penetra en la madre para ser regenerado, con estas palabras:

"¡Oh Sigfrido, Sigfrido!

¡Brillo victorioso!

Siempre te he amado,

pues presentí

el secreto que Wotan ocultaba-

...ese pensamiento que me atreví...

...a no revelar.

Todo lo que estaba confuso

resplandecía en mi corazón

batallaba y sufría;

por eso desprecié

al que lo ideó:

Por lo cual, como castigo,

encerrada estuve,

sin meditarlo

y solo sintiendo,

pues, en mi reflexión,

Oh, ¿podrías intuirlo?

era únicamente mi amor por ti".

La serie de metáforas eróticas que siguen dejan en claro el tema del renacimiento:

Sigfrido:

"Una inundación gloriosa

se despliega ante mí

Con toda mi alma

solo puedo ver

sus olas vivaces y jubilosas.

Aunque en lo profundo

no me reconozco,

Con ansias deseo

el consuelo del agua;

Y ahora tal como estoy,

me zambullo en la corriente.

Que sus olas

me sumerjan en el éxtasis".

El significado del bautismo, al sumergirse en las aguas maternales del renacimiento, se explora profundamente aquí. Se hace referencia a la imago de la "madre terrible", la madre de los héroes, quien les inculca el miedo, como lo expresa Brunilda (la mujer-caballo que guía a los muertos al más allá):

"¿No temes, Sigfrido?

¿No temes

A la mujer salvaje y furiosa?"

El fervoroso "Occide moriturus" se hace eco en las palabras de Brunilda:

"Riendo perdámonos-

Riendo descendamos a la muerte."

Y en las palabras

"Amor que da luz,

Riendo a la muerte."

se encuentra el mismo contraste significativo.

Los destinos posteriores de Sigfrido son los de Invictus: la lanza del sombrío y tuerto Hagen golpea su punto vulnerable. El viejo sol, que se ha transformado en el dios de la muerte, el tuerto Wotan, hiere a su descendiente, solo para renacer nuevamente en eterna juventud. El curso del sol invencible ha dotado al misterio de la vida humana con símbolos hermosos e imperecederos; se convirtió en la satisfacción reconfortante de todo anhelo de inmortalidad, de todo anhelo de vida eterna de los mortales.

El ser humano abandona a la madre, fuente de la libido, y es impulsado por la sed eterna a encontrarla de nuevo, a beber de ella la renovación; así completa su ciclo y vuelve nuevamente al seno materno. Cada obstáculo que obstruye su camino de vida, que amenaza su ascenso, lleva los rasgos sombríos de la "madre terrible", que paraliza su energía con el veneno consumidor del sigiloso anhelo retrospectivo.

En cada conquista, recupera el amor sonriente y la madre vivificante, imágenes que pertenecen a las profundidades intuitivas del sentimiento humano, cuyos rasgos se han vuelto mutilados e irreconocibles a través del desarrollo progresivo de la superficie de la mente humana. La severa necesidad de adaptación trabaja sin cesar para borrar los últimos vestigios de estos hitos primitivos del período del origen de la psique humana, y reemplazarlos por líneas que denoten más claramente la naturaleza de los objetos reales.

El Sacrificio

Después de esta extensa digresión, regresemos ahora a la perspectiva de una paciente. Aquí podemos abordar la pregunta sobre el significado del anhelo de Sigfrido por Brunilda. Este anhelo representa el conflicto de la libido por alejarse y, al mismo tiempo, acercarse a la figura materna. Esta paradoja puede entenderse de la siguiente manera: mientras la libido se conforma con fantasías, permanece ligada a la madre en lo más profundo de sí misma. Cuando el deseo busca escapar del círculo mágico del objeto incestuoso y perjudicial, sin encontrar la realidad, el objeto sigue siendo irrevocablemente la madre. Solo al superar los obstáculos de la realidad se logra liberarse de la madre, quien es la fuente continua e inagotable de vida para el creador, pero la muerte para el cobarde, tímido y perezoso.

En el psicoanálisis, es común que los pacientes neuróticos se quejen de sus padres. Aunque a menudo estas quejas y reproches se justifican por las imperfecciones humanas comunes, en muchos casos son en realidad reproches que deberían dirigirse a sí mismos. El reproche y el odio son intentos vanos de liberarse aparentemente de los padres, pero en realidad son expresiones del propio deseo obstaculizador hacia ellos.

En una ocasión, una paciente profirió a través de un personaje una serie de insultos contra su propia familia. Se puede inferir que debe renunciar a todas estas tendencias, ya que encierran un deseo no reconocido. Este héroe, dado a muchas palabras pero a pocos actos, se entrega a vanos anhelos y representa la libido que no ha cumplido su destino, dando vueltas y vueltas en el reino de la madre sin lograr nada a pesar de sus anhelos. Solo aquel que posee el coraje de la voluntad de vivir y el heroísmo para llevarlo a cabo puede romper este círculo mágico.

Si este joven héroe anhelante pudiera poner fin a su existencia, probablemente resucitaría como un hombre valiente en busca de la vida real. Esta necesidad se impone al soñador como un sabio consejo e indicio del inconsciente en su monólogo siguiente, donde llora tristemente:

"En todo el mundo no hay ni uno solo. He buscado entre cien tribus. He observado cien lunas desde que comencé. ¿Es posible que no haya un solo ser que conozca mi alma? Sí, por el Dios soberano, sí. Pero diez mil lunas crecerán y menguarán antes de que nazca esa alma pura. Y es de otro mundo que sus padres vendrán a éste. Tendrá la piel y los cabellos pálidos. Conocerá el dolor antes de que su madre lo dé a luz. El sufrimiento lo acompañará; buscará también, y no encontrará, a nadie que lo comprenda. La tentación asaltará a menudo su alma, pero él no cederá. En sus sueños vendré a él y lo comprenderá. He mantenido mi cuerpo inviolado. He llegado diez mil lunas antes de su época, y él llegará diez mil lunas demasiado tarde. Pero lo entenderá. Solo una vez en diez mil lunas nace un alma como la suya".

En ese momento, una serpiente verde sale de entre los arbustos, se desliza hacia él y le pica en el brazo; luego ataca al caballo, que sucumbe primero. Entonces el héroe se despide de su caballo:

"Adiós, hermano fiel. Entra en el descanso. Te he amado y me has servido bien. Adiós. Pronto me reuniré contigo". Luego, dirigiéndose a la serpiente, dice: "Gracias, hermanita. Has puesto fin a mis andanzas".

Entonces, el héroe, en medio de su sufrimiento, lloró y pronunció su oración:

"Dios soberano, llévame pronto. He intentado conocerte y seguir tu ley. Oh, no permitas que mi cuerpo se corrompa y se pudra, y que sirva de alimento a los buitres". En la distancia, se vislumbra un cráter humeante y se escucha el estruendo de un terremoto, seguido de un temblor de tierra.

El héroe llora en delirio de dolor mientras la tierra cubre su cuerpo:

"He mantenido mi cuerpo inviolado. ¡Ah! Ella comprende. Ja-ni-wa-ma, Ja-ni-wa-ma, tú que me comprendes".

La profecía del héroe es una repetición del poema "Hiawatha" de Longfellow, donde el poeta no pudo evitar el sentimentalismo. Al final de la carrera del héroe, Hiawatha, trae al Salvador de los blancos bajo la apariencia de distinguidos representantes de la religión y la moral cristianas. Con esta profecía, la paciente vuelve a situar su personalidad en estrecha relación con el héroe, siendo de hecho el objeto real del anhelo del personaje. Sin duda, el héroe se habría casado con ella si hubiera vivido en su época, pero lamentablemente llega demasiado tarde. Esta conexión demuestra la afirmación anterior de que la libido se mueve en círculo. La paciente se ama a sí misma; es decir, ella, como el héroe, es buscada por alguien que llega demasiado tarde. Este motivo de llegar demasiado tarde es característico del amor infantil: el padre y la madre no pueden adelantarse. La separación de las dos personalidades por diez mil lunas es un deseo cumplido; con ello, la relación incestuosa queda anulada de manera efectiva. Esta heroína blanca buscará sin ser comprendida (no es comprendida porque no puede comprenderse a sí misma correctamente) y no encontrará. Pero al menos en los sueños, se encontrarán "y ella comprenderá".

La siguiente frase del texto dice: "He mantenido mi cuerpo inviolado". Esta orgullosa afirmación, que naturalmente solo una mujer puede expresar, confirma nuevamente el hecho de que todas las empresas no han sido más que sueños, que el cuerpo ha permanecido "inviolado". Cuando el héroe visita a la heroína en sueños, queda claro lo que quiere decir. Esta afirmación del héroe, de que ha permanecido inviolado, se refiere al fallido atentado contra su vida en el capítulo anterior (el cazador con la flecha) y explica de manera clara lo que realmente significaba este asalto: el rechazo de la fantasía del coito. Aquí el deseo del inconsciente se presenta de nuevo, después de que el héroe lo hubiera reprimido la primera vez, y pronuncia dolorosa e histéricamente este monólogo: "La tentación asaltará a menudo su alma, pero no cederá". Esta afirmación tan atrevida reduce, nobleza obliga, al inconsciente a una enorme megalomanía infantil, lo que siempre ocurre cuando la libido se ve obligada, por circunstancias similares, a regresiones. "¡Sólo una vez en las diez mil lunas nace un alma como la mía!". Aquí el yo inconsciente se expande hasta un grado enorme, evidentemente para cubrir con su jactancia una gran parte del deber descuidado de la vida. Pero el castigo le pisa los talones. Quien se enorgullece demasiado de no haber sufrido ninguna herida en la batalla de la vida, se expone a la sospecha de que ha luchado solo con palabras, cuando en realidad ha permanecido muy lejos de la línea de fuego. Este espíritu es justamente lo contrario del orgullo de esas mujeres salvajes, que señalan con satisfacción las innumerables cicatrices que les causaron sus hombres en la lucha sexual por la supremacía. De acuerdo con esto, y en lógica continuación de lo mismo, todo lo que sigue se expresa en lenguaje figurado. El orgiástico "Occide moriturus", en su mezcla con la risa temeraria del frenesí dionisíaco, enfrenta aquí, con un lamentable disfraz, a una superchería escénica sentimental digna de una edición póstuma de la "moral cristiana". En lugar del falo positivo, aparece el negativo, que conduce al caballo del héroe (su libido animalis), no a la satisfacción, sino a la paz eterna, que es también el destino del héroe. Este final significa que la madre, representada como las fauces de la muerte, devora la libido de la hija. Por lo tanto, en lugar de vida y crecimiento procreativo, solo resulta una fantasiosa autoobligación. Este final débil y sin gloria no tiene ningún significado elevador o iluminador mientras se considere meramente como la solución de un conflicto erótico individual. El hecho de que los símbolos bajo los cuales tiene lugar la solución tengan en realidad un aspecto significativo, revela que tras la máscara individual, tras el velo de la "individuación", se alza una idea primitiva cuyos rasgos severos y graves quitan el valor de considerar el significado sexual del simbolismo como todo suficiente.

Las fantasías sexuales del neurótico y el lenguaje sexual exquisito de los sueños son fenómenos regresivos. La sexualidad del inconsciente no es lo que parece ser; no es más que un símbolo, un pensamiento claro como el día, una decisión, un paso adelante hacia cada meta de la vida, pero expresado en el lenguaje sexual irreal del inconsciente y en la forma de pensamiento de una etapa anterior; una resurrección de los modos anteriores de adaptación. Cuando el inconsciente destaca el deseo del coito, expresado negativamente, indica cómo actuó el hombre primitivo en circunstancias similares. El modo de adaptación que hoy es inconsciente para el ser humano es llevado a cabo por individuos cuyas acciones van más allá de la nutrición y se centran en la sexualidad, caracterizada por la violencia y la crueldad.

La figura del héroe, con su compañero cordero, representa una parte de la libido de la soñadora ligada a la madre (y, por lo tanto, masculina); refleja su personalidad infantil, incapaz aún de comprender la necesidad de dejar atrás a los padres para cumplir el destino completo de la personalidad. Como dijo Nietzsche: "¿Te llamas libre? Quiero escuchar tu pensamiento dominante, no solo que te has librado de un yugo. ¿Tenías derecho a deshacerte de él?".

Cuando el héroe muere, se cumple un deseo: el héroe infantil que no puede desprenderse del cuidado materno fallece. Este evento marca un gran avance tanto para la libertad interior como para la exterior, al romperse el vínculo madre-hija. Sin embargo, el deseo de permanecer como niños durante demasiado tiempo persiste en el ser humano, quien preferiría detener el paso del tiempo para conservar la juventud eterna antes que enfrentar la muerte y la corrupción en la tumba.

El ocio perpetuo alimenta el miedo a la muerte, el lamento por lo que fue y la vana nostalgia. Aunque en la nostalgia se pueda olvidar temporalmente que el tiempo avanza inexorablemente, las señales del envejecimiento recuerdan que el paso del tiempo no se detiene. Ni siquiera el deseo de preservar el cuerpo indemne evita la ley inexorable del envejecimiento y la muerte.

Quienes intentan evadir las exigencias de la vida no logran nada y se condenan a una edad y una muerte prematuras, agravadas por el vacío y la falta de sentido de su existencia. Si la libido no se canaliza hacia una vida progresiva, dispuesta a asumir riesgos y pérdidas, se sumerge en sus propias profundidades, rumiando sobre la inmortalidad de toda vida y el anhelo de renacimiento.

Hölderlin ilustra este camino en su poesía y vida. Permitamos que el poeta hable a través de su canción:

"A la Rosa.

En el seno materno eterno

Dulce reina de los prados,

Aún la viva y excelsa

La naturaleza nos lleva a ti y a mí.

Pequeña rosa, el poder feroz de la tormenta

Despoja nuestras hojas y nos altera;

Pero el germen inmortal se elevará

A nuevas flores, milagrosas".

Se pueden realizar varios análisis acerca de la metáfora central de este poema. La rosa representa el amor hacia una mujer (simbolizado por la "Haidenröslein" de Goethe, o rosa del brezo). Esta flor, que brota en el jardín de la joven, simboliza igualmente la libido. Cuando el autor sueña con encontrarse junto a la rosa en el útero de la madre naturaleza, simbólicamente, su deseo se encuentra con la figura materna. Este escenario es un espacio de constante germinación y renacimiento, un tema ya visto en el himno Hierosgamos (Ilíada XIV) que habla de matrimonios en el idílico occidente, es decir, la fusión con y dentro de la madre. De manera ingenua, Plutarco expone este tema en el mito de Osiris e Isis, quienes se unen en el útero materno. Hölderlin lo ve como un privilegio divino, el gozar de una infancia perpetua. Así lo expresa en Hyperion:

"Inmortales, cual un infante en sueño,

respiran los seres celestiales;

protegidos en puros capullos,

sus almas florecen sin cesar,

Y sus miradas serenas

contemplan con placidez

una eterna calma".

Esta reflexión ilustra la noción de felicidad divina. Hölderlin jamás pudo desligarse de este primer y máximo gozo, cuyo recuerdo le distanciaba de la realidad tangible. El poema también sugiere el antiguo leitmotiv de los gemelos en el vientre materno, un tema primordial. Frobenius narra cómo la gran serpiente, emergiendo de una menor en un árbol hueco y a través de una metamorfosis, acaba devorando a todos los hombres, dejando solo a una mujer embarazada. Ella, tras excavar una fosa y cubrirla con una piedra, da a luz a gemelos que serán futuros vencedores de dragones, representando al héroe en doble aspecto.

Además, un mito africano recogido por Frobenius narra cómo Obatala, el cielo, y Odudua, la tierra, yacían unidos dentro de una calabaza al inicio de los tiempos.

La idea de permanecer "en un puro capullo" ya se encuentra en Plutarco, quien menciona que el sol nace de un capullo floral por la mañana. Similarmente, Brahma surge de un capullo, que también origina a la primera pareja humana en Assam.

Humanidad.

(Un poema inacabado.)

"Recién emergida de las aguas, oh Tierra,

tus antiguas cumbres y aromas difusos,

Mientras las primeras islas verdes, cubiertas de bosques jóvenes, exhalan placer

Por el aire de mayo sobre el Océano.

Y el dios Sol, con alegría, observa desde arriba

A los primeros árboles y flores;

Hijos risueños de su juventud, nacidos de ti;

En la más hermosa de las islas...

- - - - -

descansaba tu hijo más bello bajo las uvas;

Tras una noche apacible; al alba,

Un niño nacido de ti, ¡oh Tierra!

Y el niño mira con familiaridad

A su padre, Helios,

Y, degustando las dulces uvas,

Recoge la sagrada vid para su nodriza,

Pronto crece; las bestias

Le temen, pues es distinto a ellas:

Este hombre; no es como tú, padre,

Pues el noble alma del padre,

audazmente se une a tus deleites,

Y a tu tristeza, oh Tierra,

Podría asemejarse a la Naturaleza eterna,

La madre de los dioses, la temible Madre.

"¡Ah! Por ello, oh Tierra,

Su arrogancia lo aparta de tu regazo,

Y son vanos tus regalos, los más tiernos;

Siempre, el corazón orgulloso late demasiado alto.

"Fuera del dulce prado de sus orillas

El hombre debe ir a las aguas desprovistas de flores,

Y aunque sus bosques brillen con frutos dorados,

Como la noche estrellada, aún excava,

Excava cuevas en las montañas, y busca

en las minas,

Alejado de los sagrados rayos de su padre,

También infiel al dios Sol,

Que desprecia a los débiles, y se burla de las preocupaciones.

"¡Ah! más libres son los pájaros del bosque:

Aunque el pecho del hombre se agita más feroz y orgulloso,

Su orgullo se transforma en temor, y las delicadas flores

de su paz no florecen por mucho tiempo".

Este poema revela el inicio del desencuentro entre el poeta y la naturaleza, marcando su distanciamiento de la realidad y la vida natural presente. Es notable cómo el poeta destaca la elección de la vid como nodriza por parte del niño, una referencia que remonta a Dionisio y que se encuentra enraizada en la antigüedad. En las bendiciones que Jacob otorga a Judá, según el Génesis (capítulo 49, versículo 11), se menciona:

"Uniendo su potro a la vid, y el pollino de su asna a la mejor cepa".

Encontramos una gema gnóstica que presenta a una asna amamantando a su potro bajo el signo de Cáncer, acompañada de la inscripción D.N.I.H.Y.X.P.S.: Dominus Noster Jesus Christus, suplementada con Dei filius. Justino Mártir, con desaprobación, señala las claras conexiones entre las tradiciones cristianas y dionisíacas, como el milagro del vino, donde el asno juega un papel destacado. En las culturas mediterráneas, el asno tiene un valor distinto al económico, considerándose una bendición en la afirmación de Jacob sobre Isacar (Génesis, cap. xlix, versículo 14):

"Isacar es un asno robusto, acostado entre dos fardos".

Esta visión es profundamente oriental, donde el sol naciente se asocia con un ternero o, en otras culturas, con un potro de asno, al cual la vid sirve de nodriza. De ahí la simbología en la bendición de Jacob a Judá:

"Sus ojos rojos de vino, y sus dientes blancos de leche".

El crucifijo falso del Palatino, con cabeza de asno, remite a un trasfondo significativo.

A la Naturaleza.

"Mientras jugaba a tu alrededor, retrasándome en tu velo,

Y, como un capullo, pendía de ti,

todavía sentía tu corazón en cada rincón

Resonando sobre mi corazón tembloroso y apegado.

Mientras buscaba con fe y anhelo doloroso

tu imagen, luminosa y desplegada,

Hallaba un sitio para todas mis pasiones ardientes

y para mi amor, un universo.

"Mi corazón, antes que a nada, se volcó hacia el Sol,

percibiendo su influjo poderoso;

Consideraba a las estrellas como pequeños hermanos,

y a la primavera, la melodía de Dios;

Y cada brisa, ya sea en el huerto o en el bosque frutal,

Era portadora de tu espíritu, y esa misma dulce alegría

Impulsaba las fuentes de mi corazón con belleza-

Esos eran días dorados sin mezcla.

"En cada valle donde la primavera se siente fresca,

Donde el arbusto más joven y la rama se tiñen de verde,

Donde las hierbas se reúnen alrededor de las rocas,

Y las ramas dejan ver el cielo entre ellas,

Allí me hallaba, embelesado en cada flor

Con un júbilo embriagador y arrebatado,

Y, bañado por una lluvia dorada,

Desde lo alto, las nubes descendían hacia mí.

"A menudo, como un río errante y fatigado

Anhela fundirse en la serena dicha del océano,

Lloraba y me perdía para siempre

En la plenitud de tu amor, ¡oh Tierra!

Entonces, con todo el ímpetu de mi ser...

Corría fuera del lento embotamiento del tiempo,

Como un peregrino que regresa al hogar, huyendo...

Hacia los brazos de una eternidad embriagada.

"Benditos sean los sueños dorados de la niñez, su fuerza

Ocultaba la sombría miseria de la vida:

Todos los gérmenes ricos del corazón florecisteis;

Cosas que no podía alcanzar, ¡vosotros me las proporcionasteis!

En tu belleza y tu luz, oh Naturaleza,

Libre de preocupaciones y sin coacción,

El amor fecundo alcanzaba una dignidad real,

Tan rico como las cosechas de Arcadia.

"Aquel que me crió

, yace muerto y despedazado,

Muerto está el mundo juvenil que fue mi refugio;

Y este pecho, que solía albergar cielos,

Yace muerto y seco como un campo labrado.

Aun así, mis penas primaverales cantan y visten

Con su consuelo amistoso toda tristeza...

Pero la mañana de mi vida ha concluido

Y la primavera se ha esfumado de mi corazón...

"Sombras son ahora aquellas cosas que una vez amamos;

El amor mismo debe desaparecer y no puede permanecer;

Pues los sueños dorados de la juventud se han esfumado,

Incluso la amistosa naturaleza ha fenecido.

Corazón, pobre corazón, esos días jamás podrían revelarte-

Cuán lejano está tu hogar, y dónde reposa...

Ahora, por desgracia, jamás lo conocerás de nuevo.

A menos que un sueño sea suficiente".

Palinodia.

"¿Qué me envuelve, Tierra, en tu manto verde oscuro y acogedor?

¿Qué me susurráis, Vientos, qué novedades traéis?

Un murmullo se extiende entre las copas de los árboles...

- - - - -

"¿Por qué conmovéis mi alma?

¿Por qué evocáis en mí recuerdos pasados, benevolentes seres?

Oh, perdonad, dejad que esos restos reposen; no os moféis

De las cenizas de mis alegrías pasadas...

"Oh, transformad vuestros seres eternos

Y rejuveneced sobre lo antiguo en vuestra nueva era.

Y si deseáis asemejaros a los mortales,

Para vosotros florecerán las nuevas generaciones.

Y los jóvenes héroes resplandecerán;

Y, más dulces que antes,

La mañana se posará en las mejillas de los dichosos;

Y escucharéis, embelesados,

Las melodías de los despreocupados...

"Ah, en otro tiempo, vivas olas de melodías

brotaban hacia mí desde cada arbusto;

Y hasta los seres celestiales me observaban,

Sus miradas irradiaban felicidad."

- - - - -

La pérdida de la bendita infancia y, con ella, de la juventud, ha despojado a la naturaleza de su esplendor dorado, dejando el futuro como un abismo sin esperanza. Pero lo que realmente priva a la vida de su encanto es el veneno de la nostalgia, que se adentra en las profundidades del ser.

En los escritos de Jung, se encuentran extractos de poemas que narran vívidamente la progresiva desconexión de la vida, sumergiéndose gradualmente en el abismo materno del ser. Estos lamentos de añoranza emergen como una presencia sombría envuelta en la niebla de las profundidades y las crecientes nubes de la locura, engendradas por la madre. Aquí, los antiguos mitos resurgen, simbolizando la muerte y resurrección de la vida, comparable al ciclo del sol.

Estos textos reflejan el anhelo por la eterna juventud, aquel tiempo de libertad que se desearía retener a través de una profunda aversión a cualquier deber y esfuerzo sin una recompensa inmediata de placer. El arduo trabajo a largo plazo por un objetivo distante no concuerda con la naturaleza de un niño o del hombre primitivo. La psique en una fase primitiva, sea infantil o arcaica, muestra una extrema inercia e irresponsabilidad tanto en la acción como en la inacción.

En estos poemas se augura un destino adverso, una mirada hacia otra tierra, la lejana orilla del amanecer o del ocaso; los lazos con el mundo se disuelven y se clama por el auxilio maternal. El descendente bebe entonces de las aguas de la inocencia, el elixir de la juventud, para obtener alas que le permitan elevarse nuevamente hacia la vida, como el sol alado que emerge del agua.

Después de las sombrías palabras iniciales en las que se predice lo que ha de venir, se inicia el periplo del sol hacia el este, en busca de la ascensión, adentrándose en el misterio de la eternidad y del renacimiento. Este es un sueño también acariciado por Nietzsche, quien lo plasmó con palabras cargadas de significado, anhelando la eternidad y el retorno.

En los textos analizados por Jung, se encuentran símbolos de carácter apocalíptico, representando la ciudad materna en la tierra de la eterna juventud, rodeada del verdor y las flores de una primavera eterna. Estos símbolos reflejan la muerte sacrificial y la resurrección, representadas como la autoabnegación del sol que rompe su propio cetro, los rayos fecundadores, confiando plenamente en su renacimiento.

En diversas representaciones mitológicas, se observan objetos y rituales asociados con la fertilidad y la generación, como el martillo de Thor, el hombro del toro en Mitra, y el castigo físico. Estos símbolos se vinculan con el sol y el falo, representando el poder y la capacidad generativa.

En los escritos analizados, se revela un profundo hilo de pensamiento: la transición hacia la muerte y el más allá como un sacrificio personal del héroe en busca de la eternidad. En ese instante crítico, bajo un sol oculto, cuando el amor parece extinguirse, el ser humano aguarda con un gozo enigmático el renacimiento de toda existencia.

En el seno de los abismos reside la sabiduría maternal. Fundirse con ella permite acceder a la comprensión de los misterios más recónditos, explorando las capas más antiguas del tiempo, preservadas en el alma. Sin embargo, se deja entrever una esperanza: es necesario renunciar al deseo regresivo antes de que los "celestiales" arrebaten el sacrificio y, con él, toda la pasión.

Jung sugiere que este sacrificio se efectúa a través de una entrega total a la vida, donde todos los deseos inconscientes vinculados a la familia deben proyectarse hacia el contacto humano. Es esencial para el bienestar del individuo adulto convertirse en el centro de un nuevo sistema. Esto conlleva enfrentar el problema sexual personal, pues de no ser así, el deseo insatisfecho permanecerá fijado en lazos incestuosos, impidiendo la libertad individual.

El impulso inconsciente, manifestado en su forma más primitiva, somete al hombre al descontrol y la sumisión a las emociones. La antigüedad enfrentaba esta situación psicológica, y el Redentor de aquel entonces se esforzó por guiar al hombre hacia la sublimación del deseo incestuoso. La abolición de la esclavitud y el reconocimiento del trabajo como una necesidad social fueron condiciones necesarias para dicha sublimación.

El trabajo regular permite un "drenaje" del inconsciente, saturado por la regresión continua del deseo. Sin embargo, solo es redentor cuando se realiza libremente, sin compulsión infantil. En este sentido, el ceremonial religioso se muestra como una forma de inactividad organizada y, al mismo tiempo, como el precursor del trabajo moderno.

La visión de una paciente abordó el problema del sacrificio del anhelo infantil, no solo como un asunto personal, sino también como un problema universal de la humanidad. Los símbolos utilizados, la serpiente que mata al caballo y el héroe que se sacrifica voluntariamente, son arquetipos de fantasías y mitos religiosos emergentes del inconsciente.

Desde una perspectiva psicológica, el sacrificio del deseo regresivo resulta en la creación del mundo y del universo en su conjunto. El mundo emerge cuando el hombre lo descubre, lo cual sucede al sacrificar la figura materna, es decir, al liberarse del entorno inconsciente representado por la madre.

La prohibición del incesto termina con el deseo infantil por la madre nutricia, forzando a la libido a buscar un objetivo biológico. Apartada de la madre, la libido busca reemplazos sexuales. Esta es la libido que impulsa al individuo a alejarse gradualmente de su familia.

Las fantasías surgen de la introversión de la libido sexual. Dado que las primeras fantasías infantiles no conforman un plan consciente y emergen directamente del inconsciente, es probable que las primeras manifestaciones fantásticas sean actos de regresión, retrocediendo a una etapa presexual.

Sin un objeto adecuado para la libido regresiva, solo existen sucedáneos, dejando siempre un deseo insatisfecho por un objeto más similar al sexual. Este deseo oculto es, en realidad, un deseo de incesto. El deseo inconsciente no satisfecho genera innumerables objetos secundarios, símbolos del objeto primigenio, la madre. De esta libido originariamente sexual emergen el pensamiento y las fantasías, como manifestaciones desexualizadas. Desde la perspectiva de la libido, el término "barrera del incesto" aborda solo una faceta del asunto.

Sin embargo, es posible considerarlo desde otra óptica.

El texto analizado aborda el problema del sacrificio del deseo incestuoso y la transición hacia la madurez desde múltiples perspectivas. Se exploran los símbolos y mitos que representan la muerte y resurrección, el renacimiento y la búsqueda de la eternidad.

La renuncia al anhelo infantil y la entrega a la vida son presentadas como condiciones necesarias para la liberación individual y el bienestar psicológico. El trabajo, realizado libremente y sin compulsión, se convierte en un medio para sublimar la libido y alejarse de los lazos familiares.

A través del análisis de los sueños y fantasías de los pacientes, se revela la universalidad de estos temas, que trascienden lo personal para convertirse en arquetipos del inconsciente colectivo. La creación del mundo y el descubrimiento del universo se vinculan con el sacrificio de la figura materna y la superación del deseo incestuoso.

La prohibición del incesto, entendida como una barrera psicológica, impulsa a la libido a buscar objetivos más allá del entorno familiar. Sin embargo, cuando no se encuentra un objeto adecuado, la libido regresiva genera fantasías y símbolos que remiten al objeto primordial, la madre.

La etapa de la sexualidad aún no desarrollada, alrededor de los tres o cuatro años, coincide con el momento en que el niño enfrenta las mayores demandas del mundo real. Puede caminar, hablar y realizar actividades de forma independiente, viéndose ante un mundo lleno de posibilidades ilimitadas, aunque limitado por su dependencia de la madre. En este punto crucial, el mundo debe tomar el lugar de la madre. El pasado emerge como resistencia a este cambio, como suele ocurrir cada vez que se inicia un nuevo proceso de adaptación. A pesar de los esfuerzos conscientes, el inconsciente siempre plantea resistencias. Precisamente en esta etapa crítica de desarrollo sexual, se asiste al despertar del pensamiento. El desafío para el niño es descubrir la realidad más allá de lo subjetivo, implicando desapegarse de la madre; cada paso hacia el mundo es un paso alejado de ella. Todo lo regresivo en el ser humano se opone a este cambio, y se hacen esfuerzos considerables contra esta adaptación. Por ello, este periodo también ve el surgimiento de las primeras neurosis claramente definidas.

La tendencia de esta edad es opuesta a la de la demencia præcox. Mientras el niño busca conquistar el mundo y dejar atrás a la madre, el paciente con demencia præcox intenta abandonar el mundo para recuperar la subjetividad infantil. En este trastorno, la reciente adaptación a la realidad es reemplazada por una forma de adaptación más arcaica; es decir, la nueva concepción del mundo es sustituida por una visión antigua. Si el niño renuncia a su tarea de adaptarse a la realidad o encuentra dificultades significativas, entonces es plausible que se reemplacen los métodos recientes de adaptación por otros arcaicos. Mediante la regresión en los niños, podrían resurgir formas antiguas de pensamiento, innatas a la diferenciación cerebral.

Según material aún no publicado, la fantasía infantil parece poseer un carácter marcadamente arcaico y de aplicación universal, similar a los productos de la demencia præcox. No sería extraño que mediante la regresión a esta edad, se reactiven asociaciones de elementos y analogías que constituyeron la concepción arcaica del mundo. Al examinar la naturaleza de estos elementos, la psicología de los mitos revela que la idea arcaica del mundo era principalmente un antropomorfismo sexual. En la fantasía infantil inconsciente, estos aspectos tienen un papel destacado, como demuestran ejemplos aislados. Al igual que el sexualismo en las neurosis no debe interpretarse literalmente, sino como una fantasía regresiva y compensación simbólica de una adaptación reciente fallida, el sexualismo en la fantasía infantil temprana, especialmente el problema del incesto, es un producto regresivo del renacimiento de modos de funcionamiento arcaicos, sobrepasando la realidad actual.

El incesto probablemente nunca tuvo un significado particularmente importante como tal, ya que la unión con una anciana difícilmente podría preferirse sobre el emparejamiento con una mujer joven. La madre adquirió un significado incestuoso solo psicológicamente. Las uniones incestuosas de la antigüedad no eran fruto del amor, sino de supersticiones vinculadas a ideas míticas. Eran más un arreglo artificial que natural, originadas más de una inclinación teórica que biológica. La confusión de los antiguos al elegir sus parejas sexuales no puede juzgarse con los actuales estándares psicológicos del amor. El incesto de la era semianimal no tiene comparación con la importancia de la fantasía del incesto en las personas civilizadas. Esta disparidad sugiere que la prohibición del incesto, presente incluso en culturas primitivas, se refiere más a las ideas míticas que al perjuicio biológico; por lo tanto, la prohibición étnica se centra casi siempre en la madre y raramente en el padre. La prohibición del incesto puede verse, entonces, como el resultado de una regresión y como la manifestación de un miedo libidinoso que retrocede regresivamente hacia la madre. Es difícil determinar el origen de este miedo. Podría tratarse de una separación primitiva de los opuestos que se esconden en la voluntad de vivir: la voluntad de vida y de muerte. Queda oscuro qué adaptación el hombre primitivo intentó evitar mediante la introversión y la regresión hacia los padres; sin embargo, siguiendo la analogía de la psique en general, se puede suponer que la libido, que perturbó el equilibrio inicial entre el ser y el no ser, se había concentrado en el intento de realizar una adaptación particularmente difícil, de la cual retrocede incluso hoy.

Retomando el tema del canto del Rigveda, la reflexión y la percepción del mundo surgieron como respuesta a una realidad rigurosa. Solo después de que el ser humano, retrocediendo, se haya afianzado de nuevo en el poder protector de la figura paterna, entra en la existencia envuelto en un sueño infantil impregnado de supersticiones mágicas. Este proceso de "pensamiento" implica que, al sacrificar tímidamente lo mejor de sí mismo y asegurarse el favor de las fuerzas invisibles, avanza gradualmente hacia una mayor autoridad, conforme se libera de su impulso regresivo y de la discordia original de su ser.

El Rigveda 10, 90, concluye con un versículo de gran significado, que también tiene relevancia para los misterios cristianos:

"Los dioses, al realizar sacrificios, rendían homenaje al sacrificio: estas fueron las primeras leyes sagradas,

Los poderosos alcanzaron las alturas celestiales, donde residen las Sâdhyas, divinidades de antaño".

A través del sacrificio, se alcanzó una plenitud de poder que se extiende hasta el poder de los "padres". Así, el sacrificio adquiere también el significado de un proceso de maduración psicológica.

De la misma manera en que el mundo se originó mediante el sacrificio, renunciando a la libido materna retrospectiva, según las enseñanzas de los Upanishads, se produce una nueva condición humana, que puede ser denominada inmortal. Esta nueva condición se logra nuevamente a través de un sacrificio, específicamente mediante el caballo sacrificado, al cual se le otorga un significado cósmico en las enseñanzas de los Upanishads. El Brihadâranyaka-Upanishad 1: 1 explica el significado del caballo sacrificado:

"¡Om!

"1. El amanecer es verdaderamente la cabeza del caballo del sacrificio, el sol su ojo, el viento su aliento, su boca el fuego que todo lo consume; el año es el cuerpo del caballo del sacrificio. El cielo es su lomo, la atmósfera su cavidad corporal, la tierra la bóveda de su vientre; los polos son sus costados, el espacio entre los polos sus costillas; las estaciones sus miembros, los meses y medios meses sus articulaciones, el día y la noche sus pies, las estrellas sus huesos, las nubes su carne, la comida que digiere son los desiertos; los ríos, sus venas; el hígado y los pulmones, las montañas; las hierbas y los árboles, su pelo; el sol naciente es su parte delantera, el sol poniente su parte trasera. Cuando muestra los dientes, es el relámpago; cuando tiembla, es el trueno; cuando orina, es la lluvia; su voz es el habla.

"2. El día, en verdad, se ha originado para el caballo como el plato del sacrificio, que está delante de él; su cuna está en el mundo-mar hacia el Este; la noche se ha originado para él como el plato del sacrificio, que está detrás de él; su cuna está en el mundo-mar de la tarde; estos dos platos se originaron para rodear al caballo. Como cargador generó a los dioses, como campeón produjo a los Gandharvas, como corredor a los demonios, como caballo a la humanidad. El océano es su pariente, el océano su cuna".

Deussen destaca que el sacrificio del caballo simboliza una renuncia simbólica al universo. Este acto implica que, al sacrificar al caballo, se está, de manera figurada, sacrificando y destruyendo el mundo, una noción contemplada por Schopenhauer y que Schreber interpretó como el pensamiento de una mente perturbada. En la descripción, el caballo se sitúa entre dos recipientes sagrados, representando el ciclo del sol de la mañana a la tarde, y simbolizando la transferencia de energía vital al cosmos. Antes se mencionó que para crear el mundo, era necesario el sacrificio de la "libido madre"; ahora, la destrucción del mundo se logra mediante el sacrificio continuo de esa misma energía, anteriormente asociada a la figura materna. El caballo, así, se convierte en un emblema de esta energía vital, reforzando su vínculo con el aspecto maternal. Este sacrificio conduce a un estado de introspección, reminiscente al período previo a la creación del mundo. La colocación del caballo entre dos recipientes, que simbolizan la dualidad de la madre como creadora y consumidora, sugiere la imagen de la vida confinada en el óvulo, con los recipientes "abrazando" simbólicamente al caballo.

El Brihadâranyaka-Upanishad 3:3 ilustra esta idea, narrando cómo los descendientes de Parikshit, interrogados por Iâjñavalkya, provienen de la misma fuente que aquellos que realizan el sacrificio del caballo, simbolizando el mundo como un espacio delimitado por los recorridos del sol y rodeado por la tierra y el océano. La existencia de un estrecho espacio entre los límites del mundo se asocia con la travesía de las almas, guiadas por Indra en forma de halcón, hacia el punto de sacrificio, en una fusión de filosofía y mitología que revela cómo la reflexión filosófica se origina en la mitología, elevada a una forma más depurada por la confrontación con la realidad.

La narrativa sobre el caballo en el drama analizado, al igual que la muerte temprana del amigo del héroe en otra historia, resalta la importancia del sacrificio animal en la mitología, relacionando estrechamente al animal sacrificado con la figura del héroe y la divinidad. Este sacrificio simboliza el abandono de la naturaleza animal, un tema profundamente explorado en la leyenda de un personaje que, en un acto de locura inducida por su amor maternal, se autoinflige la castración bajo un pino, simbolizando la renuncia a su vitalidad animal. Esta acción se traduce en una profunda conexión con la tierra, simbolizada por la transformación de su sangre en violetas y la posterior veneración del pino como su representación. Este mito, junto con otros relatos similares, resalta el simbolismo del sacrificio y la renuncia como elementos centrales en la narrativa mitológica, donde el sacrificio animal, y por extensión el sacrificio de la propia naturaleza animal, se convierte en un acto de devoción y transformación espiritual.

Una figura similar a la de una deidad es el antiguo hombre primordial. Según la narrativa, fue creado junto con un toro y ambos vivieron en un estado feliz durante seis mil años. Sin embargo, cuando el mundo entró en el ciclo del séptimo signo del Zodíaco, Libra, surgió el principio maligno. Libra, astrológicamente, está asociada con Venus, considerada positiva, por lo que el principio maligno quedó bajo el dominio de la diosa del amor, lo que resultó en la muerte del hombre primordial y su toro después de treinta años. Se dice que del toro muerto surgieron cincuenta y cinco especies de granos y doce clases de plantas saludables. El esperma del toro se purificaba en la luna, mientras que el del hombre primordial se asociaba con el sol, lo que sugiere un posible simbolismo femenino del toro.

El sacrificio del toro y su relación con el fuego también se observa en la tradición china, donde el espíritu del hogar, asociado con el fuego, es considerado femenino. Este concepto se refleja en rituales donde se quema madera para honrar a las difuntas cocineras, denominadas "mujeres viejas". Con el tiempo, el antiguo espíritu del fuego femenino evoluciona para convertirse en el dios de la cocina, actuando como un mediador entre la familia y el mundo divino.

El hombre primordial es asociado con la destrucción del demonio de los malos apetitos y su resurrección se asemeja a la derrota de Satán en el Apocalipsis de Juan. Se especula que un profeta, cuyo nombre puede significar "estrella dorada", es equivalente a una deidad solar. Este último nombre está relacionado con una palabra que significa "sol y amor".

En cierta mitología, el toro y el dios son considerados idénticos, lo que hace que el sacrificio del toro sea también un sacrificio del dios, aunque en un nivel más primitivo. El símbolo animal representa una parte del héroe, quien simbólicamente renuncia a su naturaleza animal al sacrificar al toro. La expresión facial de la deidad mientras mata al toro refleja una mezcla de angustia y éxtasis.

Un ser paralelo a la deidad solar es el hombre primitivo. Se cuenta que fue creado junto a su toro, y juntos vivieron seis mil años en un estado de felicidad. Sin embargo, cuando el mundo ingresó en el ciclo del séptimo signo del Zodíaco, Libra, surgió el principio maligno. Libra es considerado astrológicamente el domicilio positivo de Venus, lo que situó al principio maligno bajo la influencia de la diosa del amor, desencadenando así la destrucción del hombre primitivo y su toro tras treinta años. De la muerte del toro surgieron cincuenta y cinco especies de grano, doce tipos de plantas saludables, entre otros. Se dice que el esperma del toro se purificaba en la luna, mientras que el del hombre primitivo lo hacía en el sol, sugiriendo posiblemente una connotación femenina del toro.

El alma del toro, conocida por ciertos nombres, era venerada como una divinidad femenina. Al principio, por desconfianza, no fue aceptada como la diosa de los rebaños hasta que se anunció la llegada de un profeta, lo cual se asemeja al relato de un texto sagrado hindú sobre la promesa de la venida de Krishna a la tierra. El mito del hombre primitivo refleja la concepción primitiva de una divinidad masculina-femenina que se engendra a sí misma.

El fuego, al igual que el toro sacrificado, tiene una naturaleza femenina entre los chinos, según lo expresado por un filósofo. Se considera que el espíritu del hogar, representado por el fuego, es el alma de las cocineras difuntas, a quienes se les llama "mujeres viejas". Este antiguo espíritu femenino del fuego evoluciona posteriormente en el dios de la cocina, convirtiéndose en una especie de Logos.

Se dice que del esperma del toro surgieron los progenitores del ganado y 272 especies de animales útiles. Además, se relata que el hombre primitivo destruyó a un demonio, aunque su erradicación completa se produjo más tarde. En otra versión, se menciona que los principios del mal fueron dejados para ser destruidos al final por la deidad suprema.

En cuanto a la deidad solar, algunos sugieren que su nombre podría significar "estrella dorada" y estar relacionado con una palabra que significa "sol y amor".

En cierto mito, se observa que el toro es equivalente al dios mismo, lo que hace del sacrificio del toro un sacrificio divino en una etapa primitiva. El sacrificio simboliza la renuncia a la naturaleza animal, expresada en la imagen de la deidad que sacrifica al toro con una expresión extática y angustiada.

Los semblantes de esta deidad, según diversos autores, muestran una belleza casi femenina y una expresión de tristeza, lo que sugiere una conexión profunda con el simbolismo del sacrificio.

El sacrificio anual de la doncella al dragón probablemente representaba la situación simbólica más ideal. Para apaciguar la ira de la "madre terrible", se ofrecía como sacrificio a la mujer más hermosa, simbolizando así la libido del hombre. Ejemplos menos dramáticos incluyen el sacrificio del primogénito y de varios animales domésticos valiosos. Otro caso ideal es la autocastración en honor a la madre, como se practicaba en ciertos cultos, siendo la circuncisión una forma menos extrema de este ritual. Estos actos sacrificiales, cuando son ideales, simbolizan el alejamiento de la libido de la madre, representando una renuncia simbólica a la vida para recuperarla. A través del sacrificio, el hombre busca liberarse del miedo a la muerte y reconciliarse con la madre destructora.

En las religiones posteriores, donde el héroe se ha convertido en la figura divina principal, él mismo se sacrifica voluntariamente como sacerdote y regenerador de la vida. Sin embargo, dado que el héroe es una figura imaginaria y su sacrificio es un misterio trascendental con un significado más profundo que el simple acto de sacrificio, esta profundización del simbolismo sacrificial a menudo retoma la idea del sacrificio humano. Esto se debe en parte a la influencia de las adiciones fantasmáticas, que extraen su material de lo más profundo del inconsciente, y en parte a la naturaleza superiormente religiosa de la libido, que requiere una expresión más completa y equivalente.

La relación entre la deidad solar y su toro es muy estrecha. En los misterios cristianos, es el propio héroe quien se sacrifica voluntariamente. El héroe, como se ha explicado anteriormente, representa la personalidad infantil que anhela a la madre, y así como la deidad sacrifica el deseo (la libido), el héroe cristiano se entrega a la muerte, tanto voluntaria como involuntariamente.

En los monumentos de cierta religión, se encuentra a menudo un símbolo peculiar: un cráter (cuenco mezclador) envuelto por una serpiente, a veces con la presencia de un león como antagonista. Parece que ambos luchan por el cráter, que simboliza a la madre, mientras que la serpiente representa la resistencia defensiva y el león la fuerza dominante. Esta lucha es por la madre, y la serpiente suele participar en el sacrificio del toro, dirigiéndose hacia la sangre que fluye de la herida. Esto sugiere que la vida del toro (la sangre) se sacrifica en favor de la serpiente.

El antagonismo entre la serpiente y el león en torno al cráter debe interpretarse como una batalla por el fructífero vientre materno, similar al simbolismo presente en cierta canción, donde un demonio, personificado como un caballo negro, posee el lago de la lluvia, mientras que el caballo blanco, debe desterrarlo. En este contexto, la muerte ocasionalmente ejerce su influencia destructiva sobre la vida y la fertilidad, y la libido desaparece, retornando al vientre materno para renacer. Es muy probable que el significado del sacrificio del toro sea también el sacrificio de la madre que evoca el miedo a la muerte. En este sentido, el acto del sacrificio implica una impregnación de la madre; la serpiente, como símbolo del miedo a la muerte, bebe la sangre, es decir, la libido (esperma) del héroe que comete el incesto. Así, la vida se inmortaliza para el héroe, quien, al igual que el sol, se regenera a sí mismo.

A partir de estos elementos, resulta evidente que en los misterios cristianos se encuentra presente el simbolismo del sacrificio humano, o el sacrificio del hijo a la madre. De manera similar a cómo un personaje se castra a sí mismo en honor a la madre, el héroe cristiano se entrega a la muerte, redimiendo así a la creación del destino de la muerte. Al regresar al seno materno en su muerte, redime el pecado en la vida del hombre primitivo, para satisfacer el sentido más profundo y oculto de la libido religiosa con su expresión más elevada. El martirio del héroe, según un destacado teólogo, representa una unión sagrada con la madre, donde su muerte simboliza esta unión.

Este pasaje revela claramente cómo el simbolismo de la madre se manifiesta de manera significativa en diversas prácticas rituales y mitológicas, influyendo profundamente en la psique colectiva y la cultura occidental.

La comparación entre el sacrificio de una deidad pagana y el cristiano pone de manifiesto la superioridad del símbolo cristiano: este último exige una devoción total y un verdadero autosacrificio para alcanzar un fin superior, mientras que el sacrificio de la deidad pagana se limita a sacrificios animales, permaneciendo en un estadio simbólico primitivo. El efecto religioso de estos símbolos radica en orientar el inconsciente a través de la imitación.

En la fantasía de un paciente, hay una compulsión interna que se evidencia al pasar del sacrificio del caballo al autosacrificio del héroe. Mientras que el primero simboliza la renuncia a los deseos sexuales, el segundo conlleva un significado más profundo y éticamente valioso: el sacrificio de la personalidad infantil. A menudo se malinterpreta que el objetivo del psicoanálisis implica solo la renuncia o la gratificación de los deseos sexuales ordinarios, cuando en realidad se trata de la sublimación de la personalidad infantil, o metafóricamente hablando, un sacrificio y renacimiento del héroe interior.

En los misterios cristianos, el resucitado se transforma en un ser supramundano, y los creyentes obtienen el reino invisible de Dios y sus misteriosos dones mediante el sacrificio de sí mismos. En el psicoanálisis, la personalidad infantil se libera de sus fijaciones libidinales de manera racional, permitiendo la construcción de una personalidad madura y adaptada a la realidad, capaz de cumplir las demandas de la vida sin resistencia.

La serpiente, como instrumento de sacrificio, ha sido ampliamente representada en diversas leyendas y simbolismos. Además de ser un cuchillo destructor, simboliza el acto de coito. Su significado religioso como animal cavernícola y ctónico sugiere la entrada en el vientre materno en forma de serpiente. La relación entre el caballo y la serpiente, o entre el toro y la serpiente, representa una oposición de la libido, un esfuerzo hacia delante y hacia atrás al mismo tiempo, manifestando tanto la voluntad de crecimiento como la voluntad de destrucción inherentes a la vida.

Psicoterapia y Religión

Los avances más recientes en psicología médica y psicoterapia han sido impulsados principalmente por las urgentes problemáticas psíquicas de los pacientes. A pesar de estas apremiantes necesidades, la ciencia médica ha mantenido una deliberada distancia de los problemas estrictamente psicológicos, basándose en la idea, en parte justificada, de que tales cuestiones pertenecen a otros campos de estudio. Sin embargo, la medicina se ha visto obligada a ampliar su alcance para abarcar la psicología experimental y a recurrir repetidamente a disciplinas como la química, la física y la biología, debido a la homogeneidad biológica del ser humano.

Era natural que estas disciplinas científicas adoptadas tomasen una nueva dirección. En lugar de ser consideradas fines en sí mismas, fueron valoradas por su potencial aplicación a los seres humanos. Por ejemplo, la psiquiatría recurrió al tesoro de la psicología experimental y financió sus préstamos mediante el estudio de la psicopatología, que examina las complejas manifestaciones psíquicas. La psicopatología se fundamenta en los hallazgos de la psiquiatría y la neurología, pero en la práctica, desde los primeros estudios sobre el hipnotismo, ha surgido una brecha entre el neurólogo y el psicoterapeuta.

Las neurosis psicogénicas, que constituyen un campo especial por derecho propio, presentan una característica distintiva: sus causas son psíquicas y su curación depende completamente de métodos psíquicos de tratamiento. Esto llevó a la medicina a reconocer que la psique es un factor causal en la enfermedad, a pesar de su orientación hacia la causalidad material característica de las ciencias naturales. Los intentos de explicar el factor psíquico en términos de factores físicos más elementales resultaron infructuosos. Por lo tanto, se exploró la delimitación del factor psíquico a través del concepto de impulso o instinto, tomado de la biología.

Freud, por ejemplo, basó su teoría que explica las neurosis en términos de trastornos del impulso sexual, mientras que Adler recurrió al concepto de pulsión para explicar las neurosis como perturbaciones de la pulsión de poder. Estos enfoques reconocen la naturaleza fundamentalmente psíquica del problema, a pesar de los intentos de explicarlo en términos puramente fisiológicos. Sin embargo, el concepto de instinto no está precisamente definido en el ámbito científico. Se refiere a una manifestación biológica compleja y su contenido es bastante vago, representando una cantidad desconocida.

En lugar de entrar en una discusión crítica sobre este concepto aquí, consideraré la posibilidad de que el factor psíquico sea simplemente una combinación de instintos que, a su vez, puedan reducirse al funcionamiento de las glándulas. Se podría incluso argumentar que todo lo que se denomina psíquico está incluido en la suma total de los instintos, y que la psique misma es solo un instinto o un conglomerado de instintos, siendo en última instancia solo el funcionamiento de las glándulas. Según esta perspectiva, una psiconeurosis sería una enfermedad glandular.

Sin embargo, esta afirmación no ha sido demostrada, y aún no se ha encontrado ningún extracto glandular que cure una neurosis. Por otro lado, la medicina orgánica ha demostrado ser ineficaz en el tratamiento de las neurosis, mientras que los métodos psíquicos han probado su efectividad. Estos métodos psíquicos son tan efectivos como podrían serlo los extractos glandulares. Por lo tanto, hasta ahora, las neurosis deben ser tratadas o curadas considerándolas desde el lado de la actividad psíquica, que debe ser tomada como una realidad.

Por ejemplo, una explicación adecuada o una palabra de aliento al paciente pueden tener un efecto curativo que incluso puede influir en las secreciones glandulares. Las palabras del médico, aunque "solo" sean vibraciones en el aire, transmiten un sentido que puede influir en el curso de la enfermedad. Es su significado lo que es efectivo. Este "sentido" es algo mental o espiritual, pero permite influir en los procesos bioquímicos del cuerpo. Tanto si surge espontáneamente como si llega desde el exterior a través de la palabra humana, puede afectar tanto positiva como negativamente.

Al reconocer estos hechos, la ciencia descubrió la realidad de la psique. Se ha demostrado que la pulsión o instinto es una condición de la actividad psíquica, mientras que al mismo tiempo los procesos psíquicos parecen influir en los instintos. No es una crítica a las teorías de Freud y Adler que se basen en las pulsiones; el único problema es que son unilaterales. Estas teorías dejan de lado la psique y son adecuadas para personas que creen que no tienen necesidades ni aspiraciones espirituales.

Aunque estas teorías están más cerca de comprender las neurosis que cualquier otro enfoque anterior desde el lado de la medicina, aún no satisfacen las necesidades espirituales más profundas del paciente, ya que están limitadas por las premisas de la ciencia del siglo XIX y dan poco valor a los procesos ficticios e imaginativos. En resumen, no dan suficiente sentido a la vida. Y solo el sentido libera.

La sensatez cotidiana, el buen juicio humano y la ciencia como compendio del sentido común ayudan a entender gran parte de la vida. Sin embargo, no abordan la cuestión del sufrimiento espiritual y su significado más profundo. Una psiconeurosis debe entenderse como el sufrimiento de un ser humano que no ha descubierto el significado de la vida para él. Pero toda creatividad en el ámbito del espíritu, así como todo avance psíquico del hombre, surge del sufrimiento mental, y es el estancamiento espiritual, la esterilidad psíquica, lo que causa este sufrimiento.

El médico que comprende esta verdad se encuentra ante un terreno desconocido al que avanza con precaución. Ahora se enfrenta al desafío de transmitir al paciente la narrativa curativa, el significado vital que revitaliza, ya que eso es lo que el paciente anhela, por encima de cualquier cosa que la razón y la ciencia puedan ofrecer. El paciente busca algo que lo abrace y dé sentido y estructura al caos de su mente neurótica.

¿Está el médico preparado para esta tarea? En principio, probablemente derivará al paciente hacia un clérigo o un filósofo, o lo dejará en la confusión que caracteriza estos tiempos. Como médico, no está obligado a tener una comprensión completa de la vida, y su ética profesional no le exige eso. Pero, ¿cómo reaccionará cuando comprenda claramente por qué su paciente está enfermo? ¿Cuando vea que su enfermedad se debe a la falta de amor, a la ausencia de fe, al temor de explorar en la oscuridad, a la desilusión con el mundo y la vida, y a la falta de comprensión sobre el significado de su propia existencia?

Hay muchos pacientes bien educados que rechazan totalmente la idea de consultar a un clérigo. Respecto al filósofo, tendrán incluso menos afinidad, ya que la historia de la filosofía les resulta indiferente y consideran los problemas intelectuales más áridos que un desierto. ¿Y dónde están los sabios que no solo hablan del sentido de la vida y del mundo, sino que lo encarnan verdaderamente? El pensamiento humano no puede concebir un sistema o una verdad final que pueda proporcionar al paciente lo que necesita para vivir: es decir, fe, esperanza, amor y comprensión.

Estos cuatro logros más elevados son dones de la gracia, que no se pueden enseñar ni aprender, ni dar ni tomar, ni retener ni ganar, ya que provienen de la experiencia, algo dado y, por lo tanto, más allá del alcance humano. Las experiencias no se fabrican; simplemente ocurren, aunque afortunadamente no están totalmente fuera del control humano. Es posible acercarse a ellas, pero se debe evitar etiquetar estos acercamientos como "métodos", ya que esa palabra tiene un efecto limitante. El camino hacia la experiencia no es un truco astuto, sino más bien un compromiso total del ser.

Por lo tanto, al intentar satisfacer las necesidades del paciente, el médico se enfrenta a una cuestión aparentemente insuperable. ¿Cómo puede ayudar al enfermo a alcanzar la experiencia liberadora que le proporcionará los cuatro grandes dones de la gracia y sanará su enfermedad? Se puede aconsejar al paciente con la mejor intención que busque el amor verdadero, la fe auténtica, la esperanza genuina; y recordarle la frase "Conócete a ti mismo". Pero, ¿cómo puede el paciente obtener antes de experimentar aquello que solo la experiencia puede brindarle?

La conversión de Saulo no se debió al amor verdadero, a la fe auténtica ni a ninguna otra verdad. Fue su odio hacia los cristianos lo que lo llevó al camino de Damasco y a esa experiencia decisiva que determinaría el curso de su vida. Al seguir con convicción un camino completamente equivocado, Saulo ofrece una perspectiva de los problemas de la vida que merece una atención seria. Y plantea al psicoterapeuta una pregunta que lo equipara con el clérigo: la cuestión del bien y del mal.

En realidad, es el sacerdote o el clérigo, más que el médico, quien debería abordar el problema del sufrimiento espiritual. Sin embargo, en la mayoría de los casos, el enfermo consulta primero al médico porque cree que su enfermedad es física, y porque algunos síntomas neuróticos pueden aliviarse con medicamentos.

Pero si el paciente acude al clérigo, este podría no reconocer el problema como psicológico. Por lo general, carece de los conocimientos especializados para discernir los factores psicológicos de la enfermedad, y su juicio carece de la autoridad necesaria.

No obstante, hay personas que, aun siendo conscientes de la naturaleza psicológica de su dolencia, se resisten a acudir al clérigo, ya que no creen que pueda ayudarles verdaderamente. Estas mismas personas desconfían del médico por la misma razón, argumentando que tanto el médico como el clérigo parecen enfrentarse a ellos con las manos vacías, y en ocasiones, lo que es peor, con palabras vacías. Es poco probable que el médico tenga algo significativo que decir sobre las cuestiones más profundas del alma; esa es la tarea del clérigo, no del médico. Sin embargo, el clérigo protestante se encuentra a menudo con dificultades prácticas que el sacerdote católico no enfrenta.

En primer lugar, el sacerdote cuenta con el respaldo de su Iglesia y tiene una posición económica más segura e independiente. Esto no es tan cierto en el caso del clérigo protestante, que puede estar casado y tener responsabilidades familiares, y que no puede depender de su comunidad o de un monasterio en caso de necesidad. Además, si el sacerdote es jesuita, incluso tiene acceso a la enseñanza psicológica contemporánea. Por ejemplo, Carl Jung relata que sus escritos fueron estudiados en serio en Roma mucho antes de que algún pastor protestante considerara siquiera mirarlos.

Se está llegando a una situación grave. El éxodo de la Iglesia protestante alemana es solo uno de los muchos signos que deberían hacer entender al clero que simplemente instar a creer o a realizar actos de caridad no satisface las necesidades del hombre moderno. Sorprendentemente, muchos clérigos buscan apoyo o ayuda práctica en las teorías de la sexualidad de Freud o en la teoría del poder de Adler, a pesar de que ambas teorías son contrarias a los valores espirituales. Son enfoques racionales que en realidad obstaculizan la búsqueda de una experiencia significativa. La mayoría de los psicoterapeutas siguen las enseñanzas de Freud o Adler, lo que significa que la gran mayoría de los pacientes están alienados espiritualmente, un hecho que no debe pasarse por alto para aquellos que valoran la espiritualidad.

El interés por la psicología que se observa actualmente en los países protestantes de Europa no parece disminuir, y coincide con el éxodo general de la Iglesia. Parafraseando a un ministro protestante, se podría decir que hoy en día la gente tiende a recurrir más a un psicoterapeuta que a un clérigo. Carl Jung estaba convencido de que esta tendencia era cierta solo para las personas relativamente cultas, no para la mayoría. Sin embargo, debe recordarse que pasará un tiempo antes de que las ideas que hoy son propias de la élite se difundan entre la población en general.

Por ejemplo, la obra de Büchner, "Fuerza y materia", se convirtió en uno de los libros más leídos en las bibliotecas públicas alemanas unas dos décadas después de que las personas cultas comenzaran a olvidarlo. Carl Jung estaba seguro de que el interés vital por la psicología entre las personas cultas de su época sería compartido por todos en el futuro.

Es importante resaltar los siguientes hechos. Durante los últimos treinta años de su carrera, Jung trató a pacientes de diversos países civilizados. La mayoría eran protestantes, algunos judíos y solo unos pocos católicos practicantes. Entre todos sus pacientes de mediana edad, ninguno de ellos estaba libre de la búsqueda de una perspectiva religiosa de la vida. Cada uno de ellos enfermó porque perdió lo que las religiones vivas han ofrecido a sus seguidores, y ninguno se curó realmente sin recuperar su perspectiva religiosa. Esto no está relacionado con una creencia particular o la afiliación a una iglesia.

Aquí es donde el clérigo se enfrenta a un vasto desafío, aunque parece que muchos no se han dado cuenta aún. Parece que el clérigo protestante de la época de Jung no estaba lo suficientemente preparado para abordar las necesidades psicológicas urgentes de esa era. Ya era hora de que el clérigo y el psicoterapeuta unieran fuerzas para enfrentar esta gran tarea espiritual.

Un ejemplo concreto ilustra hasta qué punto este problema afecta a todos. Hace un par de años, los líderes de la Conferencia de Estudiantes Cristianos de Aarau (Suiza) le preguntaron a Jung si las personas con angustia espiritual preferían consultar a un médico en lugar de a un clérigo en la actualidad, y cuáles eran las razones de su elección. Fue una pregunta directa y específica. En aquel momento, Jung solo sabía que sus propios pacientes habían consultado primero a un médico que a un clérigo. Dudaba si esto era generalizado o no. Por lo tanto, inició una investigación a través de contactos con personas que no conocía.

Envió un cuestionario que fue respondido por protestantes suizos, alemanes y franceses, así como algunos católicos. Los resultados fueron muy reveladores, como se resume a continuación. El 57% de los protestantes prefirió al médico, mientras que solo el 25% de los católicos lo hizo. El 8% de los protestantes y el 58% de los católicos buscaron ayuda divina. Un 35% de los protestantes y un 17% de los católicos estaban indecisos.

La razón principal para no consultar a un ministro de la iglesia fue la percepción de su falta de conocimientos y perspicacia psicológica, citada por el 52% de los encuestados. Un 28% afirmó que el clero mostraba prejuicios y un sesgo dogmático y tradicional. Curiosamente, incluso hubo un clérigo que optó por el médico, mientras que otro dijo con irritación: "La teología no tiene nada que ver con tratar a las personas". Todos los familiares de los clérigos que respondieron al cuestionario de Jung expresaron descontento con el clero.

En la medida en que esta encuesta se enfocaba únicamente en personas educadas, sus resultados apenas arañaban la superficie. Sin embargo, Jung tendía a aceptar los resultados como una aproximación más o menos válida de las opiniones de las personas educadas, especialmente considerando el creciente desinterés por la Iglesia y la religión entre este grupo. Es bien sabido que se requieren aproximadamente veinte años para que una perspectiva general de la vida se transmita desde las clases educadas a las masas menos educadas. ¿Quién habría imaginado hace veinte o incluso diez años que España, un país profundamente católico, experimentaría la transformación espiritual sin precedentes que se presenció en la época de Jung? Sin embargo, surgió con la fuerza de un terremoto.

En opinión de Jung, el aumento de las neurosis parecía ir de la mano con el declive de la vida religiosa. Aunque carecía de estadísticas que respaldaran este incremento en números concretos, estaba seguro de que el estado mental del hombre europeo mostraba en todas partes una preocupante falta de equilibrio. Indudablemente se vivía en una era de gran inquietud, tensión nerviosa, confusión y desorientación. Entre sus pacientes, que provenían de diversos países y eran todos individuos cultos, había un número considerable que lo consultaba no debido a una neurosis, sino porque sentían que la vida carecía de sentido o estaban atormentados por preguntas que ni la filosofía ni la religión contemporáneas podían responder.

Algunos pudieron haber pensado que Jung poseía una especie de solución mágica, pero pronto tuvo que admitirles que tampoco tenía respuestas. Esto lleva a consideraciones prácticas. Por ejemplo, consideremos una de las preguntas más comunes y frecuentes: ¿Cuál es el propósito de mi vida, o de la vida en general? Los hombres contemporáneos creían conocer de antemano lo que diría el clérigo al respecto, o más bien, lo que debería decir. Sonreían ante la perspectiva de la respuesta del filósofo y, por lo general, no esperaban mucho del médico. Sin embargo, podrían pensar que podrían aprender algo del psicoterapeuta que indagaba en el inconsciente. Quizás había descubierto, entre otras cosas, un propósito para la vida que podría adquirirse a un precio.

Para cualquier persona seria, escuchar que el psicoterapeuta tampoco tenía respuestas podía ser un alivio. Esta confesión a menudo marcaba el inicio de la confianza del paciente en el terapeuta. Jung observó que el hombre moderno tenía una aversión arraigada hacia las opiniones tradicionales y las verdades heredadas. Era como un revolucionario para quien todas las normas y formas espirituales del pasado habían perdido su relevancia, y por lo tanto buscaba experimentar en el ámbito espiritual de la misma manera que un revolucionario experimenta en el campo económico. Ante esta actitud moderna, cualquier sistema religioso se encontraba en una posición lamentable, ya sea católico, protestante, budista o confuciano.

Entre estos modernos había, por supuesto, algunos de naturaleza destructiva y perniciosa: individuos excéntricos y desequilibrados que nunca estaban satisfechos y que, por lo tanto, se adherían a cada nueva corriente, causando un gran daño a esos movimientos y empresas, en la esperanza de encontrar algo que compensara su propia insuficiencia a bajo costo. Es importante destacar que, en su experiencia profesional, Jung había conocido a muchos hombres y mujeres modernos, incluidos aquellos con patrones de comportamiento pseudomodernos patológicos. Sin embargo, prefería no centrarse en ellos.

Aquellos a los que se refería no eran excéntricos enfermizos, sino en su mayoría personas excepcionalmente capaces, valientes y honestas que habían rechazado las verdades tradicionales por razones honestas y legítimas, y no por maldad. Todos ellos sentían que las verdades religiosas habían perdido su significado de alguna manera. No podían reconciliar las perspectivas científica y religiosa, o bien los principios cristianos habían perdido su autoridad y justificación psicológica. La gente ya no se sentía redimida por la muerte de Cristo; no podían creer, ni obligarse a creer, por más que envidiaran a quienes sí podían. El concepto de pecado se había vuelto bastante relativo para ellos: lo que era malo para uno, podía ser bueno para otro. Después de todo, ¿por qué no podría estar también Buda en lo cierto?

Las preguntas y dudas que todos conocían eran familiares para cada uno. Sin embargo, el enfoque freudiano descartaba estas interrogantes al considerarlas irrelevantes. Freud sostenía que el problema fundamental radicaba en la represión de la sexualidad, minimizando así las dudas de índole filosófica o religiosa como meros velos que ocultaban la verdadera raíz del asunto. Al examinar detenidamente casos individuales, se encontraban perturbaciones peculiares tanto en el ámbito sexual como en el de los impulsos inconscientes en general.

Freud tendía a interpretar estas perturbaciones como la explicación de la perturbación psíquica en su totalidad, centrándose exclusivamente en la interpretación causal de los síntomas sexuales. Sin embargo, pasaba por alto el hecho de que, en ciertos casos, las supuestas causas de la neurosis estuvieron presentes desde siempre, pero no tuvieron un efecto patológico hasta que se desencadenó una perturbación en la actitud consciente que condujo a un trastorno neurótico.

Es como si, ante el hundimiento de un barco debido a una vía de agua, la tripulación solo se preocupara por la composición química del agua que entra. Las perturbaciones en el ámbito de los impulsos inconscientes no son fenómenos primarios, sino secundarios. Cuando la vida consciente pierde su significado y su promesa, surge un estado de ánimo derivado del sinsentido de la existencia, que provoca la perturbación en el inconsciente y desencadena la reaparición de los impulsos dolorosamente reprimidos.

Las causas de una neurosis residen tanto en el presente como en el pasado, y solo una causa aún activa puede mantener vigente una neurosis. Es como la tuberculosis, donde no es relevante cuándo ni cómo se produjo la infección, sino que lo crucial es que los focos de infección siguen activos en el presente. De igual modo, el conocimiento detallado de la historia previa de un caso no puede curar la neurosis.

Jung consideraba, por tanto, los problemas religiosos planteados por el paciente como relevantes para la neurosis y como posibles causas de la misma. Si los abordaba seriamente, debía admitir ante el paciente que sus sentimientos estaban justificados. "Sí, estoy de acuerdo, Buda puede tener razón, así como Jesús. El concepto de pecado es relativo y resulta difícil ver cómo podemos sentirnos redimidos de alguna manera por la muerte de Cristo." Como médico, Jung podía fácilmente aceptar estas dudas, mientras que al clérigo le resultaba más difícil. La actitud comprensiva del médico era percibida por el paciente como una muestra de empatía, mientras que la vacilación del clérigo podía parecerle un prejuicio tradicional que los distanciaba aún más.

En este sentido, una anécdota sobre el presidente estadounidense, el "Silent Cal" Coolidge, ilustra la idea. Cuando le preguntaron a su regreso de la iglesia qué había dicho el ministro, respondió: "Habló sobre el pecado". Al indagar qué dijo específicamente sobre el pecado, la respuesta fue: "Estaba en contra".

Podría suponerse que para el médico es fácil mostrar comprensión en este aspecto. Sin embargo, la gente olvida que incluso los médicos tienen escrúpulos morales, y las confesiones de ciertos pacientes pueden resultar difíciles de digerir. No obstante, el paciente no se siente aceptado a menos que se acepte lo peor de él. Nadie puede lograr esto solo con palabras; solo se logra a través de la sinceridad del médico y su actitud hacia sí mismo y hacia su propia naturaleza negativa.

Si el médico quiere guiar a otra persona o acompañarla en su camino, debe estar en contacto con su vida psíquica. Nunca está en contacto cuando juzga. Ya sea que exprese sus juicios en palabras o se los guarde para sí mismo, no hace diferencia. Adoptar la posición contraria y dar la razón al paciente de entrada tampoco sirve, ya que lo aleja tanto como la condena. Solo se puede conectar con otra persona a través de una actitud objetiva y desprovista de prejuicios.

Esto puede sonar como un principio científico, pero es mucho más que eso; es una cualidad humana que implica un profundo respeto por los hechos, los eventos y la persona que los experimenta. La verdadera objetividad sin prejuicios implica un respeto por el misterio de la vida humana, reconociendo que Dios ha permitido que sucedan cosas extrañas e inconcebibles, y buscando penetrar en el corazón humano de maneras curiosas.

Por lo tanto, el médico debe tener una actitud de aceptación hacia la enfermedad y la corrupción, sabiendo que la condena no libera, sino que oprime. El médico no debe ser el opresor de aquellos a quienes intenta ayudar y mejorar. No obstante, esto no significa que nunca deba juzgar a las personas a las que quiere ayudar y mejorar. Pero si el médico desea ayudar genuinamente a un ser humano, debe ser capaz de aceptarlo tal como es, lo cual solo puede lograr cuando se ha visto y aceptado a sí mismo tal como es.

Quizás suene demasiado simple, pero las cosas más simples son las más difíciles de lograr en la vida real. Se necesita una gran disciplina para alcanzar la simplicidad, y la aceptación de uno mismo es el núcleo del problema moral y el epítome de toda una perspectiva de vida. Dar de comer al hambriento, perdonar un insulto, amar al enemigo en nombre de Cristo: estas son, sin duda, grandes virtudes. Pero, ¿qué sucede si se descubre que el más pequeño de los hermanos, el más pobre de los mendigos, el más insolente de los delincuentes, el propio enemigo, reside dentro de uno mismo? ¿Y si uno mismo necesita los gestos de su propia bondad, siendo uno mismo el enemigo que debe ser amado?

En general, la actitud del cristiano se invierte en este punto; ya no se trata de amor o paciencia; se dirige al hermano que se lleva dentro con desprecio, y se condena y enfurece contra uno mismo. Esto se oculta al mundo; se niega a admitir que alguna vez se ha encontrado este aspecto humilde dentro de uno mismo. Si fuera Dios mismo quien se acercara de esta manera despreciable, se lo negaría mil veces antes de que cantara un solo gallo.

El individuo que utiliza la psicología moderna para examinar no solo la vida de sus pacientes, sino especialmente la suya propia, -y el psicoterapeuta moderno debe hacerlo si no quiere ser un mero fraude inconsciente- admitirá que aceptarse a uno mismo en toda su miseria es la tarea más difícil de todas, y una que es casi imposible de realizar. La mera idea puede asustar profundamente. Por lo tanto, en lugar de dudar, se elige alegremente el camino complicado de permanecer en la ignorancia sobre uno mismo mientras se ocupa de los problemas y pecados de los demás. Esta actividad da una apariencia de virtud, y así se engaña a uno mismo y a quienes le rodean.

De esta manera, gracias a Dios, se puede huir de uno mismo. Hay innumerables personas que pueden hacer esto sin consecuencias, pero no todos pueden, y aquellos pocos colapsan en el camino de Damasco y caen en una neurosis. ¿Cómo puede ayudar el médico a esas personas si él mismo es un fugitivo, y tal vez también sufre de la enfermedad de la neurosis? Solo aquel que se ha aceptado plenamente a sí mismo tiene "objetividad sin prejuicios". Pero nadie tiene el derecho de presumir que se ha aceptado completamente a sí mismo.

Se puede señalar a Cristo, quien ofreció su parcialidad tradicional como sacrificio al Dios que estaba en él, y vivió su vida tal como era hasta el amargo final, ignorando las convenciones y normas morales de los fariseos. Los protestantes tarde o temprano se enfrentan a esta pregunta: ¿Debe entenderse la "imitación de Cristo" como copiar su vida y, si se permite decirlo así, imitar sus heridas; o en un sentido más profundo, vivir la propia vida tan verdaderamente como él vivió la suya en todas sus implicaciones? No es fácil vivir una vida que sigue el modelo de Cristo, pero es incomparablemente más difícil vivir la propia vida tan auténticamente como Cristo vivió la suya.

Aquel que lo haga irá en contra de las fuerzas del pasado y, aunque cumpla su destino, será malinterpretado, ridiculizado, torturado y crucificado. Será una suerte de loco revolucionario merecedor de la cruz. Por lo tanto, se prefiere la imitación de Cristo, sancionada históricamente y transfigurada por la santidad. No molestaría a un monje en su práctica de identificarse con Cristo, pues merece respeto. Pero ni Jung ni sus pacientes eran monjes, y era su deber como médico mostrar a sus pacientes cómo podían vivir sus vidas sin volverse neuróticos. La neurosis es una división interior, un estado de guerra con uno mismo. Todo lo que intensifica esta división empeora al paciente, y todo lo que la suaviza tiende a curarlo. Lo que lleva a las personas a la guerra consigo mismas es la intuición o el conocimiento de que consisten en dos personas opuestas. El conflicto puede ser entre el hombre sensual y el espiritual, o entre el ego y la sombra. Es a lo que se refiere Fausto cuando dice: "Dos almas, ay, habitan separadas en mi pecho". Una neurosis es una disociación de la personalidad.

La curación puede considerarse un problema religioso. En el ámbito de las relaciones sociales o nacionales, el estado de sufrimiento puede equipararse a una guerra civil, y este estado debe ser sanado mediante la virtud cristiana del perdón hacia aquellos que nos odian. Lo que con convicción de buenos cristianos se intenta aplicar a las situaciones externas, también debe aplicarse al estado interno en el tratamiento de la neurosis.

Por eso, el hombre moderno ya está bastante familiarizado con la culpa y el pecado. Está abrumado por su propia mala conciencia y busca aprender cómo reconciliarse con su Propia naturaleza, cómo amar al enemigo dentro de su propio corazón y considerar al lobo como su hermano. Además, el hombre moderno no está ansioso por saber cómo puede imitar a Cristo, sino cómo puede vivir su propia vida individual, por modesta y poco interesante que parezca. Porque cualquier forma de imitación le parece sin vida y estéril; se rebela contra la fuerza de la tradición que lo ata a caminos trillados. Para él, todos esos caminos llevan en la dirección equivocada. Puede que no lo sepa, pero actúa como si su propia vida individual fuera un instinto con la voluntad de Dios que debe cumplirse a toda costa.

Esta es la fuente de su egoísmo, que es uno de los males más tangibles del estado neurótico. Sin embargo, la persona que le dice que es demasiado egoísta ha perdido su confianza, y con razón, porque esa persona lo sumerge aún más en su neurosis. Si el médico desea sanar a sus pacientes, está obligado a reconocer el profundo significado de su egoísmo. Estaría ciego si no reconociera en él la verdadera voluntad de Dios. Incluso debe ayudar al paciente a prevalecer en su egoísmo; si lo logra, se aleja de los demás. Los aleja, y ellos mismos se acercan, como deberían, ya que intentaban robarle su egoísmo "sagrado". Se debe dejar que lo conserve, porque es su poder más fuerte y más saludable; es, como se ha dicho, una verdadera voluntad de Dios, que a veces lo lleva a un aislamiento total.

Por más desafortunado que sea este estado, también lo beneficia, porque solo así puede conocer su propia medida y comprender qué tesoro inestimable es el amor hacia sus semejantes. Además, solo en el estado de completo abandono y soledad se experimentan los poderes útiles de la propia naturaleza. Cuando se ha presenciado varias veces este desarrollo, ya no se puede negar que lo que era malo se ha transformado en bueno, y que lo que parecía bueno ha mantenido vivas las fuerzas del mal. El archidemonio del egoísmo guía por el camino real hacia ese recogimiento que exige la experiencia religiosa. Lo que se observa aquí es una ley fundamental de la vida: la enantiodromia, la inversión en lo opuesto; y esto es lo que hace posible la reconciliación de las mitades enfrentadas de la personalidad y, por lo tanto, pone fin a la guerra civil.

Jung tomó como ejemplo el egoísmo del neurótico porque es uno de sus síntomas más comunes. También podría haber elegido cualquier otro síntoma característico para mostrar qué actitud debe adoptar el médico ante los defectos de sus pacientes y cómo debe abordar el problema del mal. Sin duda, esto también suena muy simple. En realidad, sin embargo, la aceptación del lado oscuro de la naturaleza humana roza lo imposible. Consideremos por un momento lo que significa otorgar el derecho a la existencia a lo que es irracional, insensato y malvado. Sin embargo, el hombre moderno insiste en ello. Quiere vivir con cada parte de sí mismo, saber lo que es. Por eso deja de lado la historia. Quiere romper con la tradición para poder experimentar con su vida y determinar qué valor y significado tienen las cosas en sí mismas, al margen de los presupuestos tradicionales.

La juventud moderna ofrece ejemplos asombrosos de esta actitud. Para mostrar hasta dónde puede llegar esta tendencia, Jung citó una pregunta que le hizo una sociedad alemana: le preguntaron si el incesto debe ser reprobado, y qué hechos pueden aducirse en su contra. Con tales tendencias concedidas, no es difícil imaginar los conflictos en los que puede caer la gente. Jung comprendía perfectamente que uno quisiera probar todo para proteger a sus semejantes de tales aventuras. Pero curiosamente nos encontramos sin medios para hacerlo. Todos los viejos argumentos contra la sinrazón, el autoengaño y la inmoralidad, que una vez fueron tan poderosos, han perdido su eficacia.

Ahora se están cosechando los frutos de la educación del siglo XIX. Durante todo ese período, la Iglesia predicó a los jóvenes el mérito de la fe ciega, mientras que las universidades inculcaron un racionalismo intelectual, con el resultado de que hoy se aboga en vano por la fe o por la razón. Cansado de esta guerra de opiniones, el hombre moderno desea averiguar por sí mismo cómo son las cosas. Y aunque este deseo abre la puerta a las posibilidades más peligrosas, no se puede evitar verlo como una empresa valiente y concederle cierta simpatía. No es una aventura temeraria, sino un esfuerzo inspirado por una profunda angustia espiritual para volver a dar sentido a la vida sobre la base de una experiencia fresca y libre de prejuicios.

La cautela tiene su lugar, sin duda, pero no se puede negar el apoyo a una empresa seria que llama a toda la personalidad al campo de acción. Si uno se opone, está tratando de suprimir lo mejor del hombre: su audacia y su aspiración. Y si lo logra, solo habrá impedido esa experiencia invaluable que podría haber dado sentido a la vida. ¿Qué habría sucedido si Pablo se hubiera dejado convencer de no hacer su viaje a Damasco?

El psicoterapeuta que se toma en serio su labor se enfrenta a una cuestión fundamental: ¿está dispuesto a acompañar y brindar ayuda a otro ser humano en lo que puede ser una intrépida travesía? En cada situación, debe decidir si asume este compromiso. Es crucial que no tenga convicciones rígidas sobre lo que es correcto o incorrecto, ni que finja poseer un conocimiento absoluto al respecto. De lo contrario, empobrecería la riqueza de la experiencia terapéutica. Su enfoque debe radicar en lo que realmente acontece, pues solo lo que se pone en práctica es genuino. Si algo que parece un error resulta más eficaz que una verdad, entonces debe privilegiarse inicialmente el error, ya que en él reside un poder y una vitalidad que se perderían al aferrarse a lo que se percibe como verdadero. La luz requiere de la oscuridad para manifestarse como tal.

Es ampliamente reconocido que el psicoanálisis freudiano se circunscribe a la labor de hacer consciente el lado oscuro y malévolo que habita en el ser humano. Básicamente, activa el conflicto interno que yace latente y lo deja al descubierto para que el paciente lo enfrente como pueda. Lamentablemente, Freud pasó por alto el hecho de que el ser humano nunca ha sido capaz de enfrentarse solo a las fuerzas de la oscuridad, es decir, al inconsciente. Siempre ha necesitado del apoyo espiritual que proporciona la religión.

La apertura del inconsciente conlleva inevitablemente un intenso sufrimiento espiritual, similar a cuando una civilización próspera sucumbe ante invasores bárbaros o cuando tierras fértiles son arrasadas por la ruptura de una presa, inundando todo a su paso. La Segunda Guerra Mundial fue un ejemplo de este tipo de irrupción, demostrando cuán frágiles son las barreras que separan un mundo ordenado del caos latente. Esta misma dinámica se replica en cada individuo y su mundo aparentemente ordenado.

La razón humana ha reprimido las fuerzas naturales que buscan venganza, y estas solo esperan el momento oportuno para colapsar las estructuras conscientes con la destrucción. Desde tiempos antiguos, el ser humano ha sido consciente de este peligro, incluso en los estadios más primitivos de la cultura. Por eso desarrolló prácticas religiosas y mágicas como una defensa contra esta amenaza y para sanar las heridas causadas. Por ello, el sanador es también el sacerdote; el salvador tanto del cuerpo como del alma.

Las religiones funcionan como sistemas de curación para las enfermedades psíquicas, especialmente el cristianismo y el budismo. El hombre encuentra alivio en su sufrimiento no a través de su propio razonamiento, sino gracias a las revelaciones de una sabiduría superior. Es esta sabiduría la que lo libera de su angustia. Hoy en día, estas fuerzas destructivas ya han hecho erupción y el ser humano las experimenta en su espíritu. Es por eso que los pacientes exigen que los psicoterapeutas asuman el papel de guías espirituales, esperando y demandando que los liberen de su sufrimiento.

De este modo, los psicoterapeutas se ven obligados a abordar problemas que, en esencia, son de índole teológica. Sin embargo, no pueden delegar estas cuestiones a la teología; las necesidades apremiantes y psíquicas de quienes sufren los enfrentan a ellas día tras día. Dado que los conceptos y puntos de vista heredados del pasado suelen fallar, deben acompañar primero al paciente en el camino de su enfermedad, es decir, en el camino de sus errores que agudizan sus conflictos y aumentan su soledad hasta hacerla insostenible, con la esperanza de que de las profundidades psíquicas que arrojan los poderes destructivos también emerjan las fuerzas salvadoras.

Cuando Jung se adentró en esta dirección por primera vez, desconocía a dónde lo llevaría. Ignoraba lo que se ocultaba en las profundidades de la psique, región que desde entonces ha denominado "inconsciente colectivo" y cuyo contenido refiere como "arquetipos". Desde tiempos inmemoriales, han ocurrido erupciones del inconsciente, repitiéndose una y otra vez. La conciencia no existía desde el principio y cada niño debe construirla nuevamente en los primeros años de vida. En este período formativo, la conciencia es sumamente frágil, y la historia muestra que lo mismo ocurre con la humanidad: el inconsciente fácilmente toma el control.

Estas luchas han dejado sus huellas. Para expresarlo en términos científicos, se han desarrollado mecanismos de defensa instintivos que se activan automáticamente cuando el peligro es inminente, representados en la fantasía por imágenes que quedan arraigadas en la psique humana de manera inmutable. Estos mecanismos entran en acción siempre que la necesidad es apremiante. La ciencia puede únicamente constatar la existencia de estos factores psíquicos e intentar una explicación racional ofreciendo hipótesis sobre sus orígenes. Sin embargo, esto solo plantea el problema en otras palabras y no resuelve el enigma. El ser humano se enfrenta así a las preguntas fundamentales: ¿De dónde surge la conciencia? ¿Qué es la psique? Y aquí es donde concluye todo intento científico.

Es como si, en el punto culminante de la enfermedad, las fuerzas destructivas se transformaran en agentes curativos. Esto se debe a que los arquetipos adquieren una vida propia y actúan como guías espirituales para la personalidad, reemplazando al ego inadecuado con su voluntad y esfuerzo inútiles. Para aquellos con una mentalidad religiosa, esto puede interpretarse como una intervención divina. Sin embargo, con la mayoría de sus pacientes, Jung debía evitar esta formulación, ya que les recordaba en exceso lo que estaban tratando de dejar atrás. En su lugar, debía expresarse de manera más modesta, explicando que la psique había despertado a una vida espontánea. Esta formulación se ajustaba más a los hechos observables.

La transformación ocurre en el momento en que, en los sueños o fantasías, emergen temas cuya fuente en la conciencia no puede ser identificada. Para el paciente, esto representa nada menos que una revelación: algo extraño surge desde las profundidades ocultas de la psique, algo que no es parte de su "yo" y, por lo tanto, escapa al control personal. Este acceso a las fuentes de la vida psíquica marca el inicio del proceso de curación.

Para comprender este proceso de manera más clara, sería útil discutirlo con ejemplos concretos. Sin embargo, encontrar ilustraciones convincentes es casi imposible, ya que se trata de un fenómeno sutil y complejo. A menudo, lo que resulta efectivo es la profunda impresión que causan en el paciente las formas independientes en que sus sueños abordan sus dificultades, o cómo su fantasía revela aspectos para los cuales su mente consciente no estaba preparada. Estos contenidos suelen tener naturaleza arquetípica y ejercen una fuerte influencia, ya sean comprendidos o no por la mente consciente.

La actividad espontánea de la psique a veces se intensifica tanto que se experimentan imágenes visionarias o se escuchan voces interiores. Estas manifestaciones del espíritu se han experimentado directamente desde tiempos inmemoriales hasta hoy. Estas experiencias compensan al individuo por los dolores del camino laberíntico. A partir de este punto, una luz brilla a través de su confusión; puede reconciliarse con su conflicto interno y, así, superar la división mórbida de su naturaleza hacia un nivel superior.

Los desafíos fundamentales de la psicoterapia moderna son tan significativos y de alcance tan amplio que su discusión en un ensayo no permite entrar en detalles, por más deseable que sea para clarificar. El objetivo principal de Jung era exponer la actitud del psicoterapeuta en su trabajo. Una comprensión adecuada de esta actitud es, después de todo, más enriquecedora que ofrecer algunos preceptos y consejos sobre los métodos de tratamiento, ya que estos solo son efectivos cuando se aplican con la comprensión adecuada. La actitud del psicoterapeuta es infinitamente más importante que las teorías y métodos de la psicoterapia, y por eso Jung enfatizó su importancia.

Consideraba que había proporcionado una representación precisa. En cuanto a las preguntas sobre cómo y hasta qué punto el clero podía colaborar con el psicoterapeuta en sus esfuerzos, solo podía ofrecer información que permitiera a otros tomar decisiones al respecto. Además, Jung creía que la descripción que había dado de la perspectiva espiritual del hombre moderno reflejaba la situación actual, aunque no pretendía ser infalible. En cualquier caso, lo que había expresado sobre la cura de las neurosis y los problemas relacionados era la verdad pura.

Naturalmente, los profesionales médicos agradecerían la comprensión del clero en sus esfuerzos por aliviar el sufrimiento psíquico, pero también eran conscientes de las dificultades fundamentales que podían surgir en una cooperación plena. La propia posición de Jung se situaba en el extremo izquierdo del espectro de opiniones protestantes, y sin embargo, sería el primero en advertir contra generalizaciones imprudentes basadas en su propia experiencia.

Como suizo, Jung era un firme partidario de la democracia, aunque reconocía que la naturaleza tiende hacia la aristocracia y, aún más, hacia lo esotérico. "Lo que está permitido a Júpiter, no está permitido a un buey" es una verdad desagradable pero eterna. ¿Quién es perdonado por sus muchos pecados? Aquellos que han amado mucho. Pero aquellos que aman poco son criticados por sus pocos pecAdos. Jung estaba firmemente convencido de que muchas personas encuentran su lugar en la Iglesia católica, ya que se sienten más cómodas allí. Estaba tan seguro de esto como de que una religión primitiva se adapta mejor a pueblos primitivos que el cristianismo, que les resulta tan extraño y ajeno que solo pueden imitarlo de manera inadecuada. Creía también que debe haber protestantes que desafíen a la Iglesia católica, y también protestantes que cuestionen el propio protestantismo, ya que las manifestaciones del espíritu son tan diversas como la propia creación.

El espíritu vivo evoluciona y trasciende sus formas iniciales de manifestación; elige libremente a aquellos individuos en los que reside y que lo proclaman. Este espíritu renovador perdura eternamente y persigue sus propósitos de innumerables e incomprensibles maneras a lo largo de la historia de la humanidad. En comparación con él, los nombres y las formas que los seres humanos le han atribuido carecen de importancia; son solo hojas y flores cambiantes en el tronco del árbol eterno.

Epílogo

En las páginas precedentes, este libro ha procurado ser un medio a través del cual se ha explorado la complejidad de la psique humana, siguiendo la teoría pionera de Carl Gustav Jung. Hemos indagado en el inconsciente, examinando el papel de los símbolos y arquetipos en la configuración de nuestra identidad, nuestras relaciones y nuestro desarrollo personal.

Es imperativo comprender que la intención de este texto no es servir como conclusión, sino actuar como un punto de partida. Las doctrinas de Jung no deben interpretarse como verdades absolutas, sino más bien como estímulos para la introspección y el análisis personal. El camino hacia el autoconocimiento y la gestión de nuestras sombras, así como la resolución de nuestras tensiones internas, constituye un recorrido personal y distinto para cada quien.

¿Poseemos el valor para trascender nuestras sombras, para aceptar la totalidad de nuestro ser y para afrontar la verdadera naturaleza de la experiencia humana? Este reto, propuesto por Jung, adquiere una relevancia especial en nuestro tiempo. En un mundo caracterizado por la incertidumbre, la división y el aislamiento, la búsqueda de la individuación y de la integración psíquica se erige como una necesidad existencial.

Este periplo demanda coraje, sinceridad y una resolución firme para encarar aquellos aspectos de nosotros mismos que hemos omitido o suprimido. Sin embargo, es únicamente mediante este proceso de integración e individuación que podremos sanar nuestras heridas más profundas, descubrir nuestro propósito auténtico y vivir de manera coherente con nuestro ser esencial.

Arquetipo y Sombra

FIN

www.ingramcontent.com/pod-product-compliance
Lightning Source LLC
Chambersburg PA
CBHW062152080426
42734CB00010B/1653